# 中学数学教材与课例分析

董　涛　黄炳锋　杨勤春　编著

福建师范大学 2014 年教师教学能力提升项目
“数学教材与课例分析”项目建设研究成果

科　学　出　版　社
北　京

## 内 容 简 介

本书主要是指导职前教师如何对教材进行分析与解读，如何对课例进行分析与研究，如何积累PCK(学科教学知识或教学内容知识)与训练教学推理. 本书的课例分析部分，每个课例概括了主要问题或鲜明优点，指导职前教师展开讨论，帮助职前教师了解课堂教学的主要问题，逐步掌握主要教学设计技能. 本书的教材分析部分，涵盖了高中的函数、几何与数学应用等主要内容以及初中的数与式、图形变换、函数等主要内容，能帮助职前教师透彻领会课程标准及教材意图. 本书一以贯之的做法是既教给职前教师PCK,也教给职前教师学会教学推理. 本书经三次试教才最终定稿，具有可操作性. 课例描述详实，教师在使用本书时，也可以根据感兴趣的问题对课例进行二次开发.

本书可作为数学师范类本科生、数学教育类研究生教材，也可作为在职教师继续教育、校本教研的参考书，还可作为教师资格证考试、教师招考的参考书.

**图书在版编目(CIP)数据**

中学数学教材与课例分析 / 董涛，黄炳锋，杨勤春编著. —北京：科学出版社，2016.9

ISBN 978-7-03-050026-7

Ⅰ. ①中… Ⅱ. ①董… ②黄… ③杨… Ⅲ. ①中学数学课-教学研究 Ⅳ. ①G633.602

中国版本图书馆CIP数据核字(2016)第231923号

责任编辑：胡海霞 /责任校对：张凤琴

责任印制：徐晓晨 /封面设计：迷底书装

科学出版社出版

北京东黄城根北街16号

邮政编码：100717

http://www.sciencep.com

北京中石油彩色印刷有限责任公司 印刷

科学出版社发行 各地新华书店经销

*

2016年9月第 一 版 开本：720×1000 1/16

2017年5月第二次印刷 印张：13 1/4

字数：257 000

**定价：39.00元**

# 前　言

课程改革提倡“用教材教”“以学定教”，这是提高教学有效性的奥妙. 读懂教材、看懂课堂成为师范生的必备素质与基本功. 各师范院校大都开设了教材分析、课例分析等课程或实作训练. 笔者在承担学校开设的学科教材与课例分析课程时发现，缺少适用的相关教材. 师范生在进行教材分析时，没有思路，只能参考教师教学用书或从网上下载资料. 而教师教学用书和网络资料只是教材分析的结果，没有教材分析的过程. 缺少教材分析的过程示范、框架指引、系统训练与反馈体系，师范生经过短暂训练，还是没有分析教材的思路，很难读懂教材. 师范生面对的一些课例，课堂描述简洁而集中，缺少课堂的复杂与真实，通过这些课例的学习，他们很难体会课堂的两难与复杂. 师范生做课例分析时，缺少分析框架，只凭借自己的感觉，好比盲人摸象，抓不住要害，很难看懂课堂. 课例分析是师范生读懂学生的主要手段之一. 课例分析做不好，师范生就很难读懂学生. 于是笔者就有了这样的想法：构建一种分析框架与训练体系，帮助师范生建立教材与课例分析的思路，训练师范生由模仿到熟练，进而掌握教材与课例分析.

本书的主要特色是构建了一个教材与课例分析的框架. 目的是教给师范生分析教材与课例的思路. 这一框架基于指导在职教师做课例研究的经验. 课例分析的框架包括内容组织、学生理解、教学目标、效果评估、教学策略五种相互联系的成分. 内容组织是从课程的逻辑视角来分析教学材料，梳理内容的来龙去脉、核心内容、序列与层级以及关键环节，从而把握教学重点. 学生理解是从学生视角来分析教学材料，梳理学生学习该内容的起点、终点（目标）与过程. 学生理解分析是选择教学内容、设计教学方法、提高教学有效性的前提. 教学目标是从课程标准的落实视角，基于内容分析与学生分析来确定教学活动的目的，选择对学生今后发展最有价值的知能. 效果评估分析是从落实教学目标的视角来具体化学生的学业表现，提高教学针对性，减轻学生负担. 教学策略分析是从教学途径方法视角分析教学总体途径的合理性、教学方法的有效性、教学活动的针对性及与教学目标的一致性. 教材分析的框架与课例分析基本相同. 差别有两点：一是内容组织中多了内容知识结构与替代体系，目的是帮助师范生梳理知识主干，了解替代的内容组织体系；二是教学策略主要是展示典型课题的教学设计，目的是为师范生学习教学设计提供样例. 本书详细介绍了师范生学习课例分析的程序,具有极强的可操作性.

本书的主要内容，除了分析框架及学习程序外，还有十个章节的中学数学的典型内容的教材分析与十一个典型课例. 这些内容作为师范生学习的典型样例. 课例几乎是课堂实录,详细地描述了原生态的课堂. 每个课例概括了主要问题或鲜明优点. 使用时也可针对感兴趣的问题，对课例进行二次开发.

本书提纲由董涛拟定. 各章编写的具体分工为：第 1～3 章，董涛；第 4 章，黄炳锋、董涛；第 5 章，杨勤春、董涛. 董涛统稿全书. 研究生严若眉修改了全书的格式、公式. 本书的分析框架与程序来源于全国教育科学规划领导小组办公室资助的全国教育科学“十二五”规划教育部重点课题：基于 PCK 结构框架的数学课例分析模式研究（DHA120241）. 研究生林静、陈晓潞、张冬霞、苏雯雯提供了课例分析部分的基础材料——课堂实录,董涛在此基础上撰写了教学过程. 研究生王倩倩也贡献了本书的几个图形. 福建师范大学数学与计算机学院、福建师范大学教师教学发展中心为本书的出版给予资助. 福建师范大学数学与计算机学院院长郭躬德、副院长苏维钢、科学出版社胡海霞编辑对本书的出版给予极大支持. 在此，一并致谢!

董 涛

2016 年 8 月

# 目　　录

# 第 1 章　教材与课例分析框架

## 1.1　课例分析的框架与程序

课例是关于一节课的教与学的案例，包括课堂中实际情况的记录、存留的疑惑、能够引发教师关注的问题、可作为讨论的材料. 课例蕴含了特殊案例的知识以及运用适当教学原理于指定课例的策略知识. 这些知识来源于教师的个人实践经验，具有情境性、条件性，是教师解决教学问题的知识基础. 课例提供了多样观点与替代教学经验，帮助教师理解教学、学习教学. 课例提供场景，激发教师发现分析课例中的问题，制定解决方案，尝试在课堂中解决问题，并评估解决方案. 课例研究是一种行动研究，是传统公开课的创新，继承了公开课解决教学问题、示范引领教学的特征，消解了公开课的表演性与难以推广的弊病. 课例分析与研究是职前教师与职后教师专业成长的主要方式之一. 课例知识的主要成分是学科教学知识或教学内容知识(pedagogical content knowledge，简记为 PCK)[①]. 这些策略知识是教学推理的知识基础. 对于职前教师，课例分析是学习 PCK 与教学推理的主要载体. 课例分析的关键在于使用课例分析的正确方法.

研究发现，PCK 结构框架是一种课例分析的有效方法[②]. 它能帮助教师发现与提出课堂教学问题，激活教师的相关经验，支持教师分析、渐进解决这些问题. 用 PCK 结构框架分析与研究数学课例，能够提高教学的有效性，改变教师的教学信念. 职前教师采用 PCK 结构框架来进行课例分析，更有利于学习与积累 PCK，培养数学教学推理能力，提高教学素养. 本课程把 PCK 结构框架作为课例与教材分析的主要框架.

### 1.1.1　课例分析的 PCK 结构框架

该框架包括内容组织、学生理解、教学目标、效果评估、教学策略五种相互联系的要素. 内容组织是从课程的逻辑视角来分析教学材料，梳理内容的来龙去脉、核心内容、序列与层级以及关键环节. 内容分析是把握教学重点的主要手段.

---

① Shulman L S. Those who understand knowledge growth in teaching[J]. Educational Researcher，1986，(2)：4—14.

② 董涛. 基于 PCK 结构框架的数学课例分析程序与特征[J]. 课程 · 教材 · 教法，2015，(11)：75—79.

学生理解是从学生视角来分析教学材料，梳理学生学习该内容的起点、终点(目标)与过程. 学生理解分析是选择教学内容、设计教学方法、提高教学有效性的前提. 教学目标是从课程标准的落实视角，基于内容分析与学生分析来确定教学活动的目的，主要比较课程标准的教学要求与学生已有知识能力的差距，选择对学生今后发展最有价值的知能. 效果评估分析从落实教学目标的视角来具体化学生的学业表现. 效果评估分析的作用在于提高教学针对性，减轻学生负担. 教学策略分析是从教学途径、方法视角分析教学总体途径的合理性、教学方法的有效性、教学活动的针对性及与教学目标的一致性.

### 1. 内容组织

内容组织是从课程的逻辑视角来分析教学材料，包括三个视点：①内容的来龙去脉，即相关内容的联系与比较；②内容的序列、主要内容的层次与水平；③核心内容与关键环节.

内容的来龙去脉是指该节内容属于一个什么主题，从哪里来，用在什么地方，又发展出了什么，与先前相关内容的相同点与不同点. 比如，因式分解来自于分解因数，是整式乘法的逆运算，在初中主要用于解二次方程、分式方程，将来可进一步发展，形成多项式环中的因式分解定理. 内容序列是指内容的前后顺序. 比如，要先讲有理数的运算才能讲整式的加、减、乘等运算，因为整式的运算中系数运算就是有理数的运算. 讲了整式的运算，才能讲解一元一次方程. 因为一元一次方程的解法要用到整式的运算. 当然，有的内容没有逻辑上的顺序，序列安排是从学生学习的难易程度来考虑的，比如三角形全等的四个判定定理的顺序. 内容序列的主要安排方式有两种. 一种是先讲上位知识，再讲下位知识，体现上位知识的先行组织者作用. 比如，初中“四边形”一章，先讲平行四边形，再依次展开讲授矩形、菱形、正方形. 这样的顺序安排，用基本概念作支撑，重点突出，体系简约，使知识容易领会、记忆和迁移. 另一种是先学下位知识，把下位知识作为特例，进一步一般化推出上位知识. 比如，由分解因数到分解因式，由分数到分式. 这样的顺序安排，由浅到深，由易到难，先简后繁，便于学生理解.

为了分散难点，需要将内容按照难易程度有序递进，先讲最简单版本，再逐次增加难度，这就是内容的层次. 比如，最简单的一元一次方程是 $ax=b$，这是一元一次方程的最低层次，$ax+b=c$ 就是更高一级的层次. 内容的水平是从不同视角来研究内容，水平高的视角更接近内容的本质. 当然，水平低的视角更容易被学生理解接受. 比如，初中函数的“变量说”定义与高中函数的“对应说”定义. 内容不同水平的转换，需要厘清其转换的逻辑. 内容定位指以这个内容为载体，实现什么目标. 比如，三角形全等的四个判定定理. 如果“边角边”定理放在第一个，它的定位是帮助学生掌握学习三角形全等判定定理的套路，掌握证明三角形全等的格式. 如果“边边边”定理作为第四个，它的定位就是训练学生在四个判断定理中选择适宜的定理来判定三角形全等. 因为学生经过前三节课三个判定定理的训练，对直接应用某个判定定理判定三角形全等已经非常熟练. 尽管内容基本一样，但教学定位是不同的.

核心内容是与支持性内容相对而言的. 比如，三角函数的核心内容包括三角函数概念、图像、性质，弧度制、任意角、诱导公式等，都是支持性内容. 支持性内容的作用是辅助理解核心内容，学生了解即可，不宜引申出其他的教学价值，教学要求要低.

内容的关键环节是最需要教师直接指导教学的地方，是学生自己看不懂、想不出的地方. 比如，勾股定理的逆定理证明思路，学生一般想不出. 该思路就是该节内容的关键环节，需要教师指导. 比如，教师提示，火车站是怎么安检的？就是用身份证照片和本人对照；如何证明满足这些条件的三角形是直角三角形，就是证明它与一个直角三角形全等.

从上述三视点来分析课例教授的内容，才能梳理清楚内容的结构，明白需要教什么，有利于找到课例存在的诸如重点偏离等问题及设计解决问题的策略.

### 2. 学生理解

学生理解是从学生视角来分析教学材料，梳理学生学习该内容的起点、终点(目标)与过程，包括五个视点：①学生理解具体内容的(知识与经验)基础；②学生的学习能力限度；③学生自发的方法；④难点；⑤学生的典型误解与认知重组.

第一，分析学生理解新内容的基础(已有知识经验)，这是学生学习的起点. 教师需要把学生的学习建立在正确坚实的基础上，充分利用学生的认知结构来同化新知识. 比如，因式分解的知识基础是分解因数与整式乘法. 尽管学生都学过，但学生可能想不到利用分解因数来同化分解因式，这时需要教师指导.

第二，分析学生的学习能力限度，即确定学生学习能力的终点. 超过学生能学会的限度，学生不可能学会，教了也白教. 比如，经过调查，初中生无法掌握根号下含有分式的二次根式运算，这就是学生的学习能力限度，只能教到根号下不含字母的二次根式运算.

第三，分析学生自发的方法. 即学生可能有几种思路，哪些思路能行，哪些不行，哪些思路简单，哪些思路复杂，哪些思路是通法，哪些思路是技巧，哪些思路需要精简，哪些思路需要进一步发展至通法．比如，计算 $6\sqrt{\frac{1}{3}}+2\sqrt{3}$，有学生会把这两项都化为 $\sqrt{3}$ 的倍数再算，有学生会把这两项都化为 $\sqrt{\frac{1}{3}}$ 的倍数再算．前者是通法，后者是偏法．偏法最好提前预防，引导至通法，防止学生形成思维习惯．

第四，分析学生的难点．即学生想不到、想不出的地方．难点经过教师的精心指点，学生是能学会的，要与学生的学习能力限度区分．比如，勾股定理一课，除非学生事先预习，知道这个结论，否则探索发现勾股定理是很难的，学生一般没有思路．这就是学生的难点，需要教师精心设计教学活动，及时准确指导，学生才有机会发现勾股定理．

第五，分析学生的典型误解与认知重组．比如，在勾股定理一课中，学生一看到“在直角三角形中，三角形的两边是 3 和 4”，就会认为第三边是 5，忽视了检验边长为 3 和 4 的两边是否是直角边．这就是学生的误解，需要教师纠正．学生小学初次学乘法，学到乘法是几个相同加数的和，但到学小数乘法时，乘法的意义就转变了，变成了以两个乘数为边的长方形面积．这时学生需要认知重组．长方形面积的说法应用范围更广，对整数乘法也成立．教师需要引导学生转变视角，从面积视角能统一解释整数乘法和小数乘法．仅对整数乘法，连加的解释还是行得通的．

学生理解的分析，有助于发现学生理解困难的地方、原因，并找出对策．

### 3. 教学目标

教学目标是从课程标准的落实视角来分析教学活动的目的，主要是比较课程标准的教学要求与学生已有知识能力的差距，选择对学生今后发展最有价值的知能，分析教师把握课时教学目标的精准性．教学目标分析有三个视点：①内容的程度；②内容的特点；③内容体现的数学能力．

教师所教授内容的程度要落在学生的最近发展区内．内容要求是学生现在不会且能学会的．学生会了的不用教，尽管课程标准或教材上有这个内容；学生不可能学会的不要教．

内容特点是指内容所体现的数学特点与数学思想．比如，代数运算的抽象一般化特点、代数概念的结构化特点、几何概念的图形概念化特点等．分析内容的特点要充分重视学段衔接，重视知识的结构化与系统化．比如，小学学过解简易方程，中学学解一元一次方程．中学的一些方程可以用小学的做逆运算方法求解，也可以用中学移项、去括号的方法求解. 中学设计教学目标就不能仅考虑学生对中学方法的掌握，还要考虑学生是否明白方法改进的原因，要让学生知道两种方法的适用范围. 仅教授中学的方法，学生也是掌握不好的. 学生习惯了小学的方法，还是愿意使用小学的方法，要让学生体会到方法改进的必要性，新方法能解决旧问题，还能解决旧方法不能解决的新问题. 分析内容特点要突出该内容体现数学核心内容的方面，体现内容所蕴含的数学思想，保证学生数学知识的结构化，使学生学懂、忘不掉，形成对学生今后发展最有价值的知识.

教学目标最终要落实到学生的数学能力培养，内容所涉及的数学能力要在课堂上得到足够训练. 数学能力培养要放在学段、学年目标的大背景下考虑，要有能力训练序列的意识. 比如，上述三角形全等的四个判定定理，内容相同，但顺序不同，需要培养的能力就不一样，教学目标迥异. 教学目标既要确保学生学会，也要保证学生会学、会用，确保学生形成合理的数学信念.

教学目标的分析，有助于(职前)教师删繁就简，提高课堂的结构化程度与效率，有助于减轻学生的学习负担.

#### 4. 效果评估

效果评估是从落实教学目标的视角来分析学生的课堂学业表现，即学生懂了什么、会了什么与怎么会的，才算达成了教学目标. 它是教学目标的具体化. 好的评价与教学目标一致，会提示学生哪些内容、方法是重要的. 好的评价也会显示学生是如何学习的. 评价会显示学生已经会了什么，哪些还不会，需要进一步学习. 教师需要根据对学生学习结果的评价作出后续教学决策，推动教学的持续进行. 效果评估分析有三个视点：①与教学目标对应的主要题型是什么？主要方法是什么？②典型题目的解法与变式题组、典型解题方法的应用范围；③纠正学生误解的有效评价题目.

教师备课时有一主要问题，即先备教学过程，再确定目标与评价. 这一备课思路往往导致评价与目标不一致. 比如，函数的概念一课，更多的练习是求函数的定义域，这就偏离了目标. 效果评估分析要着重考虑落实目标的题目与方法，再考虑训练与纠正问题.

效果评估的分析提高了课堂的针对性，减轻了学生负担.

#### 5. 教学策略

教学策略是从教学途径、方法视角来探讨突出重点、突破难点的教学总体途径及具体采用的教学方法.教学策略是教学途径的总体描述,教学方法是实施教学策略的具体手段.如在创设情境环节,提供先行组织者是常见教学策略,提供内容概览是提供先行组织者的具体手段之一,是教学方法.教学策略决定于内容、教师和学生,差异较大,需要具体课例具体分析,主要从教学过程及教学效果来分析.

教学策略分析探讨教学总体途径的合理性、教学方法的有效性、教学活动的针对性及与教学目标的一致性.教学策略分析时要注意十个要点.第一,学生看书自学也是一种重要学习方法.学生自己能看懂的不需教是一条重要的教学原则.第二,学生在教师指导下尝试学习也是一种重要学习方法.学生能想出来的教师不用教,学生能做出来的教师不用示范.第三,学生交流讨论一定是在充分思考之后.第四,情境的主要作用是指出知识的存在性与应用场合,启发思路,激发动机不是情境的主要功能.第五,概念教学要有一个分类的过程,突出概念是类化结果的思想.概念定义最后要算法化、操作化,便于学生应用.概念辨析要涵盖学生的主要误解.误解从逻辑上说有三类.一是类化不足,人为缩小了概念的外延.如认为牛顿-莱布尼茨公式仅适用于连续函数.二是过度类化.如把分配律推广到两角和的余弦.三是类化偏移.如把乘法看成连加,偏离了概念的本质.第六,命题的教学要讲清命题的由来、证明的思路、命题的结构、命题的应用、命题的系统化及进一步发展的方向.第七,题组训练要有层次.第八,纠正误解要有针对性.要讲清误解的不合理处,正确看法的可理解性、合理性与有用性.第九,概览要交代清楚内容的背景、来龙去脉及地位作用.第十,小结既要总结知识,也要总结研究过程与方法.

教学策略的分析,有助于提高课堂教学的有效性,即效果、效率、吸引力.

### 1.1.2 课例分析的程序①

1. 课题的选择

课题要选择教师感兴趣的.如教师感到难上的课,像高中必修二“平面”一课;或者新近引入到教材的课题,像“几何概型”“正态分布”等课;或者教师感到不好把握的衔接类课,如高中“函数的概念”、初中“一元一次方程解法”等;或者主要内容的起始课,如初中“合并同类项”.以下将以“平面”为例说明分析程序.“平面”一课中的三个公理是讨论立体几何位置关系的开端,体现了公理化方法的特征,如怎样选择一组公理作为位置关系及其判定的演绎起点.“平

① 课例分析程序与特征主要参考:董涛.基于PCK结构框架的数学课例分析程序与特征[J].课程·教材·教法,2015,(11):75—79.

面”一课中几何知识的局部组织经验，不仅有利于学生长久记忆该课内容，更能为后续数学知识的系统化奠定一个指导框架.

2. 分析前的准备

观课教师先概要备课，对自己怎么上这节课有个大概思路. 再查找一些这节课的典型教学设计，对这节课一般怎么上有所了解. “平面”一课中三个公理的常规教法就是教师在例子协助下给出公理.

3. 观课

课堂观察并录像，或观看早已录好的录像，然后把录像转录成文字，也可以是主要教学环节节录. 课堂实录可以方便快速多次分析. 而录像的定位、回放效率不高，包含太多干扰信息. 不经过课堂观察或观看录像，只看课堂实录缺少现场体验，效果不好.

4. 运用上述课例分析框架进行课例分析

以下将以“平面”一课具体说明如何分析.

第一次上“平面”课描述.

第一次课主要分为五个环节. 第一环节是引入环节. 教师出示问题：平面几何研究什么？两个学生答非所问，教师只好自答. 接着提问：“立体几何研究什么？”学生仿照回答. 第二环节教师系统讲授平面概念. 教师指出平面像直线一样，是从生活中抽象出来的不加定义的概念，介绍了平面的特征、表示，仔细示范了平面的画法. 第三环节讲授公理一. 教师首先介绍了公理化方法，指出公理化方法是从一些原始概念和一些不加证明的原始命题(公理)出发，运用逻辑推理，推导出其他命题和定理的方法. 接着教师引导学生举例探讨“直线 $l$ 与平面 $\alpha$ 至少有几个公共点，直线 $l$ 就在平面 $\alpha$ 内”. 把得出的结论称为公理一. 随后教师刻意强调了公理一的图形表示、符号表示，强调公理一用来判断直线是否在平面内. 第四环节是讲授公理二与公理三. 教师举例让学生认识到不在同一直线上的三点确定一个平面，把这个结论记为公理二，然后指出两个注意要点，特别强调公理二是来确定平面的. 教师接着举例让学生认识到公理三：如果两个不重合的平面有一个公共点，那么它们有且只有一条过该点的公共直线，强调了公理三的图形表示、符号表示及三个作用. 接着学生练习了几个图形的符号表示. 第五环节是小结与作业，教师强调了公理化方法与抽象思维.

下面用课例分析框架分析上述课例.

(1)内容组织. “平面”这节课是学生第一次学习公理与公理化方法. 公理化方法的关键是如何从知识间的逻辑关系中选取不加定义的基本概念和公理作为逻辑起点，然后应用逻辑规则，定义其他概念，演绎其他命题. 这节课的三个公理，来自于直线平面间的位置关系及其判定，之后用它们来推导平面直线间其他位置关系的判定定理. 公理化方法还会应用到数学的各个分支及理论物理等学科. 这节课的内容应该分为三个层次：①空间中的平面、直线有哪些位置关系；②这些位置关系的逻辑关系是怎样的；③这些位置关系及其判定系统化，应该如何选择逻辑起点. 这节课的教学应定位在以下两点：①三个公理的内容、注意要点、表示与作用；②了解公理化方法如何组织内容知识. 关键环节应该是为什么要把这三个命题作为公理. 上述教学过程主要定位在第①点，没有体现三个公理的来龙去脉及公理化方法的应用过程.

(2)学生理解. 学生理解位置关系的知识基础是平面图形中点、直线间的位置关系，经验基础是长方体中直线平面间的位置关系. 学生选择逻辑起点推导其他命题的经验基础是初中构思几何证明的经验. 学生第一次碰到公理，不会自发想到公理化方法的必要性，不会想到这三个公理的主要作用是作为直线平面间位置关系及其判定的逻辑起点. 学生能够理解直线平面间位置关系的逻辑关系，有能力了解用公理化方法组织这些位置关系及其判定的过程.

(3)教学目标. 公理化方法的教育价值在于发展学生推理能力. 学生借助这种推理能力才能长久地记住所学内容. 教学目标应该是在了解空间点、线、面的位置关系以及在这些位置关系的逻辑关系基础上，理解三个公理的作用，了解公理化方法，掌握这三个公理. 上述课例基本没有实现主要目标. 教师举个例子引出一个公理，学生当时知道了这三个公理，没有把它们与直线平面间的位置关系联系起来形成知识结构，过一段时间就忘了. 课堂没有展示用公理化方法组织线面间位置关系的过程，学生不知道为什么选择这三个命题作为公理，不能准确理解这三个公理的作用(事实上执教教师也不理解)及公理化方法的价值.

(4)效果评估. 该课只有一组符号表示的题目. 这组题目能够夯实学生的应试基础知识，但偏离该课的主要教学目标.

(5)教学策略. ①教学任务偏离主要教学目标. 该课是位置关系的起始课，主要教学任务应该能够交代清楚该章内容的来龙去脉，帮助学生整体感知该课内容. 上述课例仅有细节性任务，如环节三举例探讨“直线 $l$ 与平面 $\alpha$ 至少有几个公共点，直线 $l$ 就在平面 $\alpha$ 内”，缺失能够整合这些细节的整体框架性任务. ②有些教学活动的有效性有问题．如引入环节的问题“平面几何研究什么”，环节三“什么是公理化方法”．这些问题超越了学生的理解能力限度，学生没法通过听定义来学会，只能通过例子慢慢体会．③改进建议：立体图形中的线面间位置关系，需要有一概览介绍，该概览同时能沟通平面几何的位置关系．学生可以体会到组织这些位置关系逻辑体系的必要性，在观察公理化方法的运用过程中体验公理化方法．

5. 分析结果可行性检验

根据上述 4 中的分析结果，重新备课、上课、评课，检验分析结果，尤其是教学改进建议的可行性、积累课例分析与研究体验．

第二次上“平面”课描述．

第二次课也分为五个环节．首先是导入环节．教师要求学生类比平面图形中点、直线间的位置关系，参照长方体模型，猜测空间中直线、平面间的位置关系．学生顺利得出这些位置关系：线在面上、线不在面上；面面重合、相交、平行．第二环节是讲授公理一．教师要求学生回顾初中证明“等角对等边”的过程，思考如何构建上述位置关系判定的逻辑体系．学生意识到需要确定逻辑起点，然后由作为逻辑起点的命题推导出其他位置关系及其判定．教师指出，这种方法就是公理化方法，作为逻辑起点的命题，一般是大家公认的、不证自明的，这样的命题称为公理．接着教师启发学生由“两点确定一条直线”，来举例探讨“直线 $l$ 与平面 $\alpha$ 至少有几个公共点，直线 $l$ 就在平面 $\alpha$ 内”，把得出的结论称为公理一．教师随后演示公理一的文字表示、图形表示、符号表示，并用“工人判断黑板是否平整的方法”为例展示公理一的实际应用．第三环节是讲授公理二．教师引导学生认识到“判断两平面重合”可以转化为“如何确定一个平面”，并类比“两点确定一条直线”，猜想确定平面的方法．再以“门”为例，让学生理解“不在同一直线上的三点”这一条件．教师把所得结论称为公理二，并以三脚架为例说明公理二的实际应用．接着教师引导学生判断一些命题的对错，这些命题是公理二的一些等价和不等价命题．第四环节是讲授公理三．教师引导学生类比“两直线相交有一公共点”，猜测两平面相交的特征，把所得结论称为公理三．学生举例说明公理三，教师示范公理三的图形表示、符号表示，并指出公理三也可用于判断三点共线．第五环节是小结与作业．教师总结这节课的主要内容及其关系，强调了这节课的学习过程与学习方法，指出立体几何的研究问题大多是类比平面几何提出的，类比推广是一种有效的研究方法．

用课例分析框架分析第二次课．

(1)内容组织. 从空间直线平面间的位置关系出发，选择三个基本命题作为公理，构建位置关系及其判定的逻辑体系. 内容组织的条理清楚，逻辑连贯，符合数学的认识论，便于学生理解这些位置关系体系，形成认知结构. 教学定位、关键环节把握准确.

(2)学生理解. 从平面几何点、直线间的位置关系和长方体模型着手引入课题，理解起点准确. 用“等角对等边”的证明过程启示思路，学生易于想到需要组织位置关系的逻辑体系，体会这三个公理的作用及公理化方法的必要性.

(3)教学目标. 学生知道了空间直线、平面间位置关系及其逻辑体系，基本掌握了三个公理的内容，观察了公理化方法的应用过程，体会了立体几何发现问题的方法，初步了解了公理化方法.

(4)效果评估. 学生主要练习了利用公理二证明有关命题. 这些题目基本反映了这节课的主要方法——选择逻辑起点组织证明链条.

(5)教学策略. 教学任务与目标一致. 整体采用类比的教学途径，基本符合数学的思维方式与学生的思维特点.

6. 研究拓展

教师把这次课例分析与研究中的经验应用到相关课题中去. 在应用过程中，教师会逐步改变对教学的认识，重塑备课过程、教学过程，形成理论与经验相结合的教学眼光.

在 4，5 两个环节，教师最初需要专家示范、指导，如提供范例、有关知识库、指点方向、诊断分析. 教师有了一定体验后，专家的指导逐渐退出，教师尝试在分析策略支撑下逐渐掌握分析程序.

第 2 章、第 3 章的内容，主要就是按照这个分析程序分析的结果. 每个课例概括了存在的主要问题或鲜明优点，与职前教师展开讨论，帮助职前教师逐步掌握主要教学设计技能.

### 1.1.3 课例分析的特征

1. 学生的学习是分析焦点

首先，关注分析教学目标的合理性，尤其是长期目标(如能力目标、情感态度目标)的分解落实. 它倡导综合内容分析、学生分析、教育信念等因素考虑教学目标，以系列范例、知识库、分析策略支持教师分析长期目标. 这与传统教学侧重知识、传统评课关注教师教学能力不同. 其次，关注分析教学任务与教学目标的一致性与有效性. 它强调教学任务必须指向教学目标，强调教学任务的效果、效率和吸引力. 再次，关注分析练习、评价与教学目标的一致性与有效性. 例题、练习是帮助学生掌握数学知识形成数学能力的主渠道之一. 练习效度是影响练习功能的主要因素. 它强调练习必须指向目标，梯度要合理，讲解要易懂，指导要到位，反馈要及时，矫正要充分. 它开发一系列编题策略支持教师提高练习分析能力. 最后，关注分析教学策略的有效性. 它强调教学策略要提供整体视野，能有效激活旧知识，帮助学生比较整合相关知识，形成前后一致、逻辑连贯的认知结构. 它强调教学策略能设计从简单到复杂的问题链条，帮助学生理解问题结构、分解问题. 它开发一系列范例与相关知识库支持教师提高教学策略分析能力.

2. 渐进解决课堂教学问题

首先，它的目的是解决教学问题. 教师具有内在动机与自我定向. 教师本来就察觉到教学存在问题，在课例分析结构框架与一些范例、相关知识库、分析策略启发下，教师又会发现一些平时不曾留意的问题. 在重新备课、再次上课环节，又会发现一些意料之外的生成问题. 教师持续从中选择、分析、解决(或部分解决)问题. 这与传统听评课侧重展示教学能力、新教法的目的不同.

其次，教师在理论指导下，重新解释经验来解决问题. 教学问题的解决需要多个概念、原理与大量经验的共同作用. 课例的情境、指导范例、分析框架、相关知识库、分析策略能够指引教师提取相似课例，激活默会经验，重新解释相关经验来尝试解决问题. 这与传统听评课仅靠经验的同水平反复不同，也与脱离经验的理论引领不同.

再次，它评估教学策略的有效性，提高策略的灵活性. 改进后的教学设计与早先设计目的不同、观点不同、策略不同. 教师通过教学确认其有用性，增加对问题的多方面理解，体会策略在不同课例中的细微变化，增强策略的灵活性. 这与传统评课的教学改进建议无实施、无体验、无反思、无优化不同.

最后，它培养问题意识，提倡扩展应用. PCK 结构框架提供了不同视角，教师易于发现不曾留意的问题. 某次课例分析的成功会激励教师尝试改进同类课，二次上课中发现的问题会激励教师在后续的教学中解决，形成解决问题的扩展循环.

3. 操作性强的参与式教师教育方式

(1) 教师参与动机强，体验多. 首先，面对困扰的教学问题，教师参与动机强.

学生学习过程优化、效果好，又进一步强化了教师的参与动机. 其次，教师自主发现与提出问题，创造性分析、解决问题，及时深刻体验，案例推理与教学设计经验积累多. 教师的体验逐步积累，会转变教学观念，改变教学方法. 这是一种实践先行的教师教育模式，教师的学习处于探究学习、问题学习、项目学习的连续体上，与传统接受式教师教育不同.

(2)学习过程操作性强. 第一，专家示范分析过程，每一步推理决策及证据都清楚说明，教师可模仿学习. 第二，教师套用分析程序，入手易. 第三，课例分析框架定向教师的思维，思路清晰，聚焦性强. 第四，指导范例为教师提供新视野，帮助教师跳出惯性思维，发展新图式. 第五，专家指导教师分析课例，引导教师关注某些方面，指出教师忽略的问题，建议教师用其他观点思考，提供指导课例与知识库启发教师，反馈矫正教师的分析，与教师讨论他们的假设，建议一些分析策略与教学策略. 第六，分析策略等支架调控教师的思路. 这与参与式教师教育重体验、缺乏操作性不同，填补了专业引领与教学实践间的鸿沟.

(3)学习效率高. 首先，问题处于教师最近发展区. 问题由教师确定，教师自认为有把握解决. 问题若超越教师的能力范围，分析策略会提示教师调整问题，确保问题处于最近发展区. 其次，提供认知工具支持学习过程. 如课例分析框架引导教师运用多种观点思考教学、质疑教学习惯、设计有效教学策略，分析程序保障分析过程系统全面，分析策略定向调控教师思路，指导范例提供新图式，知识库提供扩展知识. 最后，提供及时反馈，帮助教师矫正分析.

(4)注重培养教师的批判性思维能力与创新能力. 课例分析框架指引教师跳出思维定势，从五个视点来思考. 指导范例提供新视野，指导教师创新教学，帮助教师在能力边缘工作.

### 1.1.4 课例分析的学习途径

1. 理解分析框架

(1)举例说明框架各成分与视点. 能用自己的语言说出框架各成分的意思，能举出典型例子来解释框架成分.

(2)通过比较来把握各成分或视点的准确内涵. 如理解落实教学目标的主要题型，用定义来判断函数单调性，是作为主要方法还是掌握单调性概念的手段?

(3)通过推理来分析教学. 如在理解核心内容时，要区分核心内容与支持性内容，梳理清楚其中的逻辑关系，准确把握各内容的教学价值. 如指数幂及其运算，常用来作为公开课等教研活动的主题，或者是教师招聘考试面试的主题，它是核心内容吗？它在指数函数中起什么作用？

(4) 依据内容与目标划分教学类型，梳理掌握不同教学类型的典型教学策略与具体教学方法，学习不熟悉的教学方法.

### 2. 观摩示范过程

观摩的目的是比照着做. 课例分析分为六环节，观摩也按照六环节展开. 观摩课题的选择示范，思考课题在数学与教学上的重要性，课例可能存在的教学问题. 观摩分析前的准备示范，思考常规教学思路及背后的理论假设、可能的教学效果、可能出现的教学问题. 观摩课堂观察示范，思考课堂关键环节选择的依据. 观摩课例分析示范，思考自我提问框架、发现归纳主要教学问题策略. 观摩重新备课上课示范，对比教学效果，思考判定教学问题的依据及解决教学问题的策略. 观摩研究拓展示范，思考课题分类的依据及如何灵活应用教学策略.

### 3. 研读分析范例

研读范例的目的是开阔眼界，进一步转变观点，跳出自我框架，增强问题意识，学习新教学策略，培养教学分析技能. 研读范例是职前教师学习课例研究的重要铺垫性环节. 范例为职前教师发现不曾留意的教学问题、理解教学逻辑、评估解决教学问题的方案提供契机，并示范解决问题的策略. 范例要有典型性、启发性、指导性、示范性. 建议职前教师主要研读三类课例：针对内容组织的课例，针对探究过程的课例，针对教学方法的课例. 这三类课例也对应了当前主要的教学问题.

内容组织方面的课例，分为衔接问题与数学逻辑问题两类. 衔接问题的表现主要有两种. 一是不注重以旧引新. 如初中代数的因式分解概念，部分教师会忽视类比小学算术的分解因数提出研究问题，展开推广，概念化并进一步结构化，不注重以旧引新，不利于学生学会从数学视角提出问题、分析问题，不利于学习策略的培养. 二是忽略比较. 如高中函数概念与初中函数概念的衔接、比较，忽视比较导致知识碎片化，逻辑不连贯，内容庞杂不得要领.

数学逻辑问题的表现是忽视数学知识的逻辑组织. 如高中“平面”一课的三个公理. 部分教师习惯举个例子引出一个公理，忽视了在平面内点与直线、直线与直线位置关系的启发下提出问题，忽视了直线平面间位置关系命题系统的梳理，忽视了作为位置关系系统逻辑起点的基础性命题的选择，没有给学生学习组织命题逻辑体系提供机会.

探究过程的课例分为探究思路不明晰与探究目标偏移两类. 探究思路不明晰的表现是学生盲目探究，不能训练数学思维. 如初中角平分线性质定理的探究. 教师往往缺少见识与策略以画角平分线为跳板，启发学生回顾画角平分线的过程，梳理角平分线另一点是怎么确定的，得出角平分线上的点所满足的条件. 这个条件的简化(极端化)就是角平分线上的点到角的两边的距离相等.

探究目标偏移的表现是单纯追求方法的多样性，忽视比较优化与培养通法. 如初中多边形内角和公式的探究. 讨论四边形内角和时，学生的自发思路是在一固定顶点处作对角线. 教师为了方法多样性，就着力引导学生，能不能画两条对角线把四边形分为四个三角形？并示范给学生看. 在教师的指导下，学生又想出了在四边形内部取任一点，并连接四个顶点把四边形分成四个三角形；或者在四边形外部取一点连接四个顶点作出四个三角形，或者在四边形的边上取一点，连接其他三个顶点作出三个三角形. 学生的自然思路是通法，教师的引申指导是画蛇添足，干扰学生学习，加重学生学习负担.

教学方法问题分为三类. 第一，部分教师缺乏内容概览的意识. 这表现在教师不能为学生提供知识发展背景，帮助学生整合前后不一致的知识. 如高中函数概念，教师基本从情境讲起，避开交代函数概念的发展以及与初中函数概念的比较整合，导致学生函数概念的碎片化与不一致. 第二，忽视类比学习. 如初中因式分解的概念，教师基本作为整式乘法的逆问题来讲授，忽略了类比其本源——分解因数，导致学生不能整合初中与小学相关知识，形成结构化的知识系统. 产生这两类问题的主要原因是教师不熟悉低学段的知识，不了解知识的来龙去脉，自身就不具有结构化的知识. 第三，忽视学习方法总结与学习策略培养. 这表现在小结时不总结学习方法与策略，引入时不能类比旧知识的学习过程启示学习方法与策略. 如平行四边形的性质探索方法，教师忽略请学生总结通过对角线分割为三角形的基本方法，导致部分学生学不会学习.

#### 4. 有指导的练习

指导会填满懂与会之间的鸿沟. 指导的目的，是让职前教师掌握并最终习惯这种方法.

第一，要在教师指导下练习确定内容(或问题)类型. 比如，在教授函数 $y = A\sin(\omega x + \varphi) + b$ 图像时，教师习惯把它划入三角函数的图像类别. 这样处理对学生来说就成了一种全新的知识，没有思路来解决它，只能亦步亦趋地跟随教师的思路，取特殊函数、列表、描点、画图、归纳推广. 若把它划入图像变换类别，类比二次函数的图像变换来学习 $y = A\sin(\omega x+\varphi)+b$ 图像，这才是数学的常用思路. 确定内容(或问题)类型的关键是培养分类意识，积累分类标准.

第二，要在教师指导下确定和正确认识学生的方法，强化以学定教意识. ①学生已经会的、能自己学会的不需要教. 如作为三角形全等第三个判定定理的"边边边"定理，单纯利用这个定理来判断三角形全等，学生经过前两节课的训练，已经会了. 这不应该是教学重点. ②要在教师指导下练习以学生的方法为起点引申出新知识，或者重组学生的方法. 学生的方法是通法或者能引申到通法，教师就不需介绍新方法. 如多边形的内角和公式，学生的方法是在多边形一固定顶点处作对角线，把多边形分割为三角形. 这本身是通法. 教师又介绍许多分割多边形的方法，结果学生只会简单模仿，最后都没学会. 学生的方法较特殊或有问题，教师需要重组学生的方法而不是无视它. 如一元一次方程 $2(x+1)=4$ 的解法，学生习惯了小学的方法，先除以 2，再减 1. 如果教师不以学生的方法为起点，让学生体会到该方法的局限性，而是选择无视它，仅教给学生去括号移项的方法，学生还是坚持小学的方法，无法重组方法体系. ③学生学不会的不能教. 如二次根式加减，教师还习惯性让学生做根号下含字母的题目，结果学生基本不会做. 课程标准明确要求根号下仅限于数字，其实就是基于学生的学习能力限度规定的.

第三，在教师指导下练习判断内容的教学价值. 内容只是实现目标的载体，合理选择内容的最佳教学价值，才能削支强干，训练学生的核心素养，减轻学生的学习负担. 如指数幂运算和对数运算，教师都希望学生能熟练运算. 但指数幂运算和对数运算是支持性内容，作用仅是让学生理解指数函数与对数函数的概念，教学定位重在懂. 判断教学价值的关键是梳理来龙去脉，探讨地位作用. 这是现阶段教学创新、减轻学生负担的主要途径之一.

第四，在教师指导下练习分辨主要数学方法. 学生负担重的主要原因在于教师教了过多的数学方法. 职前教师要在教师指导下，练习从数学应用、大学数学及高考中考视角思考中学数学的主要题型和主要方法，回顾自己的数学学习经历，反思比较各方法的地位作用，确定其教学定位. 如判断函数的单调性，主要的工具是导数，用定义判断单调性仅是理解掌握定义的手段. 用定义判断单调性，题目要简单，不要求熟练掌握. 分辨主要数学方法的关键是从高观点和职前教师学习史入手. 这也是现阶段教学创新、减轻学生负担的主要途径之一.

第五，要在教师指导下练习确定教学类型及相应教学策略. 卓越的教学见识需要教学策略来实现. 不同的教学类型有不同的教学策略. 职前教师要在教师指导下整理概念、命题教学的基本策略. 在共性基础上，基于代数、几何、统计特点，进一步梳理代数概念、几何概念、统计概念教学策略的差异. 基于教科书螺旋上升的编排特点，学习揣摩转换视点和分层精致两种教学类型.

## 1.2 教材分析框架

教材分析的框架也是基于 PCK 结构框架. 它也分为五个互相联系的成分，分别是：内容组织、学生理解、教学目标、效果评估、教学设计. 内容组织从课程的逻辑视角来分析教学材料. 学生理解从学生视角来分析教学材料. 教学目标从课程标准的落实视角来细化课程标准的教学要求，梳理其注意要点. 效果评估从落实教学目标的视角来分析学生的课堂表现. 教学设计则展示了典型课题的教学设计及其设计策略，为职前教师学会教学设计提供范例.

1. 内容组织

教材分析的视野更为宏观，以完整的一章为分析单位. 内容组织的分析视角与课例分析有所不同. 它包括六个视点：①内容简介；②来龙去脉；③核心内容；④内容序列、层级与水平；⑤关键环节；⑥替代概念体系.

内容简介主要介绍整章含有什么内容，内容之间的关系是怎样的，包括画出知识结构图. 这样职前教师会对整章内容有个概貌式的了解，避免只见树木不见森林. 比如，高中“函数的概念与性质” 主要包括函数的概念、表示及其基本性质.

来龙去脉主要介绍整章内容的起源与发展. 通过梳理来龙去脉，职前教师会把握知识的流变，积累过程性知识. 如高中“函数的概念与性质”来自于初中函数的相关内容. 初中从变量间依赖关系的角度介绍了函数概念与三种表示法，重点研究过正比例函数、一次函数、反比例函数、二次函数的解析式特征、简单性质与初步应用. 高中从数集合对应的角度重新定义了函数，给出了函数性质的形式化定义. 从初中的函数概念到高中的函数概念，是视角的转换. 新概念包括旧概念，并扩大了外延，对函数本质的认识更近了一步. 到大学还会进一步学习函数的“关系说”概念，探讨函数的更多性质.

核心内容指整章内容的基石，可以理解为把整章内容浓缩后剩下的一个或几个关键词，即我们怎么用一句话把整章内容告诉别人. 核心内容的分析，有助于教师把握重点. 当然，核心内容既包括内容，也包括过程与方法. 如高中“函数的概念与性质”的核心内容是函数的概念与单调性. 为什么有单调性呢？是因为单调性的形式化定义方法是这种方法的开端，这种方法是数学方法论中的重要方法.

内容序列是整章主要内容的顺序. 如高中“函数的概念与性质”的内容序列有定义、表示、性质. 层级是一个复杂内容的几个操作步骤. 为了分散难点，需要一步一步来学. 比如一元一次方程解法，有移项、合并同类项、去括号、去分母等步骤，通过这几个步骤，就能解决任何一元一次方程. 序列与层级使整章内容有了结构. 水平指不同等级的认识结果. 如函数的“变量说”和“对应说”，即是函数两种不同水平的定义. 水平揭示了难度. 水平之间的转换往往形成难点.

关键环节是从教学来看学生学习的紧要处. 关键环节是重点，有时也是难点. 需要教师精心设计、多方指导来突破. 关键环节的分析，有助于教师找准教学的抓手，提高教学效果. 高中函数概念的关键环节是讲清函数概念“对应说”替换“变量说”的逻辑.

替代概念体系指对同一内容的不同处理方法. 如立体几何，既可用欧氏框架来处理，也可用向量来处理，还可用线性代数来处理. 不同的处理，各有利弊. 职前教师需要知道，特定内容用哪种方法处理最简单，用哪种方法处理最困难. 处理困难时可淡化或略去，等以后用更优化的方法来处理. 比如点到直线的距离公式，用解析几何处理较为困难，用向量很简单. 替代概念体系的分析，有助于教师优化教学，少做无用功.

2. 学生理解

学生理解的视点与课例分析框架一致，参考 1.1 节内容.

3. 教学目标

教学目标的视点与课例分析框架一致，参考 1.1 节内容. 教材分析中的目标分析，更多着眼点于梳理出把握课程标准教学要求的注意要点，有助于教师掌握教学的度.

4. 效果评估

效果评估的视点与课例分析框架一致，参考 1.1 节内容. 效果评估分析帮助职前教师抓住重点题目与方法，削支强干，提高技能训练的针对性与效率.

5. 教学设计

教学设计分析主要帮助职前教师掌握教学策略与教学方法. 展开分析与课例分析重叠，故只是选择了该章典型课题，展示了优秀教师的成熟教学设计与实践. 该教学设计作为范例，供职前教师揣摩、领会.

# 第2章　初中课例分析

## 2.1　利用作图法探究角平分线性质
## ——“角平分线性质”课例分析

该节主要讨论问题：

(1)如何才能指导学生设计出角平分线作图法？

(2)应该如何设计“角平分线性质的探究”？

(3)作角平分线在探究角平分线性质中有什么作用？

“角平分线性质”是人教版教材八年级上册第十二章“全等三角形”中第三节的内容，前两节是全等三角形、全等三角形的判定. 从教材的安排顺序看，这节课应该是作为全等三角形判定的应用. 该节课有两个知识点：①画角平分线；②角平分线性质定理. 课程标准对这节课的教学要求：探索并证明角平分线的性质；能用尺规作一个角的角平分线，了解尺规作图的道理. 以下描述讨论的两次课，均由一位有经验的女教师杨老师执教. 杨老师研究生毕业，在一所省会城市最好的初中任教，已教初中数学四年，教学业绩在年级名列前茅. 第一次课由杨老师自己备课，上课. 上课后与研究者简要讨论，简单修改教学设计，第二天在另一个班继续上课. 杨老师与她的备课组长均反映这节课不好上，大部分学生不能利用三角形全等的有关知识构造角平分线画法，也不能探索得到角平分线的性质.

以下是第一次课的描述.

第一次课主要分为四个环节，首先是画角平分线，其次是讲解角平分线性质定理，然后是例题练习，最后是小结作业.

第一环节是画角平分线，分为五项学习活动，分别是复习角平分线概念、用量角器画角平分线、用刻度尺画角平分线、尺规画角平分线、三角板画角平分线. 学生基本都会用量角器画角平分线，有个别学生会用刻度尺、尺规、三角板画角平分线. 杨老师示范了如何用刻度尺画角平分线(图2.1). 在已知角中取出两边长都为30 cm的线段 $OA$ 和 $OB$，连接 $AB$，取 $AB$ 的中点 $P$，作射线 $OP$,$OP$ 就是角平分线了. 学生能解释为什么 $OP$ 为 $\angle AOB$ 的角平分线. 以下为师生对话节录.

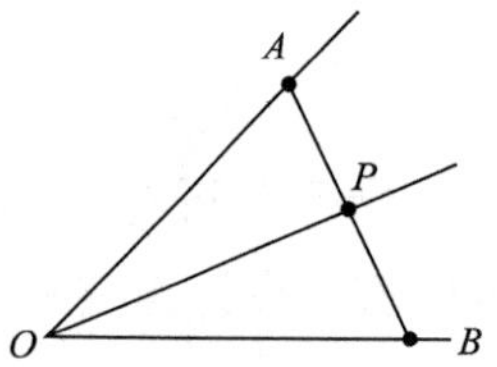

图2.1

**节录 1**

生 1：$\triangle AOP \cong \triangle BOP$.

师：为什么全等呢？

生 1：因为 $OP$ 为公共边，$AP = BP$，$AO = BO$.

师：所以$\triangle AOP \cong \triangle BOP$，也就是说如果用刻度尺的话，是利用了 SSS(边边边定理)来判断的.

接着杨老师示范了尺规画法(图 2.2)．首先，以 $O$ 点为圆心，以任意长为半径画弧，交于这两条线于 $CD$ 两点，然后分别以 $C$, $D$ 为圆心，大于$\frac{1}{2}CD$ 长为半径画弧，交点为 $P$，然后作射线 $OP$，$OP$ 即为 $\angle AOB$ 的角平分线.

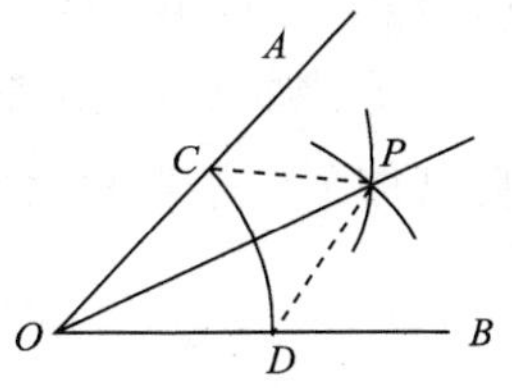


图 2.2

学生不能解释为什么 $OP$ 是 $\angle AOB$ 的角平分线. 杨老师作了讲解. 以下为师生对话节录.

**节录 2**

师：我们想，圆规能截取相等线段，直尺可以画线对吧，那么以点 $O$ 为圆心画弧时，$OC$ 与 $OD$ 有什么关系？

众生：相等.

师：同样地以 $C$，$D$ 为圆心，画弧，是不是也说明了 $C$ 跟 $P$ 之间的距离与 $D$ 跟 $P$ 之间的距离相等呢？

众生：是的.

师：那么相等后将其连接起来，此时你能否看出 $OP$ 是 $\angle AOB$ 的角平分线呢？

众生：可以.

师：如何判定？

众生：SSS.

师：对了，因为这个时候$\triangle COP \cong \triangle DOP$. 我们来看一下，PPT 上的作图步骤当中，为什么要以大于$\frac{1}{2}CD$ 为半径画弧？

学生答不上来.

师：老师来作个试验，假设以 $C, D$ 为圆心，半径非常小的时候画弧，大家观察，这时候有办法画出角平分线吗？

众生：没有办法，因为没有交点.

师：也就是说这时候找不到 $P$ 点，自然画不出角平分线. 所以大家一定要注意以大于$\frac{1}{2}CD$长度为半径来画. 那么这样我们就得到第三种办法即尺规作图，尺规作图的理论依据仍然是 SSS.

接着杨老师要求学生用三角板画出角平分线. 大部分学生不懂怎么画. 杨老师让一位已用三角板画出角平分线的学生投影展示并解释. 图形如图 2.3 所示. 生 2 解释：作 $OA$ 的一条垂线交 $OB$ 于点 $D$，使 $CD = 30\text{cm}$，再作 $OB$ 的垂线段 $EF$，使得 $EF = 30\text{cm}$. 接下来生 2 说不出来.

杨老师又让生3展示,生3直接用直角三角板画了两个三角形拼接在一起(图 2.4). 自己作了一个新角 $\angle AOC$，使得 $OB$ 是 $\angle AOC$ 的角平分线.

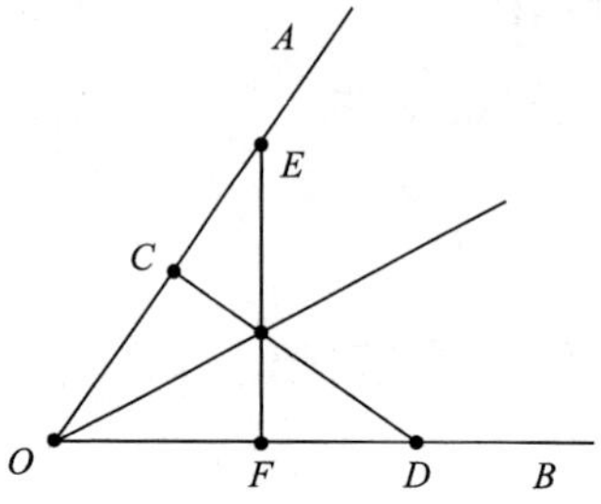

图 2.3

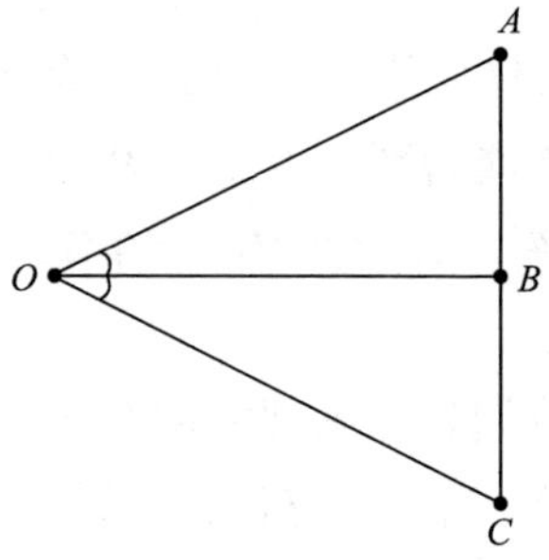

图 2.4

杨老师指出生 3 理解错了，要求作一个已知角的角平分线，而非特定角. 杨老师给学生示范了作法. 如图 2.5 所示，先取 $OM = ON$，分别作 $OA$ 和 $OB$ 的垂线 $QM$ 和 $QN$ 相交于点 $Q$，此时作射线 $OQ$ 即为 $\angle AOB$ 的角平分线.

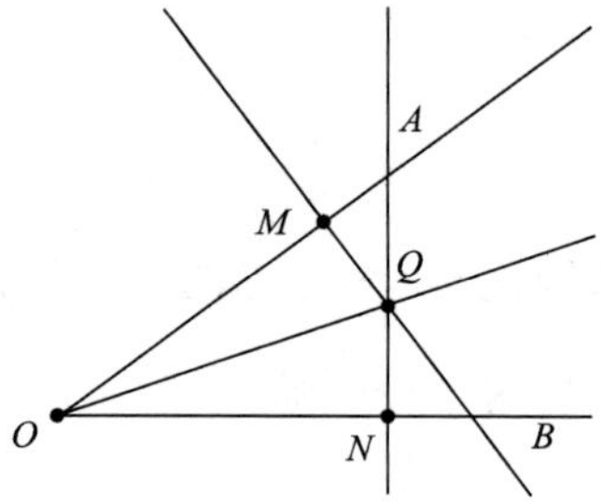

图 2.5

生 4 解释了理由：因为 $OM = ON$，由条件可以证出$\triangle OQM \cong \triangle OQN$，用 HL 证明，所以 $\angle MOQ = \angle NOQ$，根据角平分线定义可知 $OQ$ 为角平分线.

第二环节是讲解角平分线性质. 分为两项学习活动. 首先是引入、证明角平分线性质定理，其次是角平分线性质定理的注意要点及辨析. 以下是第一项学习活动师生对话节录.

**节录 3**

师：那么我们顺便观察一下，对于角平分线，它有什么性质呢？（学生答不上来）

师：我们考虑一下，每个三角形是不是都有六个要素？现在 $OM=ON$，$OQ$ 为公共边，$\angle OMQ=\angle ONQ=90°$（图 2.5），那么还剩下三个要素对吧？由 $\angle MOQ=\angle NOQ$ 得到角平分线，那么 $\angle MQO$ 当然也等于 $\angle NQO$，还有一组边是什么？

生 5：$MQ=NQ$.

师：大家看一下，$MQ$ 在 $\triangle OQM$ 中，它还具有什么特殊的性质？$Q$ 到 $M$ 是一个什么特殊的线段？

生 5：垂线段.

师：大家再想想这个垂线段的长度可以说明什么？

生 5：$Q$ 到 $M$ 的长度.

师：也就是点 $Q$ 到射线 $OA$ 的距离对吧？同样的 $QN$ 为 $Q$ 点到 $OB$ 上的距离，那么也就是说 $Q$ 点到 $OA$ 的距离和到 $OB$ 的距离相等？

生 5：相等.

师：大家看一下，$Q$ 点是角平分线上的一点，那么是不是角平分线上的任何一点都具有这样的性质？我们任取角平分线上另外一点 $P$，过 $P$ 点作 $OA$，$OB$ 的垂线交 $OA$ 于点 $C$，交 $OB$ 于点 $D$. 那么能不能证明 $PC=PD$ 呢？

生 5：可以. AAS（角角边定理）.

师：我们一起来证明一下（教师在黑板简单书写证明过程）.

第二项学习活动是角平分线性质定理的注意要点及辨析. 杨老师指出，可以从三个角度来理解这个性质（图 2.6）. ①点在哪？②点到谁的距离？③距离的含义？

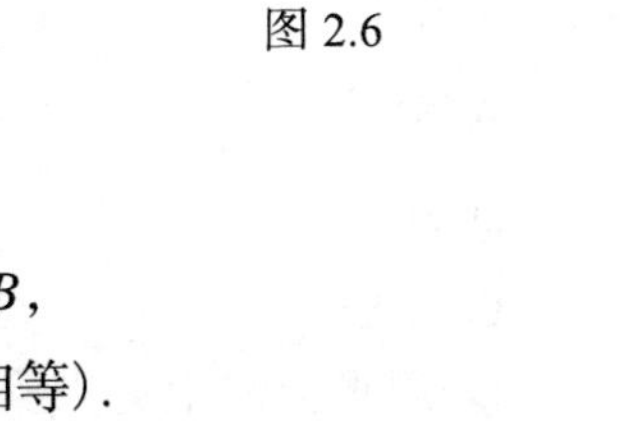

图 2.6

书写格式：

因为 $OC$ 是 $\angle AOB$ 的平分线，且 $PD\perp OA$，$PE\perp OB$，

所以 $PD=PE$（角的平分线上的点到角的两边距离相等）.

接着是关于性质定理的三组辨析练习.

**练习 1** 判断下列几何书写是否正确?

(图 2.7)因为 $AD$ 平分 $\angle BAC$(已知),

所以 $BD=CD$(角的平分线上的点到角的两边的距离相等).

**练习 2** 判断下列几何书写是否正确?

(图 2.8)因为 $DC\perp AC$, $DB\perp AB$(已知),

所以 $BD = CD$(角的平分线上的点到角的两边的距离相等).

**练习 3** 判断下列几何书写是否正确?

(图 2.8)因为 $AD$ 平分 $\angle BAC$, $DC\perp AC$, $DB\perp AB$(已知).

所以 $BD = CD$(角的平分线上的点到角的两边的距离相等).

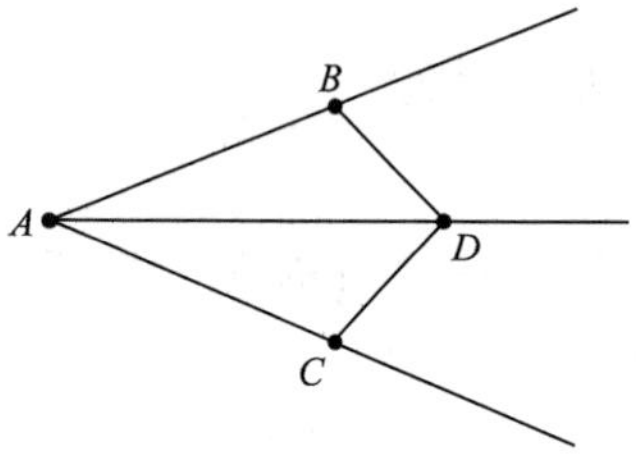


图 2.7

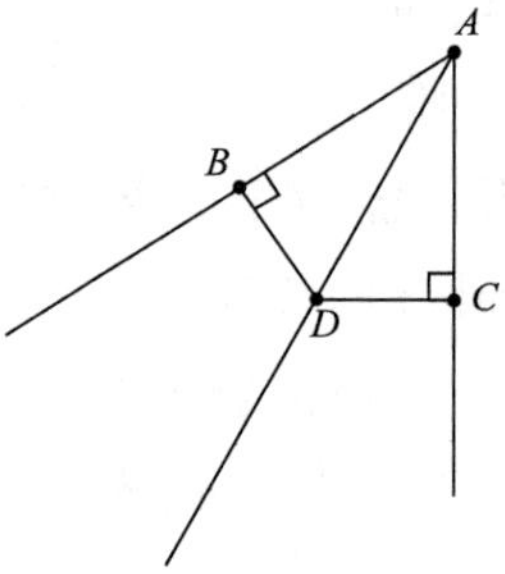


图 2.8

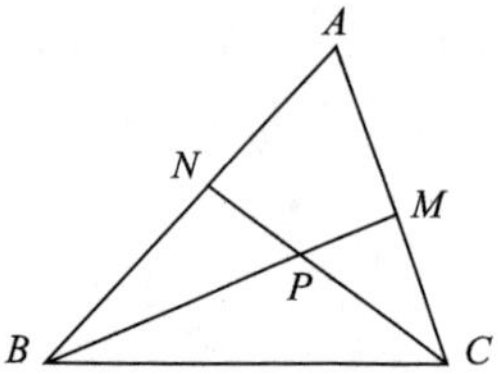


图 2.9

第三环节是例题练习. 题目如下所示. 杨老师讲解了例题的思路, 并示范了例题的证明. 大部分学生能做对练习.

**例题** 如图 2.9 所示, $\triangle ABC$ 的角平分线 $BM$, $CN$ 相交于点 $P$. 求证: 点 $P$ 到三边 $AB$, $AC$, $BC$ 的距离相等.

**练习**

1. 用直尺和圆规作一个角的平分线的示意图(图 2.10), 则能说明 $\angle AOC=\angle BOC$ 的依据是(  ).

A. SSS

B. ASA

C. AAS

D. 角平分线上的点到角两边距离相等

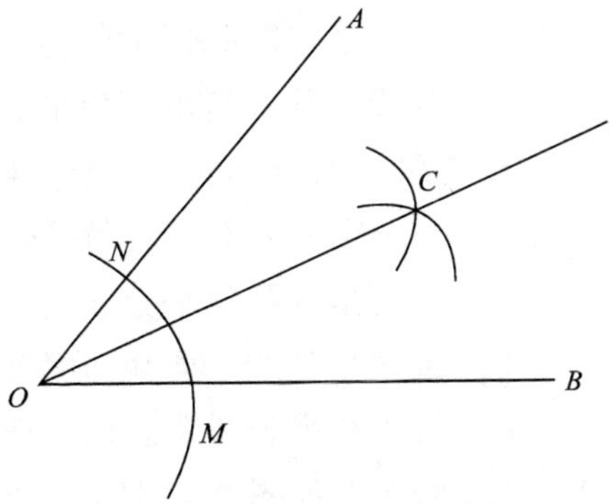


图 2.10

2. 若$\angle AOB$的平分线上有一点$P$到$OA$的距离等于 5，$Q$是射线$OB$上的任一点，则$PQ$的长度是(　　).

A. $PQ > 5$　　B. $PQ \geqslant 5$　　C. $PQ < 5$　　D. $PQ \leqslant 5$

3. 如图 2.11 所示，已知$\triangle ABC$中，$\angle C = 90°$，$AD$平分$\angle CAB$，且$BC = 8$，$BD = 5$，求点$D$到$AB$的距离为________，则$DE + DB =$________.

4. 如图 2.12 所示，在$\triangle ABC$中，$AB = 10\text{cm}$，$AC = 8\text{cm}$，

(1)若$AD$是$\triangle ABC$的中线，则$C_{\triangle ABD} : C_{\triangle ACD} =$________.

(2)若$AD$平分$\angle BAC$，若$AB = 10\text{cm}, AC = 8\text{cm}$,则$S_{\triangle ABD} : S_{\triangle ACD} =$________.

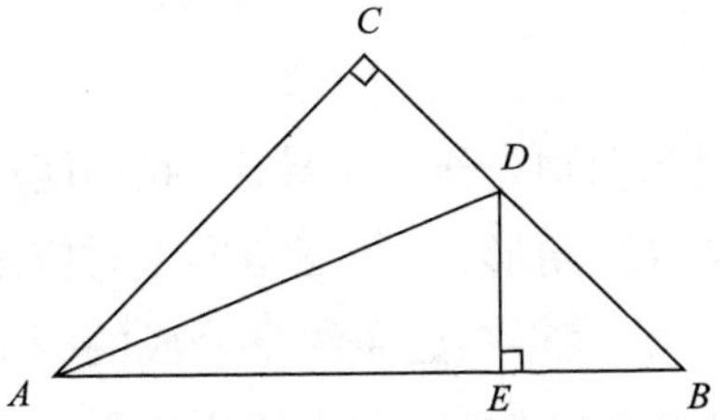


图 2.11

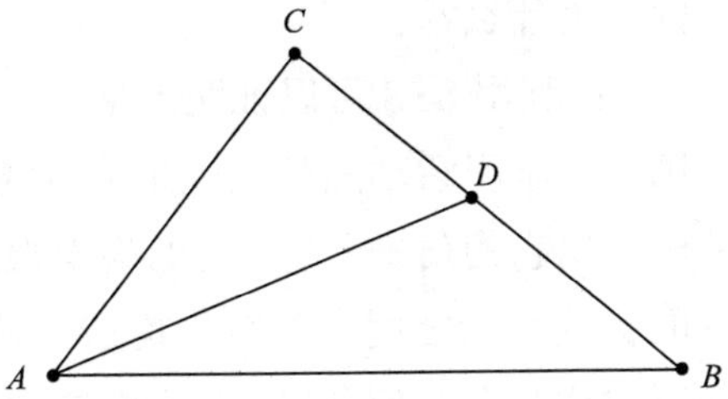


图 2.12

第五环节是小结作业(略).

第一次课描述结束. 以下是讨论问题:

(1)学生能自发设计出用直尺作角平分线的方法吗?

(2)学生能自发设计出用尺规作角平分线的方法吗?

(3)学生能自发设计出用三角板作角平分线的方法吗?

(4)设计角平分线作图法的目的是什么?

(5)如何才能指导学生设计出角平分线作图法?

以下是第二次课例描述.

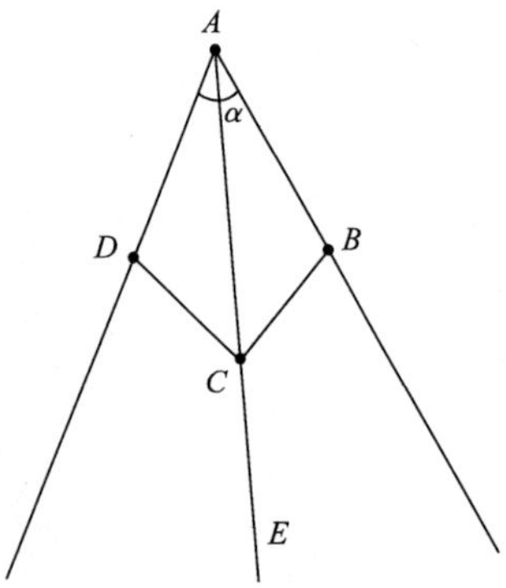


图 2.13

第二次课还是分为四个环节，首先是画角平分线，其次是讲解角平分线性质定理，然后是例题练习，最后是小结作业.

第一环节是画角平分线，分为三项学习活动，分别是复习角平分线概念、教师演示用角平分仪画角平分线、学生画角平分线并说明道理. 在复习了角平分线概念后，杨老师演示了用角平分仪画角，如图 2.13 所示. 并说明了操作步骤：“在角平分仪的设计中，使得 $AD=AB$，$DC=BC$，测量过程中，将点 $A$ 和已知角的顶点重合，然后调整角平分仪的两边，使得 $AD$ 和 $AB$ 都和角的两边重合，那么，此时 $AC$ 所在的直线即为已知角的角平分线. ”接着，杨老师要求学生解释角平分仪原理，并让两个学生在黑板上用角平分仪画角. 学生都做对了. 以下是师生的原理解释问答节录.

**节录 4**

师：大家想想，它有什么科学根据吗？

生 1：两个三角形全等. $\triangle ADC \cong \triangle ABC$.

师：为什么？

生 1：利用 SSS 可以证明出来.

第三项学习活动是学生画角平分线并说理. 杨老师先作了指导，“我们能用角平分仪作出它的角平分线. 它的科学根据就是全等三角形，全等三角形中对应角是相等的，从而能否用一条线来构造出两个三角形，使得被这条线平分成的两个角刚好落在这两个三角形里，且为对应角. 那么对照这种办法，你能够用你手头上的工具画出已知角的角平分线吗？”学生开始动手操作，有的学生用直尺和量角器画出，有的学生用三角板画出，更多同学选择用圆规来画出. 在说理前，杨老师先作了指导. 以下是师生问答节录.

**节录 5**

师：我们先来分析一下我们手头上的工具能做些什么，首先直尺能画线对吧？如果有刻度值的话，也能画有长度的线段对吧？那么三角板，上面同样有刻度，除了能画出有长度的线段之外，它还能做什么？

生 2：画直角.

师：很好，那么圆规能做什么？

生 2：画弧.

师：那其实是截取了相等的线段对吧.

接着，学生展示角平分线做法并说理. 生 3 是利用刻度尺作图（图 2.14），根据 SSS 判定$\triangle AOD \cong \triangle BOD$，从而说明射线 $OD$ 为$\angle AOB$的平分线. 杨老师补充了一种刻度尺作图法，如图 2.15 所示，并要求学生说明道理. 生 4 利用直尺和圆规作图（图 2.16），根据 SSS 判定$\triangle COP \cong \triangle DOP$，从而说明射线 $OP$ 为$\angle AOB$的平分线. 杨老师指出，生 4 的作法，即尺规作图是本节课的重点内容，并再次演示. 首先，以 $O$ 点为圆心，以任意长为半径画弧，交于这两条线于 $C$，$D$ 两点，然后分别以 $C,D$ 为圆心，大于$\frac{1}{2}CD$长为半径画弧，然后作射线 $OP$，那么 $OP$ 即为$\angle AOB$的角平分线. 在杨老师要求下，学生解释了"为什么要以大于$\frac{1}{2}CD$为半径画弧？" 生 5 用三角板作图（图 2.17），根据 HL 证明出$\triangle OQM \cong \triangle OQN$，从而说明射线 $OQ$ 为$\angle AOB$的平分线.

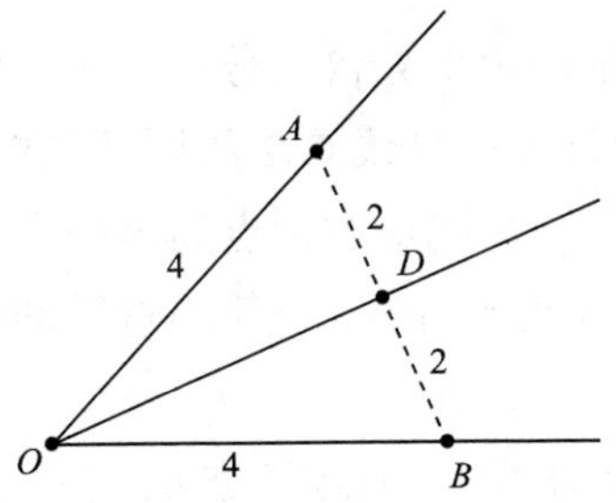

图 2.14

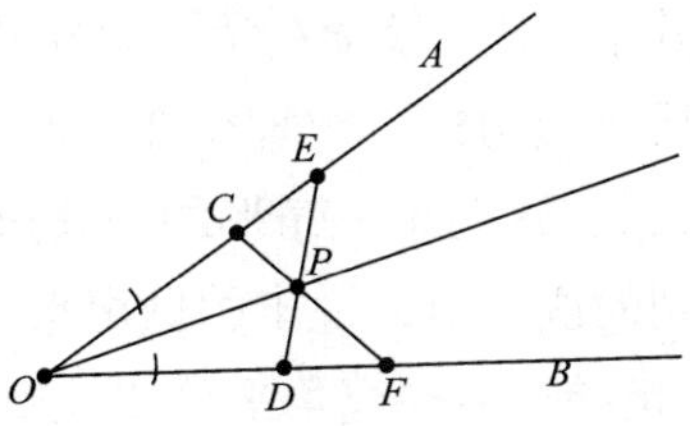

图 2.15

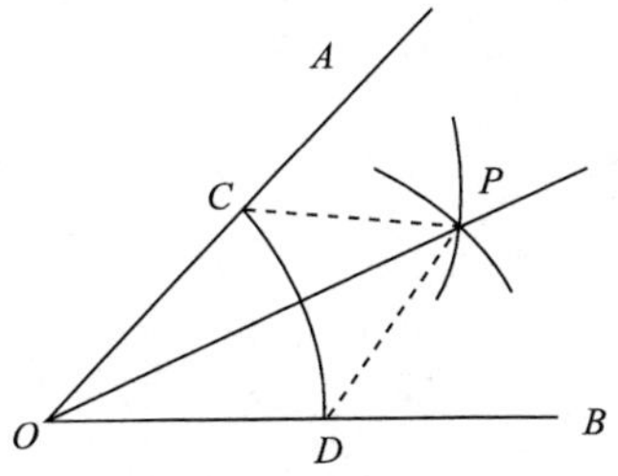

图 2.16

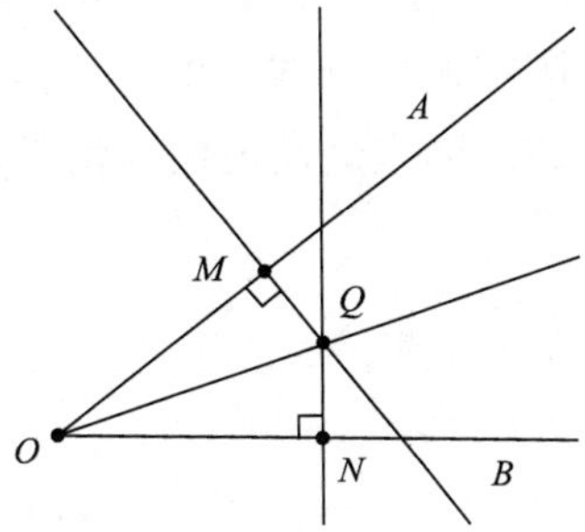

图 2.17

第二环节讲解角平分线性质.

第三环节例题练习，均与第一次课相同.

第四环节是小结作业(略).

课例描述结束. 以下是讨论问题:

(1)在第二次课中，学生是如何设计出角平分线画法的？你能概括一下主要步骤吗？对你有什么启发？

(2)你认为应该如何设计“角平分线性质的探究”？

(3)你认为作角平分线在探究角平分线性质中有什么作用？

教学注释:

课的引入定向阶段一般要做到以下几个要点：①复习与本节课知识相关的知识；②概览本节课知识的成分或要素及相互关系，或者概要介绍本节课知识与相关知识的关系，为新知识的学习提供一个结构；③教师简略交代本节课目标，启发学生细化本节课目标；④通过创设情境、按指令动手操作、直观观察等方式启发学生思路，激发学生动机. 第二次课例中的演示用角平分仪画角平分线就是一个很好地启发学生思路的方法.

可能的解决策略:

(1)指导学生设计角平分线作图法. 教师演示用角平分仪平分已知角，要求学生说出其中道理. 教师在学生说理基础上概括设计角平分线画法的原理：在角的内部，利用“边边边”定理构造出两个全等的三角形，使角的顶点为这两个三角形的公共顶点，这两个三角形的公共边所在射线即为角平分线. 该策略遵循的数学逻辑：看到的说明白，说出的做出来.

(2)指导学生探究角平分线性质策略. 如图 2.18 所示，让学生画出一个已知角，剪下来，对折，再折出一个三角形，展开，观察三条折痕，学生说出发现的结论. 学生发现，在原角内，除第一条折痕外的两条折痕，位置不固定，结论不好描述. 教师指导，固定角平分线上的一个点，除第一条折痕外的两条折痕，什么条件下位置是固定的？把这个发现作为角平分线性质.

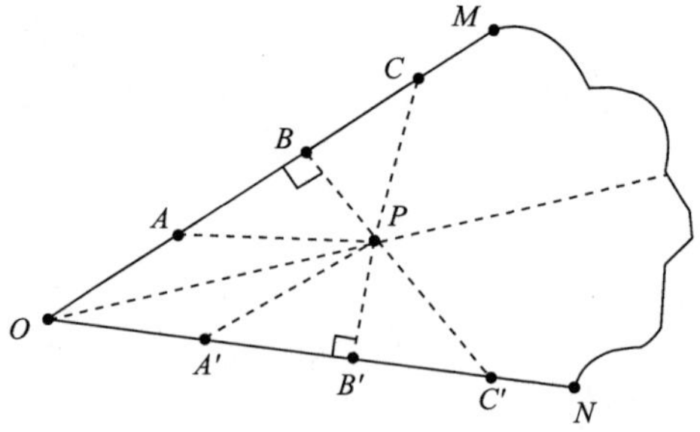


图 2.18

# 2.2　探究中要强调通法
## ——“多边形内角和”课例分析

该节主要讨论问题：

(1) 探究多边形内角和的价值是什么？

(2) 如何精简优化证明思路？

“多边形内角和”是人教版教材八年级上册第十一章“三角形”的第三节. 前两节学的是与三角形有关的线段、与三角形有关的角. 学生已经知道三角形的内角和是 180°，外角和是 360°. 该节有两个知识点：①多边形的内角和公式；②多边形的外角和公式. 课程标准对这节课的教学要求：探索并掌握多边形的内角和与外角和公式. 以下描述讨论的课，主要描述探讨多边形内角和部分. 该课由一位有经验的女教师边老师执教. 边老师教初中数学已有二十年了，现在一所省会城市普通区属中学任教，教学业绩在年级名列前茅.

以下是课堂描述.

多边形内角和部分主要分为三个环节，分别是复习引入、探究多边形内角和公式、公式的巩固性练习. 在复习引入环节，边老师安排三项学习活动. 首先，通过提问的形式，复习了多边形概念. 其次，复习了从五边形的一个顶点出发，可以作 2 条对角线，把五边形分成 3 个三角形；边老师以五边形为跳板，引导学生推广到一般的 $n$ 边形，从一个顶点出发，可以作 $n-3$ 条对角线，把 $n$ 边形分割成 $n-2$ 个三角形. 最后，边老师提出本节课目标：学习多边形内角和，并以问题“如何设计一个内角和为 2013 度的多边形”激发学生学习动机.

在探究多边形内角和公式这个环节，边老师安排了两项学习活动. 首先是探究四边形内角和. 边老师先引导学生复习了矩形、正方形、平行四边形、梯形的内角和都是 360°，然后提出问题：任意四边形的内角和等于多少度？你能用三角形内角和定理来证明吗？能找到几种方法？

学生四个人一组展开合作探究. 边老师不断巡视指导. 3 分钟后，边老师对大部分同学的共同做法给予投影展示，如图 2.19 所示.

边老师接着要求学生思考其他证明方法，5 分钟后，边老师展示了生 1 的做法

(图 2.20). 以下节录是边老师在讲完方法二后的指导.

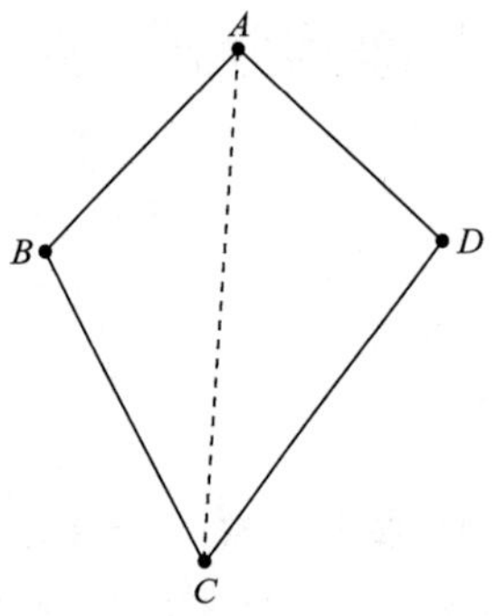


$2 \times 180° = 360°$

图 2.19　方法一

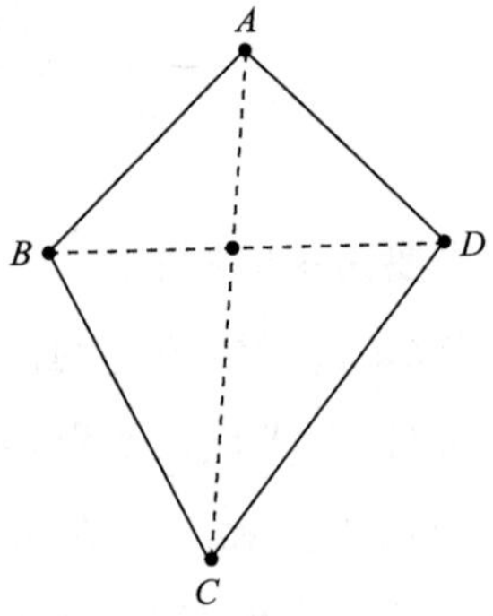


$4 \times 180° - 360° = 360°$

图 2.20　方法二

**节录**

师: 方法二是把四边形分成了四块. 我们一定要这样子把四边形分成四块吗? 还有其他的分法吗?

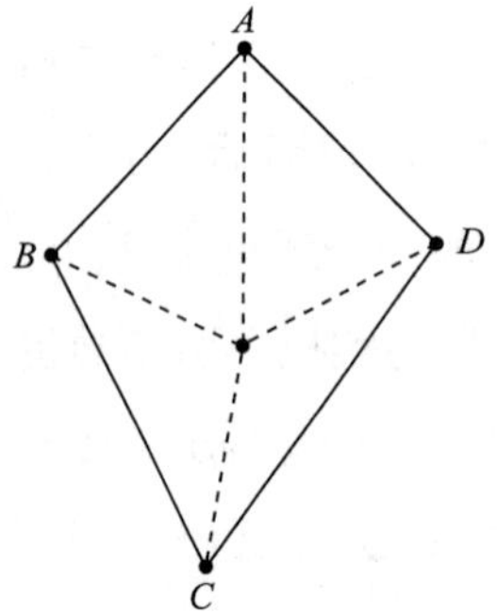


$4 \times 180° - 360° = 360°$

图 2.21　方法三

众生: 不一定(但说不出具体还可以怎么分).

师: 我们可以在四边形里随便取一点, 然后将该点与四个顶点连起来(图 2.21), 这样也可以把四边形分成四块. 图 2.20 中的点比较特殊, 刚好是两条对角线的交点. 把点的位置点在我点的这个位置(图 2.21), 证明的过程不变, 对吗?

众生: 是.

师: 那这个点一定在老师点的这个点这里吗? 还可以点在哪里?

在边老师指导结束 3 分钟后, 两位学生展示并讲解了方法四(图 2.22)、方法五(图 2.23), 边老师肯定了学生的做法, 并总结: "点可以在四边形内部, 也可以在边上, 还能在哪里?" 在边老师启发下, 又有学生展示了方法六(图 2.24)、方法七(图 2.25). 对于方法七, 边老师只是重复了一下学生的方法, 没有书写算式. 最后, 边老师总结了主要证明方法, 分别是方法一、方法三、方法四、方法六, 并强调了这四种方法的共同点是把四边形问题转化成三角形问题.

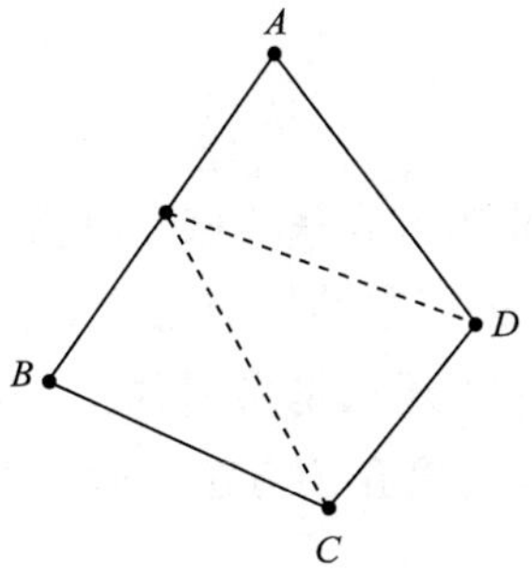


$3\times 180^\circ - 180^\circ = 360^\circ$

图 2.22　方法四

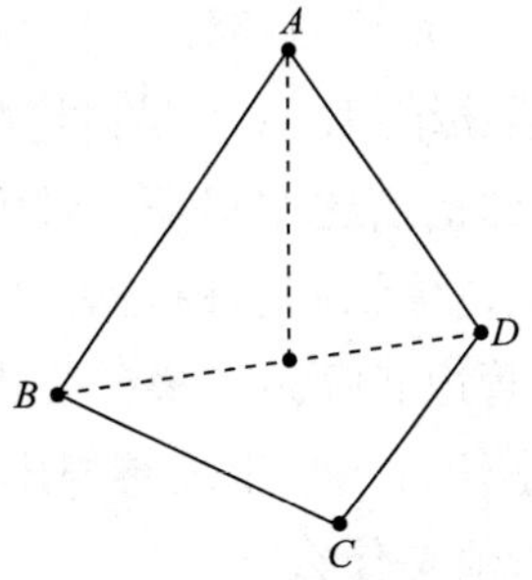


$3\times 180^\circ - 180^\circ = 360^\circ$

图 2.23　方法五

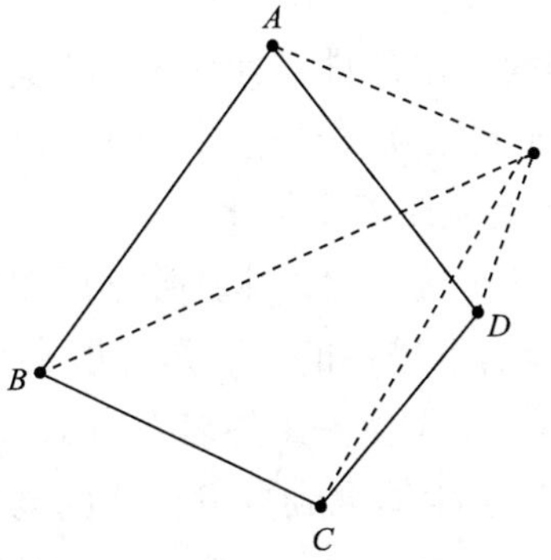


$3\times 180^\circ - 180^\circ = 360^\circ$

图 2.24　方法六

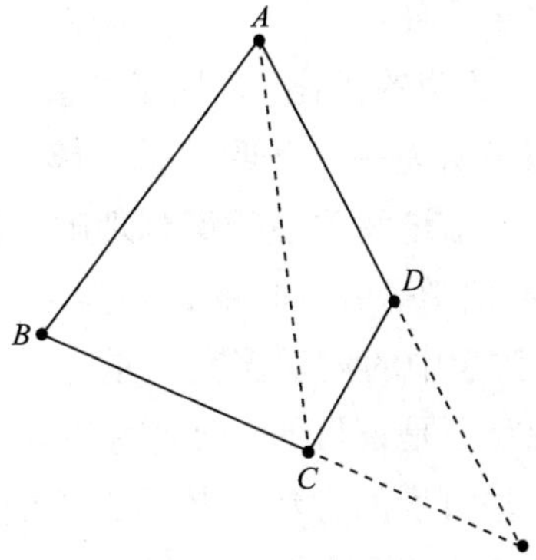


$3\times 180^\circ - 180^\circ = 360^\circ$

图 2.25　方法七

第二项学习活动是分别求出任意的五边形、六边形、$n$ 边形的内角和. 5 分钟后学生自愿展示了其证明，如图 2.26 所示. 几乎所有学生都采用了方法一. 边老师只好自己演示了方法三、方法四、方法六的证明，总结并板书了多边形内角和是 $(n-2)\times 180^\circ$，$n \geqslant 3$.

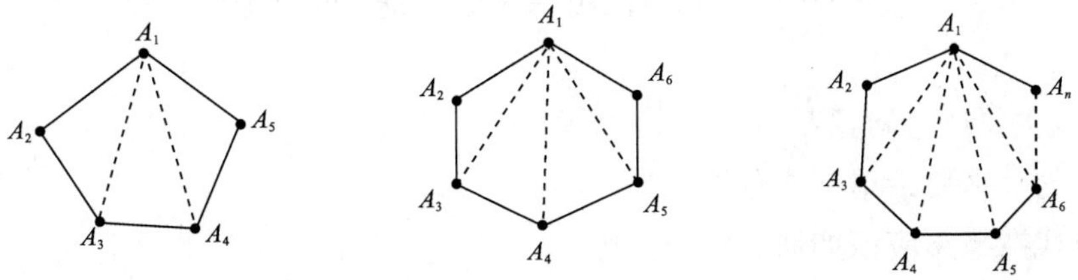


$3\times 180^\circ = 540^\circ$　　$4\times 180^\circ = 720^\circ$　　$(n-2)\times 180^\circ$

图 2.26

第三环节是练习(略).

课例描述结束. 以下是讨论问题:

(1)由课例描述尤其是节录可以看出，边老师把这节课的重点放在公式的多种证明方法上，你认同这种做法吗？用多种方法解决问题的目的是什么？

(2)尽管边老师讲了多种公式证明方法，但学生还只是采用方法一来证明，对你的启发是什么？学生没有想出方法六，你认为应该介绍方法六吗？探究多边形内角和的价值是什么？

(3)你认同边老师对方法五的处理吗？你会如何处理学生提出的方法五？你认同边老师对方法七的处理吗？你会如何处理学生提出的方法七？

教学注释:

(1)证明的优化. 证明的主要作用是为了理解，由条件是如何得到结论的. 数学家如果认为一些证明逻辑不够自然，会专注于对证明的改进(优化)，以期获得对条件与结论间关系的深刻理解. 方法五、方法七显然需要优化.

(2)数学探究的目的，是为了获得数学活动的直接经验，体会数学思想方法的运用. 教学中的数学探究，是在一定数学方法指引下进行的，不是开展头脑风暴. 数学探究不是盲目的，而是有指导的，教师必须给予学生一定的启发与示范. 对于学生一些自发的方法，教师必须引导、规范，让学生体会到自发方法的局限性，感受到通法的可理解性、合理性、有用性. 鼓励学生思考偏离一般方法的技巧性方法，教学效果不好，效率不高，效用不强.

可能的解决策略:

四边形内角和探究，多边形内角和探究，仅探讨方法一，其余不提示.

## 2.3 为什么要给单项式分类
## ——“合并同类项”课例分析

该节主要讨论问题:

(1)为什么要给单项式分类?

(2)代数概念应该如何教?

(3)代数运算法则应该如何教?

(4)如何编撰代数变式题?

“合并同类项”是人教版教材七年级上册第二章“整式加减”中的第二节. 前

一节主要学了整式的相关概念. 该节有两个知识点：①同类项概念；②合并同类项法则. 课程标准对该节的教学要求：掌握合并同类项法则，能进行简单的整式加法和减法运算. 以下描述的两节课，均由一位有经验的女教师李老师执教. 李老师本科毕业已十一年，在一所省会城市新建中学任教，已教初中数学十一年，为数学组组长，教学业绩在年级名列前茅. 李老师曾在一所省城著名私立初中任教七年. 第一次课由李老师自己备课，上课. 上课后与研究者简要讨论，修改教学设计. 第二天在另一个班继续上课. 从课堂效果看，合并同类项法则学生掌握得还可以.

以下是第一次课同类项概念部分的描述.

该部分主要分为四个学习活动，分别是复习、尝试探索、归纳同类项定义及要点、同类项概念辨析. 在复习环节，李老师以提问方式与学生一块复习了单项式、多项式、整式、加法交换律、结合律、乘法对加法的分配律. 学生基本都答出来了.

在尝试探索环节，李老师展示探索情境：某花店国庆节前购进康乃馨 100 枝，每枝进价 $t$ 元，之后又购进百合花 252 枝，每枝进价也是 $t$ 元. 那么花店两次共花费多少元的成本购花？学生展开尝试探索活动. 节录 1 记录了师生的探索对话.

**节录 1**

师：怎么做呢？

生 1：花费 $352t$.

师：你是怎么算出来的？

生 1：用 $100t+252t$ 得到，它们都有共同的 $t$，可以提出来.

师：也就是说它的结构和乘法分配律右边部分很像，我们可以从右边得到左边，所以得到的是 $352t$. 同时，这里的 $t$ 也代表着某个数. 如果这里的 $t=2$，显然通过这样先计算再把 $t=2$ 代入算出结果会比较简便.

李老师板书了算式 $100t+252t=(100+252)t=352t$，要求学生通过类比这一算式，继续尝试化简下列式子：① $100t-252t$；② $3x^2+2x^2$；③ $3ab^2-4ab^2$. 学生都很快做出来了. 节录 2 记录了师生对同类项概念的探索对话.

**节录 2**

师：我们发现上面这些式子能化简，它们的项有没有什么共同特点呢？

生 1：它们都有相同的字母.

师：还有吗？如果是 $3x-x^2$ 能继续吗？

众生：不能.

师：那么它除了字母相同还具备什么呢？（学生答不上来）

师：好的，大家发现 $3ab^2-4ab^2$ 中前后 $a$ 都是几次的？

众生：一次的.

师：$b$ 呢?

众生：都是二次的.

师：我们发现，它们除了字母相同，字母对应的指数相同吗?

众生：相同.

师：它们除了字母相同，字母对应的指数也相同，我们发现在同一个式子里都具备了这样的特点，所以它能进行化简.

第三环节是归纳同类项定义及要点. 李老师在上述探索基础上，给出同类项概念：像 $100t$ 与 $252t$，$3x^2$ 与 $2x^2$，所含字母相同，并且相同字母的指数也相同的项称为同类项. 李老师要求学生判断 $-10$ 与 $\pi$ 是否为同类项，学生认为不是同类项. 李老师自己作出说明，$\pi$ 是常数，几个常数也是同类项. 李老师接着强调同类项概念的要点为“两同”：所含字母相同，并且相同字母的指数也相同.

第四环节是同类项概念辨析. 李老师让学生判断以下是否为同类项：① $2x^2y$ 与 $-3x^2y$；② $3xy$ 与 $-yx$. 学生均能做对. 李老师概括，同类项与系数无关，与字母的顺序无关. 然后是概念辨析练习(如下所示).

判断下列说法是否正确，正确的在括号内打“√”，错误的打“×”.

(1) $3xy^2$ 与 $-\frac{1}{2}y^2x$ 是同类项(　　)；　　(2) $2ab$ 与 $-5ab$ 是同类项(　　)；

(3) $5a^2b$ 与 $-2ab^2$ 是同类项(　　)；　　(4) $2^3$ 与 $3^2$ 是同类项(　　).

前三题学生基本都做对了. 对于第(4)题，部分学生认为不是同类项，因为指数不同；部分学生认为是同类项，因为 $2^3$ 与 $3^2$ 都是常数. 李老师肯定了后者的意见.

第一次课同类项概念部分描述完毕. 以下是第一次课的讨论问题：

(1)同类项在算术中的对应概念是什么? 教师有没有复习相应概念，启发学生的学习? 也就是教师有没有提供先行组织者，通过先行组织者提供内容背景与来龙去脉，为学生建立学习新知识的结构，引导学生构建新知识的意义?

(2)创设的情境意图是什么? 从课堂实录看，该情境起到了预期的作用了吗?

(3)学生对字母的使用一般分为六种水平，分别是①给字母赋值，如看到 $\pi$ 就用 3.14 代替；②把字母当作物体(或人)的简称，如学生记为 $s$；③把字母看作名数，如 12 米记为 12m；④把字母看作特定的未知数，如 $x+1=3$ 中的 $x$；⑤把字母看作非相关的任意数，如 $a+b=b+a$ 中的 $a$；⑥把字母看作相关变量，如 $y=2x$. 你认为学生把单项式中字母的含义理解为哪种水平? 情境问题 $100t+252t$，学生把字

母 $t$ 理解为哪一种水平？与单项式中字母的含义是否一致？学生认为 $-10$ 与 $\pi$ 不是同类项，学生把 $\pi$ 理解为哪种水平？

以下是第二次课例描述，第二次课分为同类项概念部分与合并同类项法则部分.

同类项概念部分分为四个环节，分别是铺垫、尝试探索、归纳同类项概念及要点、概念辨析.

第一环节是铺垫，教师安排了两项学习活动：

(1) 计算 $300+4+200+5$ (写出计算过程).

(2) 用简便方法计算：

①$100\times\frac{1}{3}+145\times\frac{1}{4}+200\times\frac{1}{3}-45\times\frac{1}{4}$；

②$100\times\frac{1}{5}+145\times\frac{1}{6}+200\times\frac{1}{5}-45\times\frac{1}{6}$.

学生基本都做对了. 第一道题学生利用了加法交换律把 4 和 200 的位置进行交换，从而使计算变得简便，第二道题的第①小题学生先利用交换律把 $200\times\frac{1}{3}$ 和 $145\times\frac{1}{4}$ 进行交换，再逆用分配律进行简便计算. 第二道题的第②小题方法与第二道题类似.

第二环节是尝试探索，李老师安排了两项学习活动. 首先是 $100a+145b+200a-45b$ 的计算. 在提出算式前，李老师先指出思路. 李老师指出："字母可以代替数，既可以表示具体(特定)的数，也可以表示抽象(一般)的数，如果把第(2)题中的分数用字母表示，变成以下式子：$100a+145b+200a-45b$，你还会算吗？"学生基本都算对，李老师以此为跳板，提出这节课的目标："从数的运算我们还可以扩展到式的运算，这就是我们今天要介绍的整式加减运算."

其次是单项式分类. 李老师要求学生分组把以下 12 个单项式进行分类，并说明分类的依据. 这 12 个单项式是：$100t$, 10, $3ab$, $3ab^2$, $-252t$, $5ab$, $-5$, $5ab^2$, $252t$, $\pi$, $-ba$, $-4ab^2$. 学生分类时，李老师巡视指导. 10 分钟后，学生基本分类完毕.

第一组按照正负数来分类，在李老师启发下，该组学生发现无法确定某些单项式是正数还是负数. 第二组按有没有字母来分类：一类为没有字母的 10, $-5$, $\pi$; 另一类为有字母的 $100t$, $3ab$, $3ab^2$, $-252t$, $5ab$, $5ab^2$, $252t$, $-ba$, $-4ab^2$. 全班学生都认可这一分类方法. 李老师以此为跳板，要求学生将第二类进一步细分. 第三组对第二类进一步细分，字母指数为 1 的一类：$100t$, $3ab$, $-252t$, $5ab$, $252t$, $-ba$;

字母指数有 2 的为另一类：$3ab^2$，$5ab^2$，$-4ab^2$．李老师在此基础上进行指导，“还有不同的分法吗？”生 2 提出了一种新分类标准，按照单项式次数来分类，把这 12 个单项式分为四类：

①10，$-5$，π；②$100t$，$-252t$，$252t$；③$3ab$，$5ab$，$-ba$；④$3ab^2$，$5ab^2$，$-4ab^2$．

学生分类告一段落，李老师开始指导学生归纳同类项概念．节录 3 描述了指导过程．

**节录 3**

师：大家现在观察一下，这样分类之后，每一类的特点是不是更明确了？

众生：是．

师：大家再看下，第二类的单项式为什么会归为一类？

生 3：因为次数都为 1．

师：也就是它们有相同的字母？且这个字母的指数是？

生 4：$t$，且 $t$ 的指数为 1．

师：同样的第三、四类是不是也具有同样的特点？

生 4：是．

师：那么我们就把所含字母相同，并且相同字母的指数也相同的项，称为同类项．例如：$3ab^2$，$5ab^2$，$-4ab^2$．

第三环节是归纳同类项概念及要点．李老师在上述探索基础上，给出同类项概念：像 $100t$ 与 $252t$，$3x^2$ 与 $2x^2$，所含字母相同，并且相同字母的指数也相同的项称为同类项．李老师以 $-10$ 与 π 是同类项为例，指出 π 是常数，几个常数也是同类项．李老师接着强调同类项概念的要点为“两同”：所含字母相同，并且相同字母的指数也相同．

第四环节是概念辨析，题目与第一次课相同．与第一次课不同的是，学生一直认为 $2^3$ 与 $3^2$ 都是常数，是同类项．

合并同类项法则分为五个环节．

第一环节是尝试归纳合并同类项法则．李老师要求学生计算以下四个算式：①$100t+252t$；②$100t-252t$；③$3x^2+2x^2$；④$3ab^2-4ab^2$．学生基本做对．李老师投影展示了一个学生的计算：

(1) $100t+252t=(100+252)t$；

(2) $100t-252t=(100-252)t$；

(3) $3x^2+2x^2=(3+2)x^2=5x^2$；

(4) $3ab^2-4ab^2=(3-4)ab^2=-ab^2$．

该生解释了算理，“可以利用一些类似乘法分配律”．李老师指出，这些运算都是“把同类项系数的和作为运算结果中的系数．然后字母和字母的指数都不变．”师生共同归纳出合并同类项法则：多项式中同类项的系数相加作为结果的系数，且字母连同它的指数不变．

第二环节是法则辨析．李老师要求学生判断以下四题的正误并说明理由．学生也基本做对了．

(1) $2a+3a=5a^2$；

(2) $3x^2-2x^2=x^2$；

(3) $5a^2b-3ab^2=2ab$；

(4) $6m^2-5m^2=1$．

第三环节是指导性练习．李老师先讲解了两道例题．例题如下．

**例 1**　合并下列各式中的同类项：

(1) $3xy^2+5xy^2-4xy^2$；

(2) $-3x^2y+2x^2y+3xy^2-2xy^2$．

**例 2**　找出多项式 $4x^2+2x+7+3x-8x^2-2$ 中的同类项进行合并，并思考每一步运算的依据．然后归纳合并同类项的步骤：

(1) 找出同类项，用不同的线标记出各组同类项．

(2) 把同类项移到相邻的位置，用括号将同类项结合，括号间用加号连接．

(3) 合并同类项，系数相加，字母及字母的指数不变．

(4) 按同一个字母的降幂排列(或升幂排列)．

李老师把这四个步骤简要概括为“一找、二移、三合并、四排序”．

接着要求学生做了三道练习，学生大部分做对了．题目如下：

(1) $12xy-20yx$；(2) $-5a+0.3a-2.7a$；(3) $3x^2-2xy-x^2+5xy$．

第四环节是独立练习(课堂作业)，题目略．最后是小结作业．

第二次课描述完毕．以下是第二次课的讨论问题：

(1) 为什么要给单项式分类？分类标准是什么？

(2) 概念教学应该教什么？根据第二次课同类项概念教学部分，概括代数概念教学的主要步骤．

(3) 根据第二次课合并同类项法则教学部分，概括代数法则教学的主要步骤．

(4) 代数变式题编撰的一般方法．

教学注释：

(1)代数思维的核心是抽象与一般化. 从代数的来源看，代数首先是把数的运算抽象为式的运算.

(2)代数的基础是式的运算及运算律. 为了进行加法运算，所以要给单项式分类. 分类的标准就是可以运算加法.

(3)代数概念教学的主要步骤. 代数概念教学一般有5个步骤. ①铺垫. 通过复习回顾相关旧知识或生活经验，给学生提示思路. 如第二次课中的学习活动：

a. 计算 $300+4+200+5$ (写出计算过程).

b. 用简便方法计算：

i. $100\times\frac{1}{3}+145\times\frac{1}{4}+200\times\frac{1}{3}-45\times\frac{1}{4}$；

ii. $100\times\frac{1}{5}+145\times\frac{1}{6}+200\times\frac{1}{5}-45\times\frac{1}{6}$.

若学生能自发想到思路，该步骤省略. ②尝试. 教师设置尝试情境，学生在铺垫思路指引下尝试发展概念. ③归纳新概念. 师生交流尝试结果，相互补充，归纳出新概念及其注意要点. 教师交代新概念的来龙去脉. ④概念举例与辨析. 师生多角度举出概念例子，必要时教师示范并补充学生想不到的例子类别. 教师设计辨析题目，引导学生多角度辨析概念的本质属性与非本质属性. ⑤整合. 教师引导学生联系相关旧知识，把新概念整合进认知结构. 必要时教师做全面总结.

(4)代数法则教学的主要步骤. 代数法则教学一般有几个步骤. ①铺垫诱导尝试. 教师复习相关旧知识启发思路(若学生较易想到，此步骤省略)，设计情境指引学生尝试探究运算法则. ②归纳运算法则. 师生交流尝试心得，合作归纳运算法则. 教师交代法则来龙去脉. ③法则辨析. ④指导性练习. 包括系列例题、指导性练习，目的是掌握法则，形成运算技能. 教师根据学生练习结果纠正学生错误，并针对错误追加针对性练习. ⑤法则整合. 教师系统总结法则，帮助学生形成认知结构. ⑥灵活运用法则的独立练习. 目的是形成运算能力，检测学习结果.

(5)代数变式题编撰的一般方法. 代数变式题的编写主要方法有属性变化法和形式变化法. 其中，属性变化法又可分为关键属性的变化和非关键属性的变化，每种属性的变化的第一步是确定基本题，基本题的确定方法主要为：厘清知识点的所有属性，针对每个属性找寻课标中对应的要求，对相应的属性最直接的考查，即为基本题. 在基本题的基础上进行属性的变化. 每个属性都为一个变化维度，而每个维度在层次上又可进行加深，即难度上的加深. 具体各个维度和层次上，习题的数量和难度安排，应根据课标相关要求、学生水平的高低进行调整. 形式变化法主要是习题类型的变化，同一知识点可通过不同类型的习题进行考查，通过习题形式的变化，能够有效地检测学生对于知识本质概念、属性的掌握情况，加深学生对于知识的理解.

## 2.4 合理控制运算难度
## ——“二次根式加减”课例分析

该节主要讨论问题：

(1)为什么要控制运算难度？

(2)如何设计情境？

(3)如何划分层级？

(4)如何纠正误解？

“二次根式加减”是人教版九年级上册第二十一章第三节的第一课时. 该节知识点只有一个：二次根式加减运算法则. 第一节学过二次根式的概念，第二节学过最简二次根式的概念. 课程标准的教学要求：“了解二次根式(根号下仅限于数)加减运算法则，会用它们进行简单四则运算.”以下描述的两节课，均由一位有经验的女教师文老师执教. 文老师在一所省会城市中学任教，已教初中数学二十多年，为数学组骨干教师，教学业绩在年级名列前茅. 第一次课由文老师自己备课，上课. 上课后与研究者简要讨论后，简单修改教学设计，第二天在另一个班继续上课.

以下是第一次课的描述.

第一次课分为五个环节，分别是复习最简二次根式、学习同类二次根式、学习二次根式加减法则、练习、小结作业.

第一个环节是复习最简二次根式概念，强调两个要点：①被开方数不含分母；②被开方数中不含有开得尽方的因数或因式.

第二个环节是同类二次根式的学习过程，文老师分成了四个层级的学习活动. 首先，观察不需化简的同一类别二次根式的特征，如

(1) $\sqrt{2},3\sqrt{2},-\frac{2}{5}\sqrt{2},\frac{1}{3}\sqrt{2},\cdots;$

(2) $\sqrt{3},17\sqrt{3},-5\sqrt{3},\frac{2}{13}\sqrt{3},\cdots.$

其次，观察需要化简同一类别二次根式的特征，如

(3) $\sqrt{2}$, $\sqrt{8}$, $\sqrt{18}$, $\sqrt{32}$, $\sqrt{0.5}$, $-\sqrt{\dfrac{9}{2}}$, ….

文老师引导学生将其化成最简形式 $\sqrt{2}$, $2\sqrt{2}$, $3\sqrt{2}$, $4\sqrt{2}$, $\dfrac{1}{2}\sqrt{2}$, $-\dfrac{3}{2}\sqrt{2}$，从而发现它们都有 $\sqrt{2}$. 由此文老师总结，经过化简之后，各根式的被开方数都相同了.

然后，观察需要化简不同类别二次根式的特征，如

(1) $\sqrt{2}$；　(2) $\sqrt{75}$；　(3) $\sqrt{\dfrac{1}{2}}$；　(4) $\sqrt{80}$；　(5) $\sqrt{3}$；

(6) $\sqrt{45}$；　(7) $\sqrt{9a}$；　(8) $\sqrt{25a}$.

学生化简后依据被开方数的不同分为四组.

最后，文老师归纳总结同类二次根式的概念. 即几个二次根式化成最简二次根式以后，如果被开方数相同，这几个二次根式就叫做同类二次根式. 文老师强调了同类二次根式的两个要点：①化成最简二次根式；②被开方数相同，根指数相同. 接着文老师类比学生已学过的同类项，复习回顾了同类项需满足的条件. 需要有相同的字母且相同字母的指数也要相同，并让学生举例说明.

第三个环节是学习二次根式加减法则. 文老师分为四项学习活动，分别是铺垫、情境、尝试练习、归纳法则. 首先，文老师对二次根式加减法则作了铺垫，提出了一个启发性的问题：同类项 $3ab^2$ 和 $4ab^2$ 可以相加，相加时把相同的字母以及字母的指数保留，系数与系数相加作为最后结果的系数，二次根式能相加减吗？

情境部分，文老师采用了教科书上的问题：现有一块长 7.5dm、宽 5dm 的木板，能否采用如图 2.27 的方式，在这块木板上截出两个分别是 $8\text{dm}^2$ 和 $18\text{dm}^2$ 的正方形木板？要求学生思考怎么做.

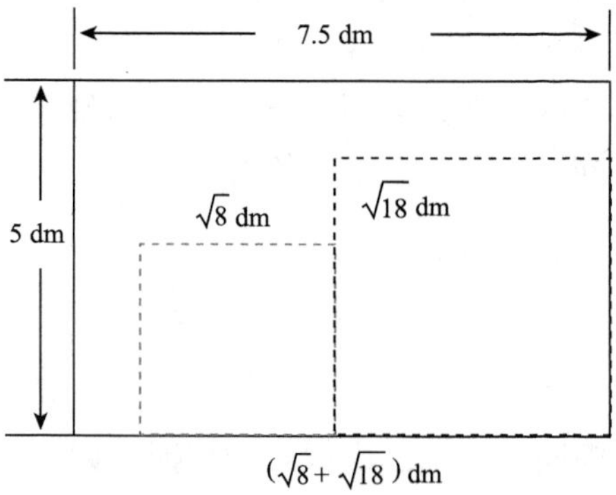


图 2.27

学生的想法出乎意料. 节录 1 展示了学生的思路.

**节录 1**

生 1：先求出长方形的面积，然后两个正方形面积相加，如果它大于长方形的面积就不行.

生 2：可以用拼的，要考虑边长够不够.

师：你详细说一下？

生 2：我感觉长方形的宽不够.

师：那同样的，我们也要考虑一下长方形的？

众生：看看长够不够.

师：那大家考虑一下到底够不够呢？

生 3：长够宽不够.

师：大家都考虑到了长和宽，那么我们知道两个正方形的面积，肯定就可以知道它们的边长是多少，我们将其求出来吧.

师：面积为 8 的正方形的边长为？

众生：$2\sqrt{2}$.

师：那面积为 18 的正方形的边长为？

众生：$3\sqrt{2}$.

师：$2\sqrt{2}$ 和 $3\sqrt{2}$ 分别是怎么得来的？

生 4：分别由 $\sqrt{8}$ 和 $\sqrt{18}$ 得来的.

师：好的，那么现在怎么考虑长和宽够不够？

生 4：长够了.

师：你是怎么知道的呢？

生 4：因为用计算器可以算出 $2\sqrt{2}+3\sqrt{2}$ 大约为 7.07，比 7.5 小，肯定够.

师：那宽够不够呢？

生 4：够了，$3\sqrt{2}$ 大约等于 4.24，小于 5，够了.

师：那这里考虑长够不够，大家很快会想到把 $\sqrt{8}$ 和 $\sqrt{18}$ 加起来. 那我们这里已经把它们化成 $2\sqrt{2}$ 和 $3\sqrt{2}$，也就是最简二次根式. 大家发现了没有，你们也知道 $2\sqrt{2}+3\sqrt{2}$ 等于？

众生：$5\sqrt{2}$.

师：对了，大家有没有觉得和刚才的同类项合并非常相似？大家要抓住什么？谁和谁相加？

生 5：2 和 3 相加.

师：系数与系数相加，那这个有点像我们小学学过的什么？

众生：分配律，乘法分配律.

第三项学习活动是尝试练习，文老师要求学生做以下题目.

**例 1** 计算：

(1) $\sqrt{12}+\sqrt{75}$；

(2) $\sqrt{80}-\sqrt{45}$；

(3) $\sqrt{9a}+\sqrt{25a}$.

做之前文老师强调二次根式加减第一步要进行化简，将其化成最简二次根式. 而后文老师请三位同学上台板演，并到下面巡视学生完成情况. 学生很快就做完了. 文老师在讲解过程中强调书写格式，被开方数要相同才能相加减等.

第四项学习活动是归纳运算法则. 文老师要求学生试着自己归纳一下二次根式的加减法则. 在学生归纳出二次根式加减的法则基础上，文老师把法则概括为三个要点：一化，二找，三合并. 并让学生比较一下二次根式的加减和整式的加减. 学生此时不懂如何回答，文老师只好继续引导学生一步步总结出两者的相同点以及不同点. 最后文老师总结出二次根式的加减和整式的加减的实质，并强调“同类”二字.

第四环节是练习. 首先是一组辨析题，题目如下：

(1) $\sqrt{3}+\sqrt{2}=\sqrt{5}$； (2) $a+\sqrt{b}=a\sqrt{b}$； (3) $\sqrt{8}-\sqrt{3}=\sqrt{8-3}$；

(4) $\sqrt{4}+\sqrt{9}=\sqrt{4+9}$； (5) $a\sqrt{a}+b\sqrt{a}=(a+b)\sqrt{a}$.

其次是一组计算题，题目如下：

(1) $\sqrt{18}-\sqrt{8}$； (2) $\sqrt{75}+\sqrt{27}$； (3) $\sqrt{48}+6\sqrt{\frac{1}{3}}$.

计算题前两题学生掌握较好，第三题板演学生解题过程如下：

生 5： $\sqrt{48}+6\sqrt{\frac{1}{3}}$

$=144\sqrt{\frac{1}{3}}+6\sqrt{\frac{1}{3}}$

$=(144+6)\sqrt{\frac{1}{3}}$

$=150\sqrt{\frac{1}{3}}$

生 6： $\sqrt{48}+6\sqrt{\frac{1}{3}}$

$=4\sqrt{3}+2\sqrt{3}$

$=6\sqrt{3}$

节录 2 记录了文老师的讲评过程.

**节录 2**

师：我们先来看生 6 的做法对吗？

生 7：对的.

师：那我们来看看生 5 的做法，首先，生 5 注意到了被开方数要一样，那么大家考虑一下 $\sqrt{48}$ 和 $144\sqrt{\frac{1}{3}}$ 被开方数等不等呢？

生 8：不相等.

师：那他为什么会这么写呢？

生 8：因为 $144\times\frac{1}{3}=48$.

师：那这么说 144 应该在根号的外面还是里面呢？

生 8：里面.

师：那么能开出来吗？

生 8：可以. 开出来为 12.

师：好的，那么按照生 5 的做法应该是 $12\sqrt{\frac{1}{3}}+6\sqrt{\frac{1}{3}}=18\sqrt{\frac{1}{3}}$，这样算完了吗？

生 8：没有.

师：还需要将 $\sqrt{\frac{1}{3}}$ 变成？（生 8 答不上来）$\frac{\sqrt{3}}{3}$ 是吧？

师：大家观察一下，这两种做法你更喜欢哪一种呢？

众生：第二种.

师：他也抓住了被开方数要一样对吧.

第三组题还是计算题，题目如下：

(1) $2\sqrt{12}-6\sqrt{\frac{1}{3}}+3\sqrt{48}$；　(2) $\left(\sqrt{12}+\sqrt{20}\right)+\left(\sqrt{3}-\sqrt{5}\right)$；

(3) $\frac{2}{3}\sqrt{9x}+6\sqrt{\frac{x}{4}}-2x\sqrt{\frac{1}{x}}$.

文老师请学生先做. 许多同学提出可以直接用计算器计算，文老师强调不能用计算器计算，它只能用来检验. 文老师请学生自愿板演，没有同学愿意上去做第(3)题，后来有学生上去做，做到一半还是卡住了. 许多同学纠结带字母的二次根式的化简，学生不懂 $6\sqrt{\frac{x}{4}}$ 和 $2x\sqrt{\frac{1}{x}}$ 该怎么化简. 于是由文老师讲解. 然后再次强调“先化简，再合并”. 最后是一个教科书上的例题，由文老师自己讲解.

**例 2** 要焊接一个如图 2.28 所示的钢架，大约需要多少米钢材(精确到 0.1m)?

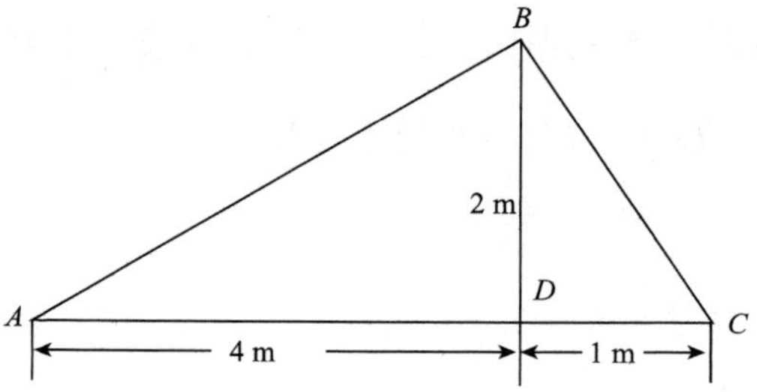


图 2.28

第五个环节是小结与作业. 文老师总结了二次根式加减运算的步骤:

(1)将每个二次根式化为最简二次根式;

(2)找出其中的同类二次根式;

(3)合并同类二次根式.

第一次课描述完毕. 以下是第一次课的讨论问题:

(1)由节录 1 可以看出，教科书的情境思路不够精简，把学生引向了比较 $3\sqrt{2}$ 与 5 的大小及 $2\sqrt{2}+3\sqrt{2}$ 与 7.5 的大小. 学生自然想到用计算器做，偏离了引出二次根式加减的初衷. 你认为应该如何设计情境?

(2)节录 2 显示，生 5 把 $\sqrt{48}$ 化成了 $144\sqrt{\frac{1}{3}}$，然后展开计算. 尽管文老师事前一再强调被开方数不含分母，但生 5 仍然这样做. 你认为应该如何矫正生 5 的做法?

(3)学生不会做题目 $\frac{2}{3}\sqrt{9x}+6\sqrt{\frac{x}{4}}-2x\sqrt{\frac{1}{x}}$. 对照课程标准的教学要求，你认为二次根式加减的题目难度应该如何控制?

(4)在讲授同类二次根式时，文老师把例子分为三类，层次分明，你能从中概括出分类的标准吗?

以下是第二次课例描述.

第二次课与第一次课的不同点有三处. 首先是最简二次根式复习时有所不同，其次是情境问题不同，最后是删掉了题目 $\frac{2}{3}\sqrt{9x}+6\sqrt{\frac{x}{4}}-2x\sqrt{\frac{1}{x}}$. 以下仅描述前面两点不同.

复习最简二次根式，文老师不仅让学生回答，回答后让学生翻开课本来看，并有针对性要求学生举例说明什么样的式子是被开方数含有分母. 学生能够举出像 $\sqrt{\frac{1}{2}}$ 这样的式子. 学生在做题目 $\sqrt{48}+6\sqrt{\frac{1}{3}}$ 时，基本做对，没有出现第一次课生 5 那样的错误.

在情境问题部分，文老师换了一个题目. 题目如下：

如图 2.29 所示，有一个零件有两个正方形组成，其中正方形 $ABCD$ 的边长为 1cm，正方形 $CEFG$ 的边长为 2cm，且 $A$，$C$，$F$ 在同一直线上，求 $AF$ 的长.

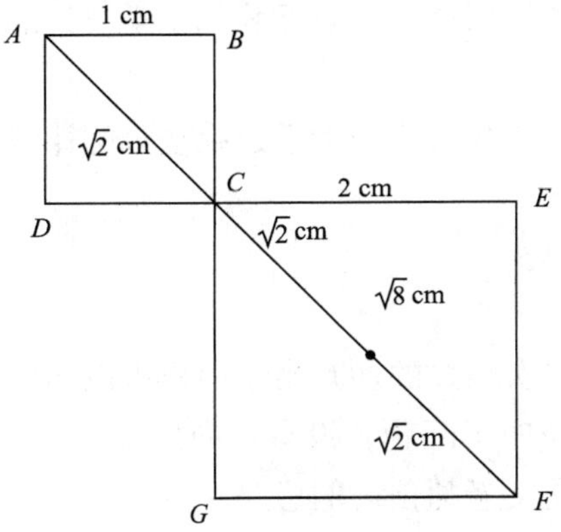


图 2.29

节录 3 记录了师生的探索对话.

**节录 3**

师：大家想想，要求 $AF$ 的长度要先求出谁呢？

生 9：先求两个正方形对角线 $AC$ 和 $CF$ 的长度.

师：那么 $AF$ 的长度实际上就是？

生 9：$AC+CF$.

师：那么 $AC$ 和 $CF$ 的长度能求吗？

生 9：可以，利用勾股定理.

师：那么 $AC$ 等于？$CF$ 等于多少呢？

生 9：$\sqrt{2}$ 和 $\sqrt{8}$.

师：我们发现 $\sqrt{8}$ 可以化成？

生 9：$2\sqrt{2}$.

师：嗯，大家有没有发现一个是$\sqrt{2}$，而$2\sqrt{2}$是它的？

生 9：两倍.

师：那么，从这里就可以看出，整段 $AF$ 的长等于？

生 9：三倍的$\sqrt{2}$.

师：很好，那么大家发现如果列成式子$\sqrt{2}+\sqrt{8}$计算，首先第一步应该做什么呢？

生 9：化简.

师：那么化简完后即为$\sqrt{2}+2\sqrt{2}$，从形式上来看等于？

生 9：$3\sqrt{2}$.

师：系数与系数相加，那这个有点像我们小学学过的什么？

生 9：乘法分配律.

师：大家想想我们在二次根式当中学过乘法分配律吗？

生 9：没有.

师：那么它会适用吗？

生 9：可以.

师：对了，今后在二次根式的加减当中照样可以运用它.

第二次课情境问题截短了问题，没有指向比较大小，只是要求求和，学生的思路较为精简，基本指向文老师预设的思路.

教学注释：

(1)情境的主要作用是指出问题或命题的存在性，启发分析问题和解决问题的思路，解释知识的应用. 第二次课的情境截短了问题，精简了思路，有启发性.

(2)学生的误解出自学生自发的方法. 纠正时首先要指出其错误性，然后需指出正确方法的可理解性、合理性与有用性. 否则，学生的误解很难纠正. 因为那是学生自发的方法，使用时不需费劲思考，并以前有过正确的使用经历.

(3)为了分散难点，教学需要划分知识的层级，知识层级的划分要考虑知识的属性. 如课例中同类二次根式的概念，考虑了化简与类别两个属性，依据这两个属性，划分了三个层级.

## 2.5 重视知识的生成点——“因式分解”课例分析

该节主要讨论问题：

(1)如何才能在学生已有知识基础上自然发展出新知识？

(2) 如何设计概念的注意要点？

(3) 如何划分题组层次？

“因式分解”是人教版教材八年级上册第十五章第四节的第一课时. 前一节主要学了整式乘法、乘法公式等内容. 该节有两个知识点：①因式分解概念；②提公因式法. 课程标准对该节的教学要求：能用提公因式法进行因式分解. 以下描述的两节课，均由一位有经验的女教师郑老师执教. 郑老师在一所省会城市普通中学任教，教学业绩在年级名列前茅. 郑老师曾在一所省城著名私立初中任教多年. 第一次课由郑老师自己备课，上课. 上课后与研究者简要讨论，修改教学设计，第二天在另一个班继续上课.

以下是第一次课的描述.

第一次课分为四个环节，分别是复习、讲授因式分解概念、讲授提公因式法、练习. 在复习环节，郑老师引导学生复习了乘法公式(平方差公式和完全平方公式)、添括号和约分. 约分以 $\frac{2}{6}=\frac{2}{2\times 3}=\frac{1}{3}$ 为例，郑老师强调，对分数进行约分必须把分子或者分母写成乘积的形式，然后进行约分.

在讲授因式分解概念环节，郑老师分成了两项学习活动. 首先是讲授因式分解概念. 郑老师这样讲：“初中我们已经学习了多项式，同样我们要把多项式写成一种乘积的形式，为我们下一个章节做准备. 举个例子：$x^2-1=x^2-1^2=(x+1)(x-1)$，这是我们之前学过的平方差公式，$x^2-1$ 可以写成 $(x+1)$ 与 $(x-1)$ 的乘积. 像这样子，把一个多项式化成几个整式的积的形式，叫做多项式的因式分解，也叫做把这个多项式分解因式. $x^2-1=(x+1)(x-1)$ 等号左边到右边的这种变形叫做因式分解，从等号右边到左边的变形叫做整式乘法.”第二项学习活动是概念辨析，郑老师出了四个辨析题，题目如下.

判断下列各式从等号左到右是否为因式分解：

(1) $(3x-1)(4x+3)=12x^2+15x-3$；　　(2) $a+1=a\left(1+\frac{1}{a}\right)$；

(3) $4x^2+16x-1=4x(x+4)+1$；　　(4) $\frac{1}{3}ax+\frac{1}{3}bx=\frac{1}{3}x(a+b)$.

通过与学生讨论这四道题，郑老师强调了因式分解概念的三个注意要点：等号左边是多项式、右边是乘积的形式、整式的乘积. 节录 1 展示了师生对判断题的探索.

**节录 1**

师：第一个是不是？

生 1：不是.

师：为什么不是？

生 1：写反过来了.

师：那这样写是我们之前学过的什么？

生 1：整式乘法.

师：那如果我要把它写成因式分解必须写成什么形式？积的形式. 这就是概念当中告诉我们第一点要注意的，要写成积的形式.

师：那第二个是不是写成积的形式？

生 2：是.

师：那第二个是不是因式分解？

生 2：不是.

师：为什么不是？(生 2 答不上来).

师：我们看概念怎么说：把一个多项式化成几个整式的积的形式，叫做多项式的因式分解. 那现在已经满足了什么？

生 2：积的形式.（郑老师将 $\frac{1}{a}$ 重点画一个圈）

生 2：字母不能为分母.

师：因为概念中它强调是怎么样的积？

生 2：整式的积.

师：所以在分解的时候要注意了，能不能出现像 $\frac{1}{a}$ 这样的？因为整式当中分母不能有字母. 第三个呢？

生 3：不是.

师：为什么不是？

生 3：不能够加 1.

师：因为积的形式是一个多项式乘以另一个多项式，这里它多了一个加 1，所以第 3 个不是因式分解. 第四个是不是？

生 4：是.

师：因式分解是从左到右的变形，从右到左就是我们前面所学的整式乘法. 如果你没那么快确定的时候，我们可以从右递推过来看看是不是成立. 所以最后一个是不是因式分解？

生 4：是.

师：因此，我们在判断哪些是因式分解，或者自己在做因式分解的时候，要注意最后的结果必须注意哪几个地方？①积的形式；②必须要是整式.

在讲授提公因式法环节，郑老师引导学生思考如何把 $pa+pb+pc$ 写成整式的乘积形式. 学生认为根据乘法分配律，可以把 $p$ 拿出来，写成 $p(a+b+c)$. 郑老师进一步总结道：“我们把 $p$ 拿出来，是因为 $pa$，$pb$，$pc$ 都有一个共同的 $p$，也就是说这三个单项式中有一个共同的因式$p$. 那我们把这个共同的因式给它个名称叫做公因式. 就像你们小学学的公因数. 现在我们把这个数扩展起来变成一个公因式，变成一个式子. 多项式各项都含有相同的因式，我们把这个相同的因式叫做公因式. 我们看到 $pa+pb+pc$ 这样的多项式中，每个式子都含有 1 个公因式，我们在做题的时候就可以把这个公因式提出来，把这样的一个方法叫做**提取公因式法**.”

第四环节是练习提公因式法. 郑老师安排了三个学习活动. 首先是题组一. 题组一有六道题，分别是两道指导性练习和四道独立练习. 两道指导性练习题是分解因式：

(1) $3m^2+6mx$；(2) $8a^3b^2+12ab^3c$.

在师生共同探索完(1)的解法后，郑老师板书了：公因式由数字与字母构成，系数部分：各项系数的最大公约数；字母部分：相同字母，字母指数取次数最低项的指数. 四道独立练习题目如下. 分解因式：

(1) $ax+ay$；(2) $3mx-6my$；(3) $8m^2n+2mn$；(4) $12xyz-9x^2y^2$.

第(1)，(2)题学生都答对. 第(3)题有学生做错. 郑老师投影了学生的解答：

$$原式=4m^2\cdot 2n+m\cdot 2n=2n(4m^2+m),$$

更正了答案：

$$原式=2mn\cdot 4m+2mn\cdot 1=2mn(4m+1).$$

强调了这道题的两个易错点：找到正确的公因式；$2mn$ 实际上是 $2mn\cdot 1$. 第(4)题学生没有做出来. 郑老师再次强调找公因式的步骤.

题组二只有一题，分解因式：$-6a^3-2a$. 节录 2 展示了学生的思路与郑教师复习添括号的用意.

**节录 2**

师：“-”不仅是一个运算符号，还可以是一个性质符号. 这里怎么看？

生 5：看成 $-6a^3+(-2a)$.

师：那告诉我为什么？

生 5：公因式是 $-2a$.

师：他把负号拿出来了，公因式可以是负的吗？

生 5：可以.

师：然后怎么做？

生 5：原式 $=-2a\cdot 3a^2+(-2a)\cdot 1=-2a(3a^2+1)$.

师：如果有的同学只找到 $2a$，可以吗？

生 5：可以.

师：那怎么做？

生 5：原式 $=2a(-3a^2)+(-1)\cdot 2a=2a(-3a^2-1)$.

师：这样做也是可以的.

题组三有一道指导性练习，两道独立练习. 指导性练习是分解因式 $2a(b+c)-3(b+c)$，郑老师在学生正确回答的基础上强调："公因式可以是单项式也可以是多项式". 独立练习是分解因式：

(1) $p(a^2+b^2)-q(a^2+b^2)$；

(2) $2a\ (y-z)-3b(z-y)$.

第(1)题学生基本做对，第(2)题有学生出错，郑老师投影了学生的解答：

$$\text{原式}=2a(-y+z)-3b(z-y)=(-y+z)(2a-3b),$$

并做了纠正.

第一次课描述结束. 以下是讨论问题：

(1)因式分解在算术中的下位概念是什么？请你在因式分解的下位概念基础上，设计因式分解概念的发展过程.

(2)郑老师讲授的因式分解概念辨析，考虑到了等号左边是多项式、右边是乘积的形式、整式的乘积这三个特征. 沿着这个思路，请你概括一下设计概念注意要点辨析题的方法. 按照你概括的方法，郑老师还缺少了一类什么样的题目？

(3)根据郑老师使用的提公因式法的三个题组，你认为应该如何划分题组层次，如何设计题组？

(4)你认为为什么要学因式分解？设计一个概览，讲清楚因式分解的来龙去脉及作用.

以下是第二次课的节选，主要描述与第一次课不同的地方.

第二次课与第一次课的不同之处主要有两点：一是复习时添加了两个题目，分别是计算 $\frac{1}{4}+\frac{1}{6}=\frac{3}{2\times 2\times 3}+\frac{2}{2\times 3\times 2}=\frac{5}{12}$ 和简便计算 $5\times 3^4+4\times 3^4+9\times 3^4$；二是分解因式概念辨析时多添加了一道题：$x^2+5x-6=(x-2)(x-3)$.

以下是第二次课的讨论问题：

(1) 复习时为什么要添加题目：计算 $\frac{1}{4}+\frac{1}{6}$？

(2) 复习时为什么要添加题目：简便计算 $5\times3^4+4\times3^4+9\times3^4$？

(3) 为什么分解因式概念辨析时多添加了一道题：$x^2+5x-6=(x-2)(x-3)$？

教学注释：

(1) 因式分解的源流. 很多代数概念起源于对应的算术概念. 因式分解概念有两个源流：最主要的来源是算术中的分解因数概念，其次是整式乘法.

(2) 因式分解的作用. 因式分解是为初中代数的主要内容：方程(主要是二次方程、分式方程)解法和函数作铺垫的，主要体现为一种工具性作用. 因式分解题目的难度，主要由它所起的作用决定.

## 2.6　几何定理如何教——“垂径定理”课例分析

该节主要讨论问题：

(1) 几何定理的常用教学方法.

(2) 几何定理辨析题与变式题的编制方法.

“垂径定理”是人教版九年级上册第二十四章第一节的第二课时. 该节知识点有两个：①垂径定理：垂直于弦的直径平分弦，并且平分弦所对的两条弧；②垂径定理的推论：平分弦(不是直径)的直径垂直于弦，并且平分弦所对的两条弧. 学生之前学过轴对称图形及其性质，圆是轴对称图形，直径所在的直线都是圆的对称轴. 课程标准的教学要求：“探索并证明垂径定理”. 以下描述的课由一位有经验的女教师黄老师执教. 黄老师在一所省会城市中学任教，已教初中数学二十多年，为数学组骨干教师，教学业绩在年级名列前茅.

以下是课的描述.

教学过程分为七个环节，分别是创设情境、铺垫、尝试探索、讲授垂径定理、讲授垂径定理推论、练习、解决情境问题.

第一环节是创设情境. 一上课，黄老师创设了一个情境问题：赵州桥是石拱桥，它的主桥是圆弧形，它的跨度(弧所对的弦的长)为 37.4m，拱高(弧的中点到弦的距离)为 7.2m，你能求出赵州桥主桥拱的半径吗？然后把这问题抽象成一几何问题. 黄老师指出，学了这节课内容，就能解决这个问题了.

第二环节是铺垫. 黄老师安排了一个操作活动：拿出事先准备好的圆，沿任意一条直径对折，能得出什么结论？学生发现两边重合. 在黄老师提示下，学生发现，这个现象说明圆是个轴对称图形，所有直径所在的直线都是它的对称轴.

第三环节是尝试探索. 黄老师安排学生思考下列问题：如图 2.30 所示，$AB$ 是 $\odot O$ 的一条弦，作直径 $CD$，使 $CD \perp AB$，垂足为 $E$.

(1)这个圆是轴对称图形吗？如果是，它的对称轴是什么？

(2)你能发现图中有哪些相等的线段和弧？为什么？

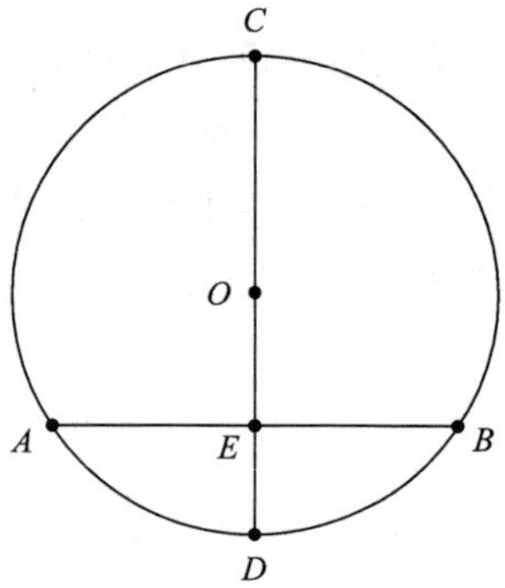


图 2.30

节录 1 展示了学生在黄老师提示下的思路.

**节录 1**

师：它是否为轴对称图形？

生 1：是.

师：那么它的对称轴是谁？

生 1：$CD$ 所在的直线.

师：那么大家再沿着 $CD$ 对折，现在，在不添加任何辅助线的情况下，你能找到哪些相等的线段和弧？

生 1：$AE = BE$，$\overset{\frown}{AD} = \overset{\frown}{BD}$，$\overset{\frown}{AC} = \overset{\frown}{BC}$.

师:那么要证明线段相等我们经常可以通过证明全等是吧？从图 2.30 中看，$\triangle AOE$ 和 $\triangle BOE$ 全等吗？

生 1：全等.

师：如何证明？

生 1：HL.

师：那么弧相等，我们只好从对折重合得出它们相等.

第四环节是讲授垂径定理. 黄老师安排了两项学习活动. 首先是讲授定理. 黄老师指出，刚才探索得到的命题条件有两个：有一条弦，有一条直径，且直径要垂直于弦. 结论有三个：这条直径平分弦，并且平分弦所对的优弧和劣弧. 黄老师做了如下板书再次强调了这个命题的结构：

题设：①过圆心；②垂直于弦.

结论：①平分弦；②平分弦所对的优弧；③平分弦所对的劣弧.

符号语言：①$CD$ 是直径；②$CD \perp AB \Rightarrow$ ③$AE=BE$；④ $\overset{\frown}{AC}=\overset{\frown}{BC}$；⑤ $\overset{\frown}{AD}=\overset{\frown}{BD}$.

其次，黄老师安排了六个题目来辨析这个定理. 题目如下：想一想，下列图形是否可以使用垂径定理(图 2.31～图 2.36)？为什么？

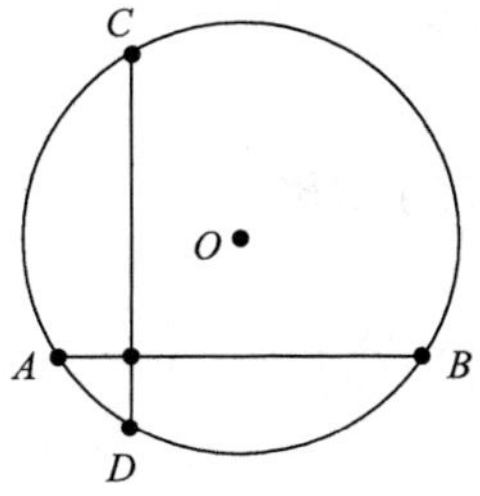

图 2.31

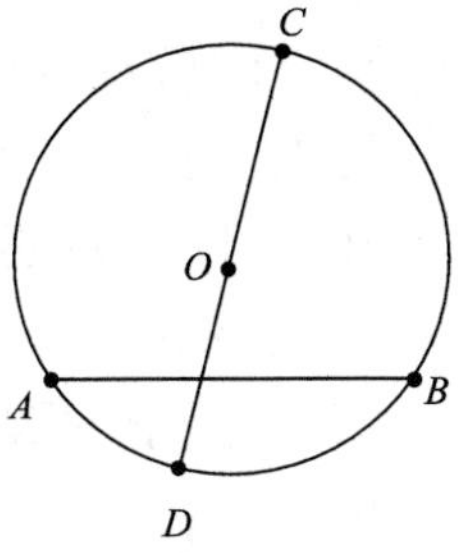

图 2.32

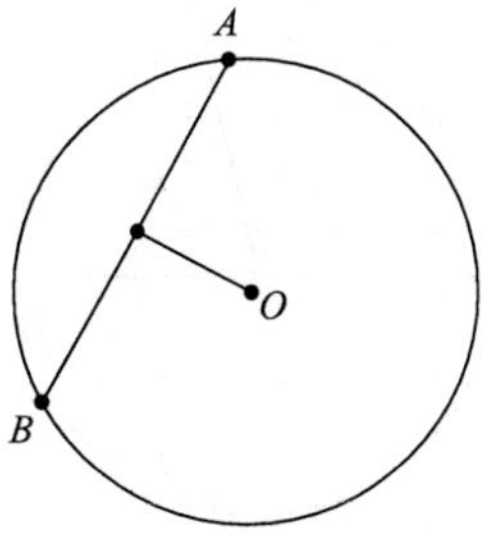

图 2.33

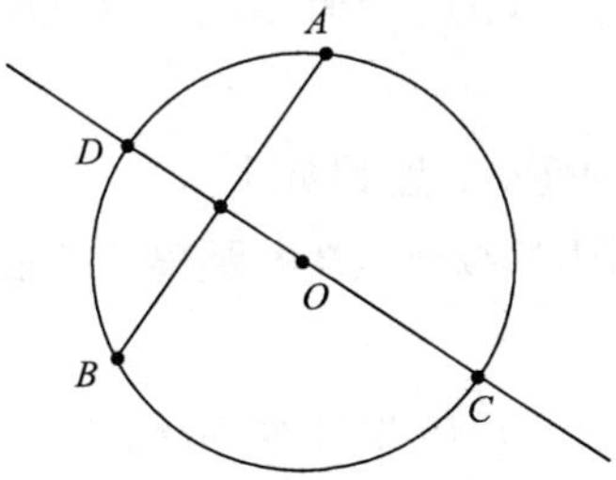

图 2.34

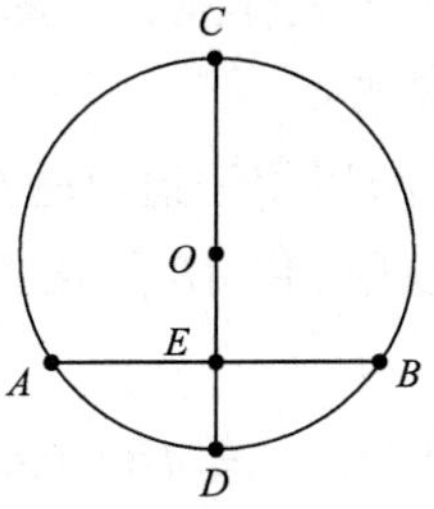

图 2.35

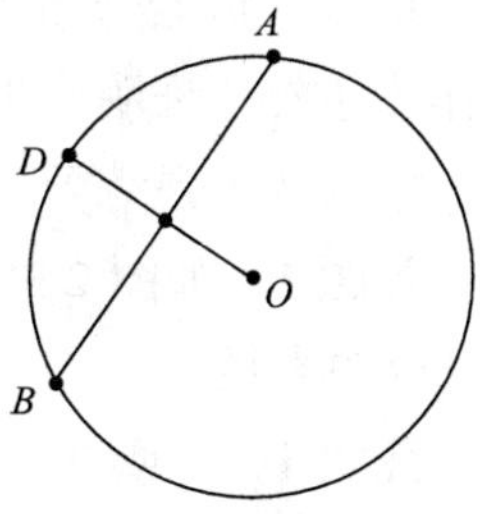

图 2.36

学生都能顺利解决这六个辨析题.

第五环节是讲授垂径定理的推论. 该环节分为三项教学活动. 首先是讲授主要结论. 黄老师指导学生画出弦的中点，沿圆心与弦的中点的直线对折，发现两部分重合，即平分了弦的优弧和劣弧. 学生在黄老师提示下能发现过圆心与弦的中点的直线垂直于弦，原因是圆是轴对称图形，轴对称图形的对称点连线被对称轴垂直. 其次是强调推论成立的条件. 黄老师板书了推论：

题设：①过圆心；②平分弦.

结论：①垂直于弦；②平分弦所对的优弧；③平分弦所对的劣弧.

然后要求学生回答是否正确. 学生认为正确. 节录 2 刻画了黄老师的指导纠错

过程.

**节录 2**

师：圆当中有几种弦?

生 2：一种是直径，一种是普通的弦.

师：如果弦变成直径，那么还有没有这个成立？大家动手画一下.

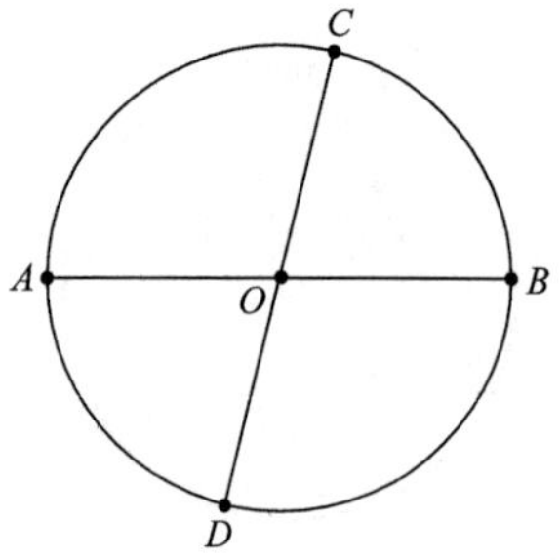


图 2.37

师：大家看看生 3 画的(图 2.37)，有没有满足过圆心?

生 4：有.

师：且 $CD$ 有没有把 $AB$ 平分了?

生 4：有.

师：但是 $CD$ 还有没有垂直于 $AB$?

生 4：没有.

师：刚才的题设和结论有没有问题?

生 4：有.

师：问题在哪里?

生 4：应该要改成平分非直径的弦的时候才能成立.

最后，黄老师布置了一项家庭作业，回家在垂径定理的五个要素中任意选两个作为条件，证明余下的要素成立.

第六环节是练习. 黄老师布置了一道习题及其三种变式. 题目如下：

**习题 1** 如图 2.38，在⊙$O$ 中，弦 $AB$ 的长为 8cm，圆心 $O$ 到 $AB$ 的距离为 3cm，求⊙$O$ 的半径.

**变式 1** 如图 2.39，在⊙$O$ 中，弦 $AB$ 的长为 8cm，⊙$O$ 的半径为 5cm，求 $CE$ 的长.

**变式 2** 如图 2.40，在⊙$O$ 中，$CE$ 长为 2cm，⊙$O$ 的半径为 5cm，求弦 $AB$ 的长.

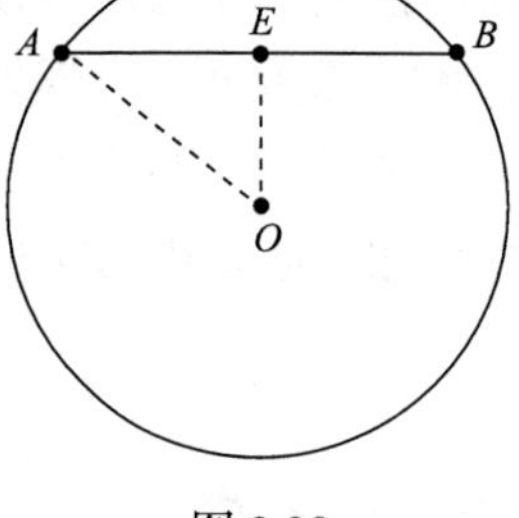


图 2.38

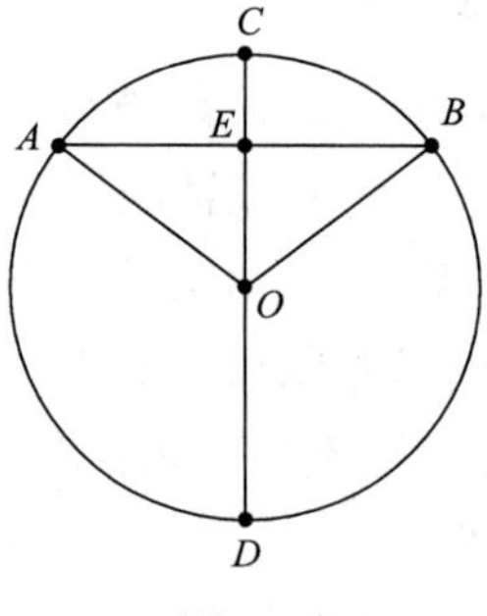


图 2.39

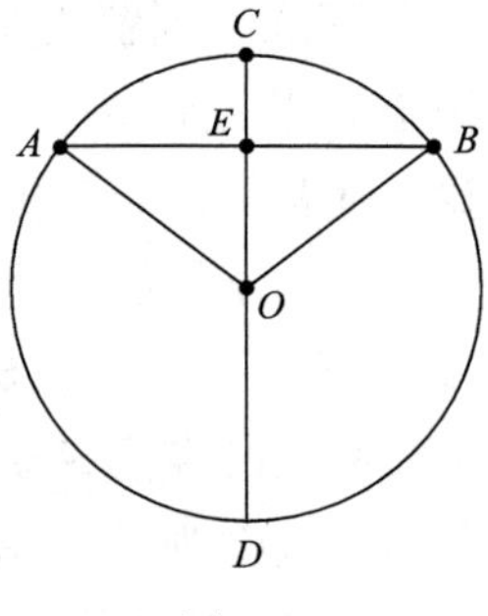


图 2.40

**变式 3**　如图 2.41，在⊙$O$中，弦 $AB$ 的长为 8cm，$CE$ 的长为 2cm，求⊙$O$的半径长.

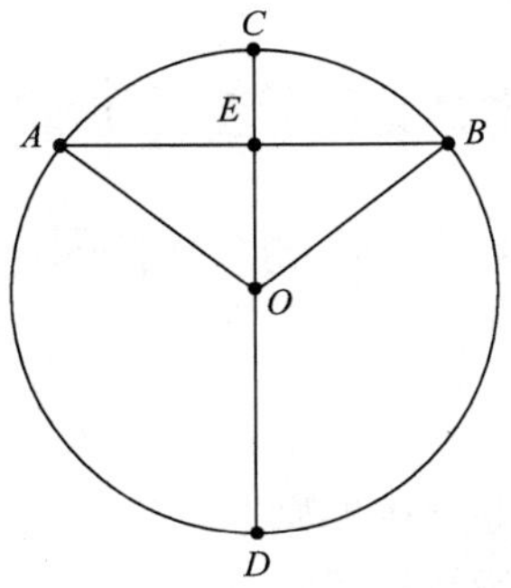


图 2.41

学生基本都做对了.

第七环节，黄老师回顾情境问题，指出与变式 3 很像，要求学生做出. 最后强调：垂径定理最终都要转化成勾股定理去求解，用勾股定理时都要先去找以圆心 $O$ 点为顶点的直角三角形.

课例描述完毕. 以下是讨论问题：

(1) 垂径定理及其推论的教学要分为几个层次？有几种水平？

(2) 梳理黄老师垂径定理的教学过程，概括几何定理教学的常用方法.

(3) 梳理黄老师垂径定理的辨析题组和练习题组，概括巩固几何定理的题组编撰方法.

教学注释：

(1) 垂径定理的逻辑有三个要点：①弦的对称轴是垂直平分该弦的直径所在的直线；②垂直弦的直径所在的直线与弦的对称轴重合；③平分弦的直径所在的直线与弦的对称轴重合. 说清垂径定理的逻辑，可以口头语言说理，也可符号论证.

(2) 几何常用的学习方法有直观观察、操作确认、思辨论证、度量计算. 几何定理常用的教学方法有操作、观察、口头语言说理、符号论证.

# 第3章　高中课例分析

## 3.1　为什么选择这三个命题作公理——“平面”课例分析

该节主要讨论问题：

(1) 如何教学生发现问题、提出问题？

(2) 如何组织数学内容的逻辑链条？

“平面”一课是人教版高中数学必修二第二章“点、直线、平面之间的位置关系”第一节“空间点、直线、平面间的位置关系”第一课时的内容. 该节主要知识点有四个：①什么是平面. ②公理1：如果一条直线上的两点在一个平面内，那么这条直线在此平面内. ③公理2：过不在直线上的三点有且只有一个平面；公理3：如果两个不重合的平面有一个公共点，那么它们有且只有一条过该点的公共直线. 课程标准对这节课的教学要求：借助长方体模型，在直观认识和理解空间点、线、面的位置关系的基础上，抽象出空间线、面位置关系的定义，并了解作为推理依据的公理1～公理3. 下面描述的两节课，是两节同课异构课，均有两位专家教师执教，两位教师均是重点学校的骨干教师. 第一节课由王老师执教，第二节课由吴老师执教.

以下是王老师课的描述.

王老师的课分为五个环节，分别是讲授平面、讲授公理1、讲授公理2与公理3、练习、小结与作业.

第一环节讲授平面，分为三个教学活动. 首先交代了教学目标，这节课学习点、线、面之间的位置关系. 其次类比直线的特征、表示，教授了平面的特征、表示. 王老师直接开门见山，提问：“直线有什么特点？它如何表示呀？”学生回答后接着问：“平面有什么特点？它如何表示？”王老师的讲解非常诙谐，在说明平面的无线延展性时，用如来佛的手掌作比喻，“孙悟空逃不出如来佛的手掌心，这如来佛的手掌心实际上就是一个平面，你不管怎么跑，我总是延展出去. 这也就是我们平面的无限延展的性质.”最后，王老师特别强调了点在面上、线在面上、线与面相交的符号表示.

第二环节讲授公理1，也分三个教学活动. 首先是探究阐明公理1. 王老师安排学生动手实验，“用一把直尺检查课桌是否平整”. 以下是如何检查及阐明公理 1 的师生问答节录.

**节录 1**

生 1：把直尺竖直，如果直尺的边缘和桌面没有缝隙，那么桌面就是平整的.

师：没有缝隙用数学的眼光怎么来描述?

生 1：直线在平面上.

师：没错，就是直线上的所有点都落在平面内，即直线落在平面内. 那我们反过来想一想，直线落在平面内，应该满足什么条件呢?

生 1：两个点在平面内.

师：为什么?

生 1：两点确定一条直线.

师：这样我就可以得到一个性质了，你能用一句话来总结一下吗?

生 1：如果一条直线上的两点都在这个平面内，那么这条直线在这个平面内.

师：这就是我们今天所学的公理 1，为什么称为公理，是人们通过长期实践总结出来的，不需要证明，它可以作为将来我们推导其他性质的依据.

第二项教学活动，王老师安排学生练习了公理 1 的文字语言、符号语言、图形语言这三种表示.

最后，王老师举例说明了公理 1 的应用，然后用 PPT 刻意强调了公理 1 的两个作用：

(1) 公理 1 说明了平面与曲面的本质区别，通过直线的“直”来刻画平面的“平”、用直线的无限延展来描述平面的“无限延展”；

(2) 判定点、直线是否落在平面内.

第三环节是讲授公理 2 与公理 3. 公理 2 分为三个教学活动. 首先是公理 2 引入. 王老师提问：“两点可以确定一个平面吗？”在学生否定回答的基础上，王老师举例说明了只有不在一条直线上的三个点才能确定一个平面. 由此引出公理 2. 其次，王老师要求学生练习了公理 2 的符号语言、图形语言这两种表示. 最后，王老师要求学生举例说明公理 2 的作用，强调公理 2 是确定平面的依据. 公理 3 分为两个教学活动. 首先是举例引出公理 3. 王老师以三角板立在桌面上为例，说明两平面相交于一条公共直线，从而引出公理 3. 其次是学生练习用符号语言、图形语言表示公理 3，王老师示范并强调了图形画法.

第四环节是指导性练习. 学生做了一道判断题，大部分学生都做对了. 题目如下：

判断正误：

(1) 经过三点确定一个平面；　　　　(　　)

(2)经过一条直线和直线外一点，确定一个平面； (　　)

(3)经过两条相交直线，有且只有一个平面； (　　)

(4)经过两条平行直线，有且只有一个平面； (　　)

(5)经过同一点的三条直线，确定一个平面. (　　)

第五环节是小结与作业. 学生认为这节课主要学习了平面的描述，平面的画法与表示，点、直线、平面(一些)位置关系的符号表示，平面的基本性质，平面相交的画法.

王老师的课描述结束. 以下是讨论问题：

(1)在本节课上，学生明白了研究空间中点、线、面间的位置关系需要研究哪些问题(思路)了吗？学生学会了类比平面几何中点、直线间的位置关系，提出有关立体几何中点、直线、平面间的位置关系的研究问题吗？

(2)三个公理在组织点、线、面的位置关系知识体系中起什么作用？在讲授公理 1 时，王老师解释了什么是公理(见节录 1)，通过这个说明，学生能体会到为什么要选择这三个命题作为公理吗？

(3)你认为如何设计才能让学生在二十年后还能记起公理 1～公理 3？

以下是吴老师课的描述.

吴老师的课分为五个环节，分别是内容概览，讲授平面，讲授点、直线与平面的位置关系(公理 1)，讲授平面间的位置关系(公理 2 与公理 3)，小结与作业.

第一环节是内容概览. 吴老师指出，构成平面图形的基本几何元素是点、直线，构成立体图形的基本元素是点、直线、平面. 在平面几何中，通过研究点、直线以及它们的位置关系来认识平面图形；在立体几何中，通过研究点、直线、平面以及它们的位置关系来认识立体图形.

第二环节讲授平面. 吴老师类比直线的特征与表示，讲了平面的特征与表示，刻意强调了平面的图像表示、符号表示.

第三环节讲授点、直线与平面的位置关系. 吴老师分成了四个教学活动. 首先，吴老师提出问题：点与直线有怎样的位置关系？点与平面有怎样的位置关系？直线与平面有怎样的位置关系？其次，吴老师类比点与直线的位置关系，讲授了点与平面的位置关系，并强调了这些位置关系的符号表示、图形表示. 接着，吴老师讲授了直线与平面的位置关系. 以下是讲授节录.

**节录 2**

师：那么直线与平面有怎样的(位置)关系呢？

生 1：直线与平面应该与点和平面差不多，直线在平面内，直线在平面外.

师：你区分的依据是什么呢？

生 1：直线上有两个点在平面上，那应该在平面内.

师：为什么呢?

生 1：经过两点可以有一条直线.

师：那什么是直线在平面外?

生 1：就是直线上没有两点在平面上.

师：我们教室有这样的关系吗?

生 1：墙角边缘所在的直线不在地板所在的平面内，地板上的直线在地板所在的平面内.

最后，吴老师讲授了直线在平面内的判断标准，即公理 1. 吴老师指出："直线有的在平面内，有的不在平面内，那么，我们判断直线在不在平面上，不需要考查所有的点在不在平面上，我们只需考查直线上两个点在不在平面上就可以了. 其实它也反映了直线是直的，平面是平的. 这就是我们所谈到的公理 1，公理不是不讲道理，而是公理就是公认的."然后举例说明公理 1 的应用，并讲了公理 1 的图形表示、符号表示.

第四环节讲授面与面的位置关系. 吴老师分为两个教学活动. 首先是面与面重合的位置关系及其判定标准. 吴老师以纸板与黑板面重合为例，说明存在面与面重合的位置关系，并与学生讨论了面与面重合的判定标准，即公理 2. 以下是师生探讨面与面重合的判定标准节录.

**节录 3**

师：(用事先准备的纸板放在黑板上)两个平面重合，我们需要考查所有点吗? 大家自己想一想.

生 2：(平面 $\alpha$ 内)不在同一直线上的 3 个点在平面 $\beta$ 上，则该平面 $\alpha$ 在 $\beta$ 上.

师：对. 在纸板上不在同一直线上的三个点，都放在黑板上，那么这两个平面重合. 三个点一定要不在一条直线上吗? 你能举例吗?

生 2：把纸板的一侧上的这条直线上的三个点放在黑板上，但是这个纸板平面不在黑板这个平面上.

师：那三点不在一条直线上够不够呢? 你能举例吗?

生 2：摄像机下面的三脚架的三个点，在地面上，那么这三个点所构成的平面就和地板面重合.

师：那它可以简化到至少三个点，一点、两点可以吗?

生 2：不可以.

师：所以要使两个平面重合，最简化的就是一个平面上不在一条直线上的三个点都在另一个平面，那么这两个平面重合. 也就是说，确定一个平面的依据是不在一条直线上的三点确定一个平面.

吴老师板书了公理 2：过不在一条直线上的三点有且只有一个平面.

第二个教学活动是讲授两平面相交及其判定标准. 吴老师展示了两块相交纸板，说明存在这种位置关系. 接着与学生探讨两平面相交的判定标准. 以下是师生探讨节录.

**节录 4**

师：两个(相交)平面会有一个(公共)点吗？

生 3：不行. 因为平面是无限延展的，如果有一个公共点，那么就有一条线.

师：教室里有例子吗？

生 3：黑板面与地板平面，它们有一个交点，就有一条相交直线.

师：也就是说因为直线是无限延展的，那么我们只考查一个点是不够的. 因为这样它们有可能重合，有可能不重合.

板书：两个不重合平面如果有一个公共点，那么这两个平面就有过该点的公共直线.

师：同学们刚才也得到两个不重合平面如果有一个公共点，那么这两个平面就有过该点的公共直线. 那会不会除了交线以外还有其他的公共点呢？

师生互动：(教师展示两个纸板)由反证法，假设(两个平面除了交线以外还有其他的公共点)由公理 2 得到矛盾.

师：也就是说，如果两个不重合的平面有一个公共点，那么它们有且只有一条过该点的公共直线. 这就是我们的公理 3.

接着，吴老师板演了两平面相交的画法及符号表示，要求学生课后自己画.

第五环节是小结与作业. 吴老师最后总结："今天这节课，我们认识了平面有三个几何元素，并认识了三个公理，接下来我们依据这几个公理以及点、直线、平面这些基本概念去不断推导出新的定理，这就是几何中公理化的体系. 同学们要继续接着做这样的事情. 在今天的过程中，我们类比了直线去认识平面，也从直观的图形如桌面、墙面去认识抽象的数学元素的位置关系."

课例描述结束. 以下是课例讨论问题：

(1)在本节课上，学生学会了类比平面几何中点、直线间的位置关系，提出有关立体几何中点、直线、平面间的位置关系的研究问题吗？你认为应该如何培养学生提出问题的能力？

(2)在本节课上，学生体会到三个公理在组织点、线、面的位置关系知识体系中作为推理依据的作用了吗？你认为如何组织教学材料，学生才可以体会到为什么要选择这三个命题作为公理呢？

(3)你认为如何设计才能让学生在二十年后还能记起公理 1～公理 3？为了促进学生的理解与记忆，你认为应该如何组织教学材料？

教学注释：

(1)数学抽象. 数学的显著特征，就是在已有概念的基础上，通过抽象、类比等方式引入新概念. 抽象是数学探索的基本方法之一. 数学抽象是递进的. 在本课例中，完全可以从学生熟悉的平面几何研究问题与理论框架进一步抽象出立体几何的研究问题与理论框架. 数学抽象是一种构造性活动，是借助于定义和推理进行的逻辑建构. 正是这种逻辑建构，形成了数学中众多递进式的概念链与定理网络.

(2)数学的公理化. 公理是大家公认的、不证自明的道理，是人们研究问题与交流观点的共同基础. 公理化就是选取某些命题作为公理，并从这些公理出发，依靠逻辑进一步推导出系统的其他命题. 公理是数学演绎系统的逻辑起点. 公理的选择要考虑命题的自明性、在系统中的基础地位、逻辑简单便于推理. 几何体系的基础是位置关系，公理的选择要便于刻画众多的位置关系.

(3)类比. 类比的特点是根据两个事物(系统)间的相似性，以一个事物(系统)的属性获得另一个事物(系统)属性的手段. 类比是获得数学命题的主要手段之一. 平面几何体系，是先定义位置关系，再由位置关系定义平面图形. 本课例中，平面图形中直线间的位置关系可以和空间图形中平面间的位置关系类比. 学生一般不易自发进行类比，也不易找到类比物及抽象出类比物的结构特征，需要教师示范、提示.

可能的解决策略：

(1)指导学生提出问题. 教师先概览平面几何体系结构，指出：平面几何体系，是先定义点、直线的位置关系，再由位置关系定义平面图形，然后研究平面图形的性质、变换、坐标等内容；立体几何体系，也是先定义空间图形元素之间的位置关系，再由这些位置关系定义空间图形，进而研究空间图形. 我们可类比平面图形构成元素之间的位置关系，如点与直线的位置关系、直线与直线的位置关系，来定义空间图形构成元素的位置关系. 如长方体，它的元素直线与平面之间、平面与平面之间有哪些位置关系？

(2)指导学生组织逻辑链条. 以直线与平面的位置关系为例，教师指出，直线与平面之间有两种位置关系，我们用公理定义直线在平面内，直线不在平面内是该公理的否定，就不用再用公理规定了.

## 3.2　衔接中把握好内容定位
## ——“函数单调性”课例分析

该节主要讨论问题：

(1)高一函数单调性概念的教学定位是什么？

(2)如何设计概要？

(3)如何设计数学形式化过程？

“函数单调性”一课是人教版高中数学必修一第一章“集合与函数概念”第三节“函数的基本性质”第一课时的内容. 该节主要知识点有一个：单调性的概念. 课程标准对这节课的教学要求：通过已学过的函数，特别是二次函数，理解单调性的概念.

以下描述的课例，由一位省会城市重点中学的优秀教师执教.

“函数单调性”一课分为五个环节，分别是情境引入、尝试探索、讲授单调性概念、证明函数单调性、小结与作业.

第一环节是情境引入. 教师展示了化学书上的硝酸钾与氢氧化钠溶解度图像，据此抽象出溶解度与温度之间的函数关系. 教师指出，硝酸钾的溶解度随着温度的升高而增加，氢氧化钠的溶解度随着温度的升高而减少. 推广到一般的函数，会发现，随着 $x$ 的增大，$y$ 有的时候是增大的，有的时候是减小的. 教师以此为跳板，提出问题：我们可以根据什么来判断函数值是增大还是减小？节录 1 刻画了学生对这一问题的认识.

**节录 1**

生 1：可以根据函数图像的走势. 如果它是一个向上的图形，那么说明 $y$ 随着 $x$ 的增大而增大；如果它是一个向下的图形，那么说明 $y$ 随着 $x$ 的增大而减小.

师：我们判断随着 $x$ 的增大，函数 $y$ 是增大还是减小，是根据函数图像的趋势. 如果从左到右函数图像是呈上升的趋势，那么我们怎么说？

生 1：$y$ 随着 $x$ 的增大而增大.（老师板书：上升：$y$ 随着 $x$ 的增大而增大）

师：如果从左到右函数图像是呈下降的趋势，那么我们怎么说？

生 1：$y$ 随着 $x$ 的增大而减小.（老师板书：下降：$y$ 随着 $x$ 的增大而减小）

第二环节是尝试探索. 教师开展了两项教学活动. 首先是用日常语言描述函数的变化规律. 教师先出示了如图 3.1 所示的某天 24 小时内气温变化图，要求学生描述气温 $\theta$ 随时间 $t$ 的变化情况.

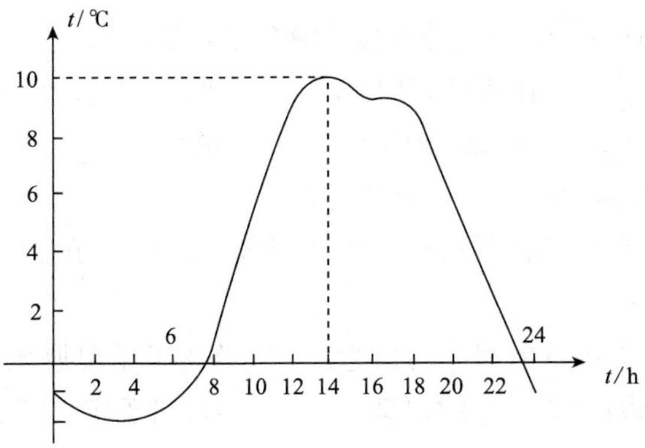


图 3.1

生 2 描述为：$t$ 在[0,4]时，$\theta$ 随着 $t$ 的增大而减小. 在区间[4,14]时，$\theta$ 随着 $t$ 的增大而增大. $t$ 在[14,24]时，$\theta$ 随着 $t$ 的增大而减小.

教师边板书边总结：我们把定义域[0,24]分成了三个区间：[0,4]，[4,14]和[14,24]. 在每一个区间里面我们研究两个变量的变化情况. 比如在[4,14]，$\theta$ 随着 $t$ 的增大而增大. 这是我们根据函数图像在分析.

第二个教学活动是用数学符号刻画函数的变化规律. 教师以上一教学活动为跳板，进一步提出问题："函数图像在表达它的上升或者下降趋势的时候，有的时候并不很理想. 或者说，有的时候我们在获得一个函数的图像过程中有一定的困难. 那如果我们想表达在[4,14]上，气温 $\theta$ 随着时间 $t$ 的升高而升高的这个特征，并且要用数学符号语言来刻画它，那应该如何？"

同桌之间讨论了两分钟，得到三种描述法.

生 3 的方法：在闭区间[4,14]内取特殊值 5，6，8 和 10，因为 $5<6<8<10$，且相应的函数值 $f(5)<f(6)<f(8)<f(10)$，所以在[4,14]上，气温 $\theta$ 随着气温 $t$ 的升高而升高.

生 4 不同意生 3 的做法. 生 4 的理由是："因为他只取了区间[4,14]上的 4 个点，算了对应的 4 个函数值，而函数是在区间[4,14]上一直呈上升的趋势，他的做法不对."

生 4 的方法："我认为应该要取区间[4,14]上所有的点. 比如设 $t_1<t_2<t_3<\cdots<t_n$，然后只需说明 $\theta_1<\theta_2<\theta_3<\cdots<\theta_n$ 就可以了."

生 5 不同意生 4 的做法. 生 5 的理由是："我觉得他这种方法不好，原因有两点. 第一点，在区间[4,14]上，它取的输入值是非常多个的，而实际操作中，我们没办法取遍 $t_1,t_2,t_3$ 一直到 $t_n$；第二点，它取的是 $t_1,t_2,t_3$ 一直到 $t_n$，这实际上还是有限个点，而闭区间[4,14]上的点是无限个输入值 $t$ 的．”

生 5 的方法：“可以在闭区间[4,14]上任意取两个输入值 $t_1$ 和 $t_2$，让 $t_1<t_2$，然后再来比较 $\theta_1$ 和 $\theta_2$．如果任意取两个 $t_1<t_2$，都有 $\theta_1<\theta_2$，那么就可以说函数图像是 $\theta$ 随着 $t$ 的增加而增加，是呈上升趋势．”

教师总结了生 5 表达法的好处：能体现区间取点的任意性，可刻画函数图像的上升趋势．

第三环节是讲授函数单调性的概念．教师首先讲了单调增函数及单调增区间的定义：一般地，设函数 $f(x)$ 的定义域为 $I$，如果对于定义域 $I$ 内某个区间 $D$ 上的任意两个自变量的值 $x_1$，$x_2$，当 $x_1<x_2$ 时，都有 $f(x_1)<f(x_2)$，那么就说函数 $f(x)$ 在区间 $D$ 上是增函数，区间 $D$ 称为函数 $f(x)$ 的单调增区间．

教师引导学生回看气温函数，学生能够说出函数 $\theta$ 在闭区间[4,14]上是增函数．闭区间[4,14]是函数 $\theta$ 的单调增区间．

其次，教师讲了单调减函数及单调减区间的定义：设函数 $f(x)$ 的定义域为 $I$，如果对于定义域 $I$ 内某个区间 $D$ 上的任意两个自变量的值 $x_1,x_2$，当 $x_1<x_2$ 时，都有 $f(x_1)>f(x_2)$，那么就说函数 $f(x)$ 在区间 $D$ 上是减函数，区间 $D$ 称为函数 $f(x)$ 的单调减区间．学生同样能够说出，气温函数 $\theta$ 在闭区间[0,4]和[4,14]上是单调减函数．闭区间[0,4]和[4,14]是函数 $\theta=f(t)$ 的单调减区间．

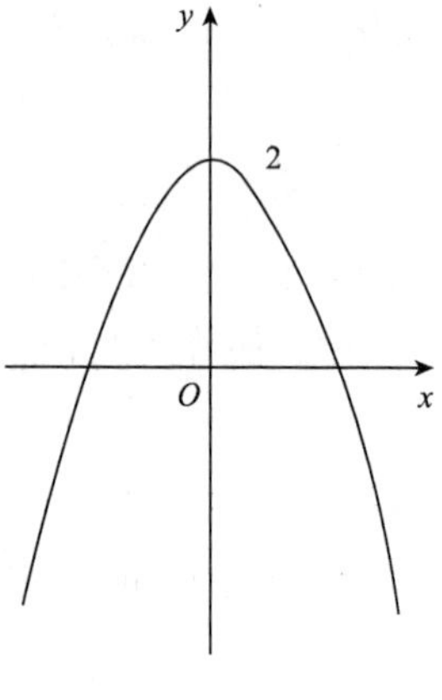


图 3.2

最后，教师讲了单调函数及单调区间的概念：如果函数 $y=f(x)$ 在区间 $I$ 上是单调增函数或者是单调减函数，我们称函数 $y=f(x)$ 在区间 $I$ 上具有单调性．函数 $y=f(x)$ 的单调增区间和单调减区间统称为单调区间．教师总结强调，根据图像可以确定单调区间，也可根据符号语言确定单调区间．

第四环节是证明函数单调性．分三项教学活动．首先是铺垫．教师出示题目：根据函数 $f(x)=-x^2+2$ 的图像（图 3.2），写出单调区间．学生都做对了．

其次是证明函数单调性．教师以函数 $f(x)=-x^2+2$ 的单调性为跳板，提出问题（即例 1）：能否用符号语言证明这个结论？

**例 1** 证明函数 $f(x)=-x^2+2$ 在区间 $[0,+\infty)$ 上是单调减函数．

师生一起分析证明的关键：在区间 $[0,+\infty)$ 上任取两点 $x_1,x_2$，若 $x_1<x_2$，能证明 $f(x_1)>f(x_2)$ 即可．对于如何证明 $f(x_1)>f(x_2)$，教师给予学生充足的思考时间．

节录 2 刻画了师生的证明思路探索.

**节录 2**

生 6：$f(x_1)-f(x_2)=-x_1^2+x_2^2$.

生 7：可以再化为 $f(x_1)-f(x_2)=-x_1^2+x_2^2=(x_2-x_1)(x_2+x_1)$，然后就可以判断了.

生 8 最后总结解题规范步骤，教师板书示范了规范解题步骤.

**解**　在 $[0,+\infty)$ 上任取 $x_1,x_2$，且 $x_1<x_2$，则 $x_1+x_2>0$，$x_2-x_1>0$，且

$$f(x_1)-f(x_2)=-x_1+x_2=(x_2-x_1)(x_2+x_1)>0,$$

所以 $f(x_1)>f(x_2)$，所以函数 $f(x)=-x^2+2$ 在区间 $[0,+\infty)$ 上是单调减函数.

学生进一步练习了题目：证明函数 $f(x)=-x^2+2$ 在区间 $(-\infty,0)$ 上为增函数. 基本都做对了. 教师要求学生根据这道题总结研究函数单调性的方法.

生 9 的方法："先根据函数的图像，看它的走势. 然后，根据解析式，经过严格证明得出它的单调性." 教师最后作了总结："得出单调性，实际上就是我们对刚才下的结论进行严格的证明. 根据函数图像的大致走势，我们可以得出比较直观的函数单调性，但是我们需要用我们熟悉的语言进行严格的证明."

最后一项教学活动是强调单调区间不能合并. 教师通过练习题强调了这一点. 题目：写出函数 $f(x)=-\frac{1}{x}-1(x\neq 0)$ 的单调区间. 生 10 的思路：先把函数图像画出来. 函数 $f(x)=-\frac{1}{x}-1(x\neq 0)$ 的图像是通过把函数 $y=-\frac{1}{x}$ 的图像向下平移一个单位得到的. 生 10 认为该题的答案：区间 $(-\infty,0)$ 是函数 $f(x)=-\frac{1}{x}-1$ 的单调增区间；区间 $(0,+\infty)$ 是函数 $f(x)=-\frac{1}{x}-1$ 的单调增区间. 教师以此为跳板提出问题："那能不能说函数 $f(x)=-\frac{1}{x}-1$ 在整个定义域 $(-\infty,0)\cup(0,+\infty)$ 上是单调增函数呢？" 生 11 的回答："不可以. 在 $(-\infty,0)\cup(0,+\infty)$ 上取两个点 $x_1=-1$，$x_2=1$，则 $f(x_1)=0$，$f(x_2)=-2$，$0>-2$，所以不可以." 教师重复了生 11 的解释："也就是 $x_1<x_2$，而 $f(x_1)>f(x_2)$，这说明，随着 $x$ 的增大，$f(x)$ 反而减小. 故说明函数 $f(x)=-\frac{1}{x}-1$ 不是在整个定义域上是增函数." 最后，教师要求学生练习了"证明函数 $f(x)=-\frac{1}{x}-1(x\neq 0)$ 在区间 $(-\infty,0)$ 上是单调增函数." 学生基本都做对了.

第五环节是小结与作业. 教师总结了这节课的研究过程与结论："这节课，我

们从具体的函数图像到数学的符号语言来研究了函数的单调性问题. 一般来说, 这是一个从感性认识上升到理性认识的过程. 函数是我们数学当中非常重要的数学模型，我们随着对函数的不断深入的学习，才能够更好地用这个数学模型来解决不断变化的世界中的问题.”

课例描述结束. 以下是讨论问题:

(1) 初中在正比例函数、一次函数、反比例函数、二次函数等内容中都讨论过函数的变化规律. 当时的研究过程是先从图像上直观看出来, 再以解析式的系数特征来标识这种规律. 你认为函数单调性概念的教学定位应该是什么? 对照课例, 你认为课例中的教学定位适宜吗?

(2) 你认为判定函数单调性的主要方法是什么? 用定义判断函数单调性的教学定位应该是什么?

(3) 设计一个概览，交代清楚函数单调性的来龙去脉及这节课的教学定位、教学目标.

(4) 形式化是舍弃事物物质内容只取形式结构，只考虑形式而不考虑内容的一种处理问题的思想. 数学的形式化是通过用形式语言表示概念、命题与推理，把对数学概念、命题与推理的研究转变为对符号表达系统的研究来实现的. 形式化是现代数学的特征. 该节课内容实质上就是对单调性概念的形式化研究. 梳理这节课单调性概念的教学过程，你认为应该如何设计数学概念的形式化教学过程?

可能的解决策略:

(1) 单调性概念的教学定位. 初中是从图像观察单调性，这节课是在没有图像的前提下，用符号表达单调性.

(2) 通过设计内容概览交代教学目标. 概览是一种教学策略，交代了内容的来龙去脉. 如本节课可以这样概览内容: 函数有规律的变化是指可以用已知变量 $x$ 的变化规律推断未知变量 $y$ 的变化规律. 函数的变化规律是函数最重要的性质. 我们在初中这样研究一次函数的变化规律，先从图像上看出来，再在解析式中找到标识——系数 $k$，用 $k$ 的符号变化来表达一次函数的变化趋势. 今天，我们研究在没有函数图像的前提下，如何只用符号表示函数的变化规律.

## 3.3 借助类比构建思路

## ——“函数 $y = A\sin(\omega x+\varphi)+b$ 的图像与图像变换”课例分析

该节主要讨论问题:

(1) 如何设计先行组织者启发学生思路?

(2) 如何设计数学形式化过程?

“函数 $y = A\sin(\omega x+\varphi)+b$ 的图像与图像变换”一课是人教版数学必修四第一章“三角函数”的第五节第一课时的内容. 该课主要知识点有两个: ① $\varphi$ 对函数 $y=\sin(x+\varphi)$ 图像的影响; ② $\omega$ 对函数 $y=\sin\omega x$ 图像的影响. 学生在这之前已经学习过“正弦函数的图像与性质”及 $y = A\sin(\omega x+\varphi)+b$ 的作图, 也是为下节“三角函数模型的简单应用”作铺垫. 课程标准对这节课的教学要求: 结合具体实例, 了解 $y = A\sin(\omega x+\varphi)+b$ 的实际意义; 能借助计算器或计算机画出 $y = A\sin(\omega x+\varphi)+b$ 的图像, 观察参数 $\varphi,\omega$ 对函数图像变化的影响. 以下描述的这节课, 由陈老师执教. 陈老师是省会城市一所一级达标学校的年轻教师, 研究生毕业, 已执教高中数学 9 年, 是学校的青年骨干教师.

该课分为五个环节. 分别是情境引入, 探索 $\varphi$ 对函数 $y=\sin(x+\varphi)$ 图像的影响, 探索 $\omega$ 对函数 $y=\sin\omega x$ 图像的影响, 探索如何由 $y=\sin x$ 得到 $y=\sin(\omega x+\varphi)$ 的图像, 小结与作业.

第一环节是情境引入. 陈老师放映了一个港口的潮汐动画(图 3.3), 指出潮汐现象是指海水在天体(主要是月球和太阳)引力作用下所产生的周期性运动, 潮汐现象随着时间的变化潮涨潮落. 陈老师要求学生回答潮水的高度随时间的变化形成的函数图像像学习过的哪个函数图像. 学生顺利答出是正弦函数 $y=\sin x$. 陈老师纠正: “它实际上是正弦型函数”, 并以此为跳板提出教学目标: “我们今天就来学习正弦型函数 $y = A\sin(\omega x+\varphi)+b$ 图像与图像变换(板书).”接着, 陈老师介绍了正弦型函数的广泛应用, 比如用于表示弹簧的振动规律、交流电规律等.

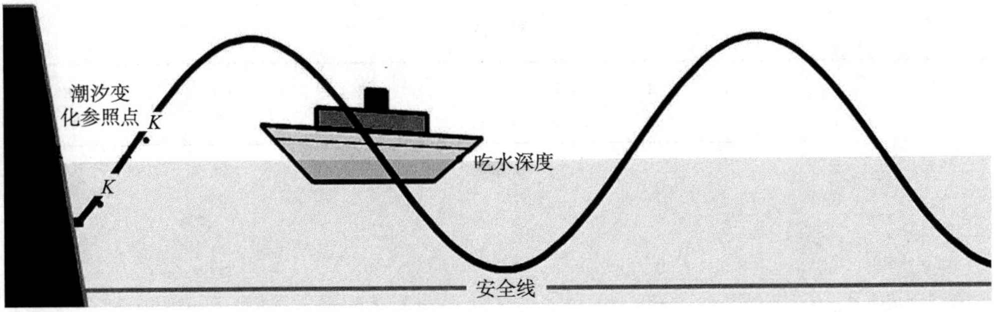


图 3.3　潮汐与港口

第二环节是探索 $\varphi$ 对函数 $y=\sin(x+\varphi)$ 图像的影响, 陈老师安排了六个教学活动. 第一，概览. 陈老师指出，正弦型函数与正弦函数 $y=\sin x$ 有联系又有区别，区别就在于正弦型函数引入了四个参数 $A$, $\omega$, $\varphi$, $b$ . 反过来说，$y=\sin x$ 实际上是这四个参数分别取 $A=1$, $\omega=1$, $\varphi=0$, $b=0$ 的特殊情况. 这四个参数的改变会给正弦函数带来变化，我们这节课先探究 $\omega$, $\varphi$ 的改变对正弦函数带来的变化. 首先探究 $\varphi$ 对函数 $y=\sin(x+\varphi)$ 图像的影响.

第二，陈老师指导学生从图像上观察 $\varphi$ 对函数 $y=\sin(x+\varphi)$ 的图像的影响. 陈老师课前就布置了作业题：在同一个直角坐标系中，画出一个周期上，$y=\sin x$ ，$y=\sin\left(x+\dfrac{\pi}{6}\right)$ ，$y=\sin\left(x-\dfrac{\pi}{3}\right)$ 的图像，分别探究由 $y=\sin x$ 的图像如何变换得到 $y=\sin\left(x+\dfrac{\pi}{6}\right)$ ，$y=\sin\left(x-\dfrac{\pi}{3}\right)$ 的图像，并探索规律. 这时通过提问学生交流结论. 节录 1 记录了师生的交流对话.

**节录 1**

生 1：$\varphi$ 的正负使图像产生左右平移，即左加右减.

师：即当 $\varphi$ 小于 0 的时候，图像向右平移 $|\varphi|$ 单位长度. 当 $\varphi$ 大于 0 的时候，图像向左平移 $|\varphi|$ 单位长度.

第三，陈老师指导学生从数值上展开探索. 陈老师指导学生观察表 3.1、表 3.2(作业中画函数图像时用的列表)来探索 $\varphi$ 对函数 $y=\sin(x+\varphi)$ 的图像的影响. 节录 2 记录了师生的探索对话.

表 3.1 为 $y=\sin\left(x+\dfrac{\pi}{6}\right)$ 列表，令 $t=x+\dfrac{\pi}{6}$.

**表 3.1**

| $x$ | $-\dfrac{\pi}{6}$ | $\dfrac{\pi}{3}$ | $\dfrac{5\pi}{6}$ | $\dfrac{4\pi}{3}$ | $\dfrac{11\pi}{6}$ |
|---|---|---|---|---|---|
| $t=x+\dfrac{\pi}{6}$ | 0 | $\dfrac{\pi}{2}$ | $\pi$ | $\dfrac{3\pi}{2}$ | $2\pi$ |
| $y=\sin\left(x+\dfrac{\pi}{6}\right)$ | 0 | 1 | 0 | $-1$ | 0 |

表 3.2 为 $y=\sin\left(x-\dfrac{\pi}{3}\right)$ 列表，令 $t=x-\dfrac{\pi}{3}$.

**表 3.2**

| $x$ | $\frac{\pi}{3}$ | $\frac{5\pi}{6}$ | $\frac{4\pi}{3}$ | $\frac{11\pi}{6}$ | $\frac{7\pi}{3}$ |
|---|---|---|---|---|---|
| $t=x-\frac{\pi}{3}$ | 0 | $\frac{\pi}{2}$ | $\pi$ | $\frac{3\pi}{2}$ | $2\pi$ |
| $y=\sin\left(x-\frac{\pi}{3}\right)$ | 0 | 1 | 0 | $-1$ | 0 |

**节录 2**

生 2：(表 3.1)纵坐标不变，横坐标减少了$\frac{\pi}{6}$.

师：纵坐标不变，横坐标减少了$\frac{\pi}{6}$，图像向哪里平移？

生众：图像向左平移.

师：那这个(表 3.2)的坐标变化呢？

生 2：纵坐标不变，横坐标加上了$\frac{\pi}{3}$，图像向右平移.

第四，陈老师指导学生从符号(解析式)上推导$\varphi$对函数$y=\sin(x+\varphi)$的图像的影响. 陈老师指出：一般地，令$t=x+\varphi$，所以$x=t-\varphi$. $t$是原坐标，$x$是新坐标，所以，即当$\varphi$大于 0 的时候，图像向左平移$|\varphi|$单位长度；当$\varphi$小于 0 的时候，图像向右平移$|\varphi|$单位长度.

第五，陈老师指导学生观察几何画板演示的任意$\varphi$对函数$y=\sin(x+\varphi)$的图像的影响. 学生发现，当$\varphi$拖动时，无论$\varphi$的值如何变化，都满足刚才得到的规律，即当$\varphi$大于 0 的时候，图像向左平移$|\varphi|$单位长度；当$\varphi$小于 0 的时候，图像向右平移$|\varphi|$单位长度. 陈老师继续指导“怎么看平移了多少？”节录 3 记录了师生的探索对话.

**节录 3**

生 3：看一个点就可以了.

师：因为线是由点动成的，所以只要看一个点就可以了. 那在图上任取一个点，作出其横、纵坐标就可以观察.

师：(图 3.4)原来的横坐标减去$\varphi$，构成新点的横坐标. 根据得到的新坐标，大家发现这个点在哪里？

生 3：在平移后的图像上.

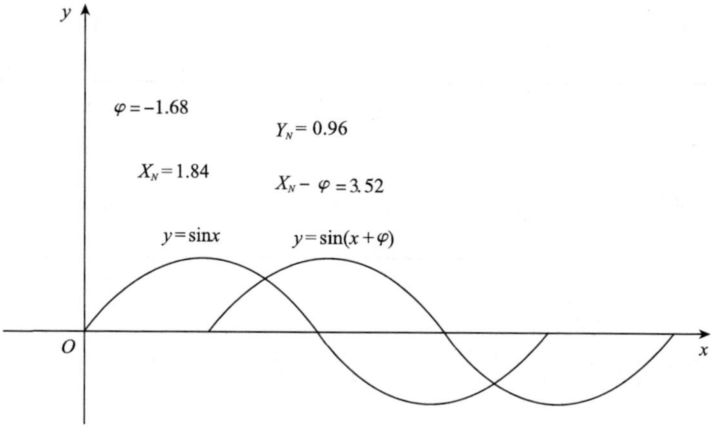


图 3.4 $\varphi$ 对函数图像的影响

陈老师最后再次总结强调了得到的规律：当 $\varphi$ 大于 0 的时候，$y=\sin x$ 的图像向左平移 $|\varphi|$ 单位长度，得到 $y=\sin(x+\varphi)$ 的图像；当 $\varphi$ 小于 0 的时候，$y=\sin x$ 的图像向右平移 $|\varphi|$ 单位长度，得到 $y=\sin(x+\varphi)$ 的图像.

第六，陈老师安排学生做了图 3.5 所示的独立练习. 学生由抢答器抢答，除了 2 个缺席的学生，只有一个学生出错.

**应 用 新 知**

**选一选** 已知函数 $y=\sin\left(x+\dfrac{\pi}{5}\right)$ 的图像为 $C$. 为了得到函数 $y=\sin\left(x-\dfrac{\pi}{5}\right)$ 的图像，只要把 $C$ 上所有的点(　　).

A. 向右平行移动 $\dfrac{\pi}{5}$ 个单位长度　　B. 向左平行移动 $\dfrac{\pi}{5}$ 个单位长度

C. 向右平行移动 $\dfrac{2\pi}{5}$ 个单位长度　　D. 向左平行移动 $\dfrac{2\pi}{5}$ 个单位长度

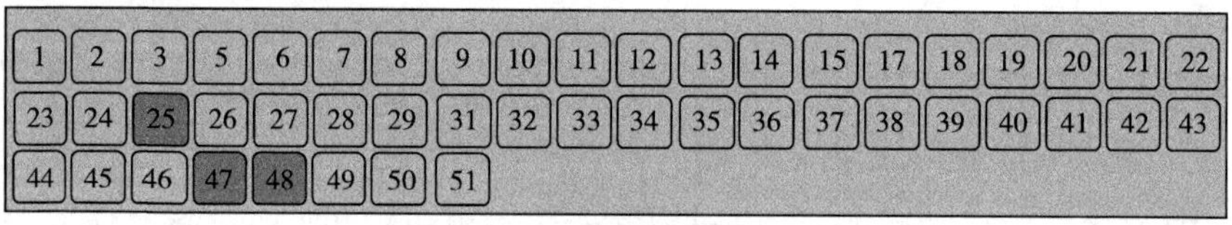


图 3.5

第三环节是探索 $\omega$ 对函数 $y=\sin\omega x$ 的图像的影响. 陈老师安排了四项教学活动. 首先是从图像上观察 $\omega$ 对函数 $y=\sin\omega x$ 的图像的影响. 陈老师课前就布置了

作业题：在同一个直角坐标系中，画出一个周期上 $y=\sin x$，$y=\sin 2x, y=\sin\frac{1}{2}x$ 的图像，分别探究由 $y=\sin x$ 的图像如何变换得到 $y=\sin 2x$，$y=\sin\frac{1}{2}x$ 的图像，并探索规律. 陈老师这时要求学生回答这一问题. 节录 4 记录了学生对这一问题的认识.

**节录 4**

生 4：纵坐标不变，横坐标伸缩原来的 $\frac{1}{\omega}$ 倍.

师：能不能分情况说明一下？

生 4：$\omega$ 大于 1 的时候，缩短 $\frac{1}{\omega}$ 倍；$\omega$ 大于 0 且小于 1 的时候，伸长 $\frac{1}{\omega}$ 倍.

其次，陈老师指导学生从数据上观察 $\omega$ 对函数 $y=\sin\omega x$ 的图像的影响. 陈老师指导学生观察表 3.3、表 3.4(作业中画函数图像时用的列表)来观察 $\omega$ 对函数 $y=\sin\omega x$ 的图像的影响. 学生都能从表格中观察到原来的结论：纵坐标不变，横坐标伸缩原来的 $\frac{1}{\omega}$ 倍.

表 3.3 为 $y=\sin 2x$ 列表，令 $t=2x$.

**表 3.3**

| $x$ | 0 | $\frac{\pi}{4}$ | $\frac{\pi}{2}$ | $\frac{3\pi}{4}$ | $\pi$ |
|---|---|---|---|---|---|
| $t=2x$ | 0 | $\frac{\pi}{2}$ | $\pi$ | $\frac{3\pi}{2}$ | $2\pi$ |
| $y=\sin 2x$ | 0 | 1 | 0 | −1 | 0 |

表 3.4 为 $y=\sin\frac{1}{2}x$ 列表，令 $t=\frac{1}{2}x$.

**表 3.4**

| $x$ | 0 | $\pi$ | $2\pi$ | $3\pi$ | $4\pi$ |
|---|---|---|---|---|---|
| $t=\frac{1}{2}x$ | 0 | $\frac{\pi}{2}$ | $\pi$ | $\frac{3\pi}{2}$ | $2\pi$ |
| $y=\sin\frac{1}{2}x$ | 0 | 1 | 0 | −1 | 0 |

然后，陈老师从符号(解析式)上做了解释：令 $t=\omega x$，则 $x=\frac{1}{\omega}t$. $t$ 为原横坐

标，$x$ 为新横坐标，是原来的 $\frac{1}{\omega}$ 倍.

接着，陈老师指导学生观察几何画板演示的任意 $\omega$ 对函数 $y=\sin\omega x$ 的图像的影响. 学生发现，当 $\omega$ 拖动时，无论 $\omega$ 如何变化，刚才得到的规律：纵坐标不变，横坐标伸缩到原来的 $\frac{1}{\omega}$ 倍依然成立. 至于如何判断是伸长还是缩短，学生能够类比 $\varphi$ 对函数 $y=\sin(x+\varphi)$ 的图像影响的处理，取一特殊点来参考.

最后，陈老师总结强调了 $\omega$ 对函数 $y=\sin\omega x$ 的图像的影响：纵坐标不变，横坐标伸缩到原来的 $\frac{1}{\omega}$ 倍.

第四环节是探索如何由 $y=\sin x$ 得到 $y=\sin(\omega x+\varphi)$ 的图像. 陈老师安排了三个教学活动.

首先，思考由 $y=\sin x$ 得到 $y=\sin(\omega x+\varphi)$ 共有几种方法. 学生考虑后经讨论认为有两种方法：①先平移后伸缩；②先伸缩后平移.

其次，陈老师指导学生在同一直角坐标系中，画出 $y=\sin x$，$y=\sin\left(2x+\frac{\pi}{3}\right)$ 同一个周期上的图像，探究由 $y=\sin x$ 的图像如何变换得到 $y=\sin\left(2x+\frac{\pi}{3}\right)$ 的图像. 学生先猜想：①由 $y=\sin x$ 的图像，先向左平移 $\frac{\pi}{3}$，横坐标再缩短 $\frac{1}{2}$，纵坐标不变；②横坐标先缩短 $\frac{1}{2}$，纵坐标不变，再向左平移 $\frac{\pi}{3}$. 经画图像校对，学生发现猜想②是错误的，应该是横坐标先缩短 $\frac{1}{2}$，纵坐标不变，再向左平移 $\frac{\pi}{6}$. 原因是 $y=\sin\left(2x+\frac{\pi}{3}\right)$ 中的 2 要提出来，变成 $y=\sin 2\left(x+\frac{\pi}{6}\right)$.

最后，独立练习. 学生练习了两道题. 题目分别是：

(1) 已知函数 $y=\sin\left(x+\frac{\pi}{5}\right)$ 的图像为 $C$，为了得到函数 $y=\sin\left(2x+\frac{\pi}{5}\right)$ 的图像，只要把 $C$ 上所有的点（　　）.

A. 横坐标伸长到原来的 2 倍，纵坐标不变

B. 横坐标伸长到原来的 $\frac{1}{2}$ 倍，纵坐标不变

C. 纵坐标伸长到原来的 2 倍，横坐标不变

D. 纵坐标伸长到原来的 $\frac{1}{2}$ 倍，横坐标不变

(2) 要得到函数 $y=\sin\left(\frac{1}{2}x-\frac{\pi}{6}\right)$ 的图像，只要把函数 $y=\sin\frac{1}{2}x$ 的图像上所有的点(　　).

A. 向右平移 $\frac{\pi}{6}$ 个单位长度　　B. 向左平移 $\frac{\pi}{6}$ 个单位长度

C. 向右平移 $\frac{\pi}{3}$ 个单位长度　　D. 向左平移 $\frac{\pi}{3}$ 个单位长度

第(1)题，学生全部做对. 第(2)题，27 人做对，22 人做错. 其中做错的 18 人选 A. 生 5 解释了为什么选 C：要先提取 $\frac{1}{2}$，变成 $y=\sin\frac{1}{2}\left(x-\frac{\pi}{3}\right)$.

第五环节是小结与作业. 在内容上，学生分别总结了 $\omega,\varphi$ 的改变对正弦函数带来的变化规律. 节录 5 记录了学生学习过程上的总结.

**节录 5**

生 6：体会到具体到一般的数学思想方法.

生 7：数形结合.

生 8：先研究单个的参数，最后再结合起来.

课例描述结束. 以下是讨论问题：

(1) 梳理陈老师由 $y=\sin x$ 得到 $y=\sin(\omega x+\varphi)$ 的图像变换的教学过程，你认为应该如何划分内容的层次？

(2) 探索 $\varphi$ 对函数 $y=\sin(x+\varphi)$ 的图像的影响，由陈老师指定思路：观察 $y=\sin x, y=\sin\left(x+\frac{\pi}{6}\right), y=\sin\left(x-\frac{\pi}{3}\right)$ 在同一坐标系内一个周期上的图像，观察画这些图像时的列表数据，观察几何画板的演示、符号论证. 从整个教学过程看，学生基本没有思路. 但在学完 $\omega,\varphi$ 分别对函数 $y=\sin(\omega x+\varphi)$ 的图像的影响后，在探索如何由 $y=\sin x$ 得到 $y=\sin(\omega x+\varphi)$ 的图像时，学生就有了思路. 这说明学生非常善于类比学习. 事实上，学生在初中就学过函数图像的平移变换，如二次函数由 $y=x^2$ 到 $y=(x+2)^2$ 的图像变换. 你认为应该如何设计一个先行组织者，启发学生这节课的研究思路？

(3) 梳理陈老师由 $y=\sin x$ 到 $y=\sin(x+\varphi)$ 的图像变换的教学过程，你认为应该如何设计该图像变换的形式化教学过程？

教学注释：

先行组织者是奥苏贝尔提出的一种教学策略. 先行组织者是在学生没有思路的前提下，为了保障学生进行有意义的学习，在呈现教学内容前介绍的一种引导性材料. 先行组织者指引新内容的结构与研究方法，有利于学生把新内容与已有认知结构中的相关内容联系起来，重组认知结构. 先行组织者要具有包摄性广、稳定、清晰等要求. 若学生已有正确思路，则不必设置先行组织者.

## 3.4 整合函数与分布列
## ——“离散型随机变量及其分布列”课例分析

该节主要讨论问题：

(1) 如何设计先行组织者？

(2) 如何划分层级？

(3) 如何更好地整合函数与分布列？

“离散型随机变量及其分布列”一课是人教版教材选修 2-3 第二章“离散型随机变量及其分布列”第一节的内容. 该节主要知识点有四个：①离散型随机变量；②离散型随机变量的分布列；③两点分布；④超几何分布. 学生在初中学过变量与函数，在高中又学了函数的对应说概念，学过分步计数与分类计数. 课程标准的教学要求：“①在对具体问题的分析中，理解取有限值的离散型随机变量及其分布列的概念，认识分布列对于刻画随机现象的重要性. ②通过实例，理解超几何分布及其导出过程，并能进行简单应用.”执教教师林老师，是一所省会城市一级达标学校的年轻教师，已执教高中数学 10 多年，是学校的青年骨干教师.

该课分为五个环节，分别是展示目标、讲授随机变量、讲授随机变量的分布列、尝试探索两点分布与超几何分布、小结与作业.

第一环节是展示目标. 林老师开门见山：“我们今天学离散型随机变量及其分布列，读到这个课题，我们需要知道哪两样东西？”众生回答：“随机变量和分布列.”

第二环节是讲授随机变量环节. 林老师安排了三个教学活动. 首先是铺垫，节录 1 记录了林老师对随机变量的铺垫.

**节录 1**

师：你知道什么是变量吗？

生 1：会变的量.

师：那变量我们通常会用什么东西来表示？

生 1：$x, y$.

师：(板书)我们自变量用 $x$ ，因变量用 $y$. 那变量取的值实际上是什么东西？

生 1：数值.

师：那加了随机两个字是随意的意思吗？

生 1：是随机的数值.

师：这个随机实际上不是随机的数值，是随机试验的结果.

其次，讲授随机变量的概念. 林老师通过掷骰子和抛硬币两个典型随机试验，讲清楚了“每个随机试验的结果都可以由一个数字来表示；当我给一个数字的话，你就可以知道它对应于那个随机试验的结果.”由此归纳出随机变量的概念：“每一个随机试验的结果都可以用一个确定的数来表示. 这个数字会随着随机试验的结果的变化而变化. 那我们就把这样的变量称为随机变量.”随后，林老师给出了离散型随机变量的概念：“我们在高中的随机变量大多都是试验结果可以用数字一一列出来的，像这样的随机变量，我们称为离散型随机变量.”

最后，林老师通过一个题目讲清楚了离散型随机变量的表示. 题目：

下列随机试验的结果能否用离散型随机变量表示？若能，请写出各随机变量可能的取值，并说明这些值所表示的随机试验的结果.

(1) 抛掷两枚骰子，所得点数之和；

(2) 某足球队在 5 次点球中射进的球数；

(3) 任意抽取一瓶标有 500mL 的饮料，其实际量与规定量之差.

节录 2 记录了林老师的讲授过程.

**节录 2**

师：那随机变量用什么来表示呢？它的具体内容可以用数字表示. 我们数学中为了和变量区别，用大写的 $X, Y$ 来表示. 也可以用 $\xi$ 和 $\eta$ 表示. 对(1)，一个一个比较好算，用 2, 3 到 12 这些数字来代表随机试验的结果. 现在问，我这个随机变量用 $X$ 来表示，$X=3$ ，表示什么？

生 2：两种情况，一种：第一个是 1，第二个是 2；另一种：第一个是 2，第二个是 1.

师：第二题呢？

生 3：射进为 1，没射进为 0.

师：它是问一次点球的，还是 5 次点球的.

生 3：5 次. 应该是 0,1,2,3,4,5.

师：对，用 0,1,2,3,4,5 分别表示进球的数量. (3)呢？规定实际量与规定量之间的差，这个差能不能用离散型随机变量来表示呢？

生 4：不行，差有很多，不能数出来.

师：那这样的变量，我们把它称为连续型的随机变量，不是我们今天研究的范围. 对(3)，若规定实际量与规定量之间的差的绝对值小于等于 20mL 为合格，否则为不合格，能否用离散型随机变量来表示？

生 4：可以，超过用 1 和不超过用 0.

第三环节是讲授离散型随机变量的分布列. 该环节林老师安排了四个教学活动，分别是引导性例子、离散型随机变量的分布列概念与表示、离散型随机变量分布列的性质、练习.

首先，掷骰子的引导性例子. 通过引导性例子，林老师引出了随机变量的分布列及其表示. 节录 3 记录了林老师如何由掷骰子引出随机变量的分布列.

**节录 3**

师：什么是随机变量的分布列？我们还是从投骰子开始，刚才投一个骰子有六种情况，把它的试验结果用数字表示，那么就引进了随机变量. 引进随机变量对我们试验的结果有什么方便？大家看随机变量的值，六个数字，试验之前我会不会知道是哪个随机事件？

生 5：不知道.

师：但是我们可以知道什么，至少是随机事件的其中一种. 然后还要知道这一种发生的概率是多少？概率都是 $\frac{1}{6}$ ，那这时候从随机变量的结果到概率有没有一种对应关系？我告诉你随机变量的值，你能不能给出它的概率？

生 5：可以.

师：那也就是说我们以后去研究随机事件的时候就去研究随机变量对应事件的概率. 它们是不是也是一一对应的？

生 5：是.

师：实际上看就是什么？这边(图 3.6)随机变量是一个数集，概率这边也是一个数集，其中的对应是一一对应关系. 我听到有同学说是函数，也有说是映射，两个非空数集一一对应，实际上可以看成一个函数. 那我们又把概率问题转化为我们熟悉的函数.

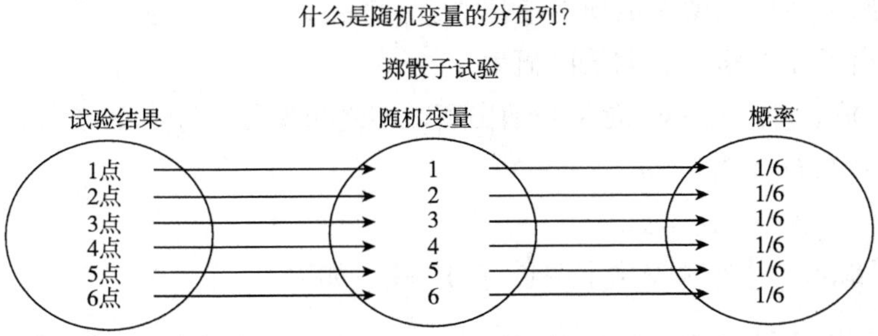


图 3.6

其次，林老师介绍了掷骰子这一随机变量分布列的三种表示，并指出其对应函数的三种表示. 记掷骰子随机变量为 $X$，其分布列为表 3.5.

**表 3.5**

| $X$ | 1 | 2 | 3 | 4 | 5 | 6 |
|---|---|---|---|---|---|---|
| $P$ | $\frac{1}{6}$ | $\frac{1}{6}$ | $\frac{1}{6}$ | $\frac{1}{6}$ | $\frac{1}{6}$ | $\frac{1}{6}$ |

其图像为六个点. 解析式表示为 $P(X=i)=\frac{1}{6}(i=1,2,3,4,5,6)$. 林老师进一步指出三种表示的优点："表格形式的优点在直观，把具体的东西都可以看出来，而解析式很简洁，这里比较特殊都是 $\frac{1}{6}$，但也可能有不一样的概率，我们就不能从解析式中很简洁地看出来，图像也很直观，但我们作图的时候不方便，你也要把函数值算出来再去画."

然后，林老师由引导性例子概括出一般的离散型随机变量分布列的概念.

设随机变量 $X$ 所有可能的取值为 $x_1,x_2,x_3,\cdots,x_i,\cdots,x_n$，那么可以得到 $X$ 的每一个取值 $x_i(i=1,2,\cdots,n)$ 的概率为 $P(X=x_i)=p_i$，以表格形式表示见表 3.6.

**表 3.6**

| $X$ | $x_1$ | $x_2$ | $\cdots$ | $x_i$ | $\cdots$ | $x_n$ |
|---|---|---|---|---|---|---|
| $P$ | $p_1$ | $p_2$ | $\cdots$ | $p_i$ | $\cdots$ | $p_n$ |

则称此表格为随机变量 $X$ 的概率分布列，简称为 $X$ 的分布列. 林老师指出，像引例一样，随机变量分布列有三种表示：列表、图像、解析式. 林老师随后概括了分布列的特征：

(1)列出了随机变量 $X$ 的所有取值；

(2)求出了 $X$ 的每一个取值的概率.

接着，林老师通过一个题目归纳出离散型随机变量分布列的性质：

(1) $p_i \geqslant 0, i=1,2,\cdots,n$；

(2) $p_1+p_2+\cdots+p_n=1$.

最后是练习. 林老师安排了两道练习. 题目如下：

(1)设随机变量 $X$ 的分布列 $P\left(X=\dfrac{k}{5}\right)=ak(k=1,2,3,4,5)$，求常数 $a$ 的值；求 $P\left(X\geqslant\dfrac{3}{5}\right)$.

(2)某班有学生 45 人，其中 O 型血的有 10 人，A 型血的有 12 人，B 型血的有 8 人，AB 型血的有 15 人，现从该班选出 1 人，其血型为随机变量 $X$，求 $X$ 的分布列.

这两题学生基本都做对了. 林老师随后总结了求离散型随机变量分布列的基本步骤：

(1)定值：确定随机变量的所有可能的值 $x_i$.

(2)求概率：求出各取值的概率 $P(X=x_i)=p_i$.

(3)列表：列出表格.

第四环节是尝试探索两点分布与超几何分布. 林老师安排了两项教学活动，分别是探索两点分布和探索超几何分布. 这两项活动均是由做题引出的. 在探索两点分布时，林老师安排学生做题目：在一次旅游目的地的选择投票中，令

$$X=\begin{cases}0, & \text{安徽黄山}, \\ 1, & \text{四川九寨沟}.\end{cases}$$

如果选择安徽黄山的概率为 $0.6$，请你写出随机变量 $X$ 的分布列.

学生都做对了. 林老师概括："这个分布列我们把它叫做两点分布. 这种随机试验的结果有两种，我们定义一种用 1 表示，一种用 0 表示. 两点分布列在我们生活中有很广泛的应用，比如说，我要研究人的性别，男生记成 1，女生记成 0. 再比如说投篮，投一次球，进是 1，不进是 0."

在探索超几何分布时，林老师安排学生做题目：

某高二数学兴趣小组有七位同学，其中四位同学参加过高一数学"希望杯"竞赛，若从该小组中任选 3 位同学参加高二数学"希望杯"竞赛，求这 3 位同学中参加过高一数学"希望杯"竞赛的同学数 $X$ 的分布列.

板演的同学做错了. 典型的错误是: $P(\xi=1)=\frac{C_4^1}{C_7^3}$, $P(\xi=2)=\frac{C_4^2}{C_7^3}$, $P(\xi=3)=\frac{C_4^3}{C_7^3}$. 由于临近下课, 林老师只是简单做了纠正: $P(\xi=1)=\frac{C_3^2C_4^1}{C_7^3}=\frac{12}{35}$, $P(\xi=2)=\frac{C_3^1C_4^2}{C_7^3}=\frac{18}{35}$, $P(\xi=3)=\frac{C_3^0C_4^3}{C_7^3}=\frac{4}{35}$, $P(\xi=0)=\frac{C_3^3}{C_7^3}=\frac{1}{35}$. 纠正后林老师指出: "这种模型, 把一类东西分成两个部分, 抽取的时候考查某一个部分被抽取的随机试验, 我们把这种模型称为超几何分布." 然后要求学生打开书看一下书上的定义.

第五环节是小结与作业. 林老师总结了随机变量、随机变量的分布列的概念、随机变量分布列的性质、求分布列的步骤.

课例描述结束. 以下是讨论问题:

(1) 随机变量的分布列实质上是一种特殊的函数. 学生不能自发想到这一点. 你认为应该如何设计先行组织者, 启发指引学生的思路, 为学生组织内容、提供结构框架?

(2) 梳理林老师讲授随机变量、随机变量分布列的教学过程, 概括划分内容层级的方法.

(3) 学生在学习超几何分布时, 产生了典型错误: 忽略分步计数. 你认为应该如何设计超几何分布题目的讲授过程?

(4) 设计一个整合函数与分布列的教学环节, 作为课的最后部分.

教学注释:

整合是一种教学手段, 指学生学了新知识后, 与相关旧知识经验相比较, 修改以前有问题的认识, 重组认知结构.

## 3.5　如何设计"总—分—总"的课堂教学结构
## ——"向量数乘运算及其几何意义"课例分析

该节主要讨论问题:

(1) 如何设计总—分—总的课堂教学结构?

(2) 如何设计概览?

"向量数乘运算及其几何意义"是人教版高中数学必修四第二章"平面向量"第二节"平面向量的线性运算"的第三课时的内容. 之前学生学过向量的概念、向量的加减法运算及其几何意义、实数的加减乘法运算、整式的加减运算. 今后学生还要继续学习平面向量基本定理、向量的数量积及利用向量运算解决几何问题. 这节课主要有三个知识点：①向量的数乘运算及其几何意义；②向量数乘运算的运算律；③共线向量定理. 课程标准的教学要求：①通过实例，掌握向量数乘运算，并理解其几何意义，以及两个向量共线的含义；②了解向量的线性运算性质及其几何意义. 以下描述的这节课，由吴老师执教. 吴老师是一所省会城市一级达标学校的年轻教师，已执教高中数学 10 多年，是学校的青年骨干教师.

该课分为六个环节，分别是复习、探索讲授向量数乘运算及其几何意义、讲授向量数乘运算的运算律、讲授共线向量定理、小结、课堂检测.

第一环节是复习. 吴老师展示幻灯片(图 3.7)，指导学生复习了向量的加减法运算. 吴老师指出：“在加法运算中，当两个向量首尾相连时，相加的结果是第一个向量的起点指向第二个向量的终点的向量；当两个向量起点相同时，我们作一个平行四边形，相加的结果是起于公共起点的对角线向量. 在减法运算中，当两个向量起点相同时，相减的结果是连接两终点，方向指向被减向量.”吴老师以此为跳板，交代了这节课的教学目标：“今天我们要学习一种新的运算.”

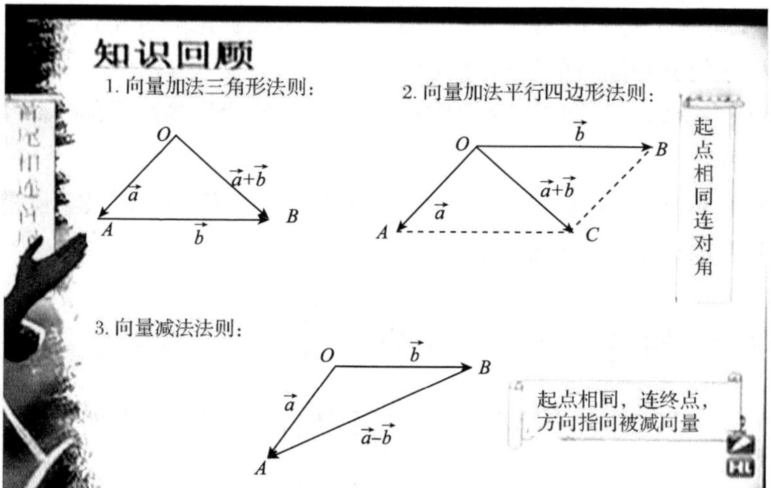


图 3.7

第二环节是探索讲授向量数乘运算及其几何意义. 吴老师分为两个教学活动. 首先是探索向量数乘运算及其几何意义. 采用的是翻转课堂的方式，事先布置探索题目作为家庭作业，上课拿来展示、分享讨论. 探索题如下.

**问题 1**　已知非零向量 $\vec{a}$ 如图 3.8，作出：① $\vec{a}+\vec{a}+\vec{a}$；② $(-\vec{a})+(-\vec{a})+(-\vec{a})$。通过作出图形，同学们能否说明它们的几何意义？

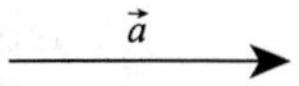

图 3.8

**总结**　一般地，我们规定________________________是一个向量，这种运算称作向量的数乘，记作 $\lambda\vec{a}$，它的长度与方向规定如下：

(1) 长度：$|\lambda\vec{a}|=$____________；

(2) 方向：当__________时，$\lambda\vec{a}$ 的方向与 $\vec{a}$ 的方向相同；当__________时，$\lambda\vec{a}$ 的方向与 $\vec{a}$ 方向相反. 特别地，当__________或者__________时，$\lambda\vec{a}=\vec{0}$.

学生都做对了.

其次是讲评练习. 方式还是展示学生的作业. 题目如下.

**练习**　点 $C$ 在线段 $AB$ 上，且 $\dfrac{AC}{CB}=\dfrac{5}{2}$ 上，则 $\overrightarrow{AC}=$_____ $\overrightarrow{AB}$，$\overrightarrow{BC}=$_____ $\overrightarrow{AB}$.

学生也都做对了.

第三环节是讲授向量数乘运算的运算律. 吴老师分为两项教学活动. 首先是交流数乘运算的结合律和分配律. 方式还是翻转课堂式的. 吴老师先指导："我们除学了加法运算法则，是不是还学过运算律，我们学过交换律和分配律，那么在向量运算中是否也有这些运算律呢？" 然后要求学生展示昨天的作业题目. 题目如下.

**问题 2**　(Ⅰ) 根据定义，已知向量 $\vec{a}$ 如图 3.9，作出向量 $3(2\vec{a})$，$2(3\vec{a})$，$6\vec{a}$.

通过比较，你发现：______________________________.

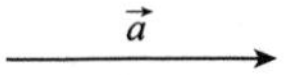

图 3.9

(Ⅱ) 根据定义，已知向量 $\vec{a}$，$\vec{b}$ 如图 3.10，作出向量 $2\left(\vec{a}+\vec{b}\right)$，$2\vec{a}+2\vec{b}$.

通过比较，你发现：____________________________________________.

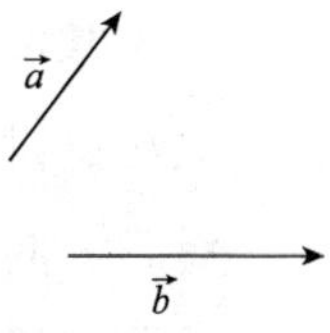

图 3.10

**总结**　向量数乘运算律，其中 $\lambda$，$\mu$ 为实数.

(1) $\lambda(\mu\vec{a})=$________；　　(2) $(\lambda+\mu)\vec{a}=$__________；

(3) $\lambda(\vec{a}+\vec{b})=$_________；　　(4) $(-\lambda)\vec{a}=$_________$=$________；

(5) $\lambda(\vec{a}-\vec{b})=$______________；

(6) 对于任意向量 $\vec{a}$，$\vec{b}$，任意实数 $\lambda$，$\mu_1$，$\mu_2$ 恒有 $\lambda(\mu_1\vec{a}+\mu_2\vec{b})=$______________.

学生基本做对上述题目.

其次是讲评练习. 方式是展示学生作业. 练习题目如下.

**练习** 化简：(1) $\frac{1}{3}\left(\vec{a}-2\vec{b}\right)-\frac{1}{4}\left(3\vec{a}-2\vec{b}\right)-\frac{1}{2}\left(\vec{a}-\vec{b}\right)$；(2) $(x+y)\vec{a}-(x-y)\vec{a}$.

节录 1 记录了学生练习后的收获.

**节录 1**

师：做完之后，你有什么收获和感觉？向量的运算类似小学初中学过的什么？

生 1：不知道.

师：多项式的运算. 同样，先去括号，然后合并同类项.

第四环节是讲授共线向量定理. 该环节吴老师分为三项教学活动. 首先是交流向量共线定理的探索结果. 方式同上. 首先展示学生作业. 作业题如下.

**问题 3** 引入向量数乘运算后，你能发现数乘向量与原向量之间有什么位置关系？

思考并回答：

(1) 若 $\vec{b}=\lambda\vec{a}\left(\vec{a}\neq\vec{0}\right)$，$\vec{a}$ 与 $\vec{b}$ 位置关系如何？

(2) 若 $\vec{b}$ 与 $\vec{a}\left(\vec{a}\neq\vec{0}\right)$ 共线，则 $\vec{b}=\lambda\vec{a}$ 成立吗？

(3) 向量共线与两直线共线有什么不同？

**总结** 两个向量共线(平行)的等价条件：

如果 $\vec{a}(\vec{a}\neq\vec{0})$ 与 $\vec{b}$ 共线，那么________________________________.

思考并回答：

(1) $\vec{a}\neq\vec{0}$ 这个条件可以省略吗？

(2) 向量 $\vec{b}$ 可以等于 $\vec{0}$ 吗？

学生基本做对上述题目.

其次是讲评昨天作业中的练习. 方式是展示学生作业. 练习题目如下.

**练习** 向量 $\vec{a}=-2\vec{e}$ 与 $\vec{b}=6\vec{e}$ 是否共线？

该题连续提问两个学生，学生都不会. 吴老师开始指导："我们要判断两个向量是否共线，是要去判断两个向量是否存在 $\vec{b}=\lambda\vec{a}$ 这样的数乘的运算就可以了." 在吴老师的指点下，生 2 回答："$\vec{b}=3\vec{a}$，所以共线."

最后是课堂练习. 学生做了一道练习及该练习的一道变式题. 练习题：

如图 3.11 所示，已知 $\overrightarrow{AD}=3\overrightarrow{AB}$, $\overrightarrow{DE}=3\overrightarrow{BC}$，试判断向量 $\overrightarrow{AC}$ 与 $\overrightarrow{AE}$ 是否共线?

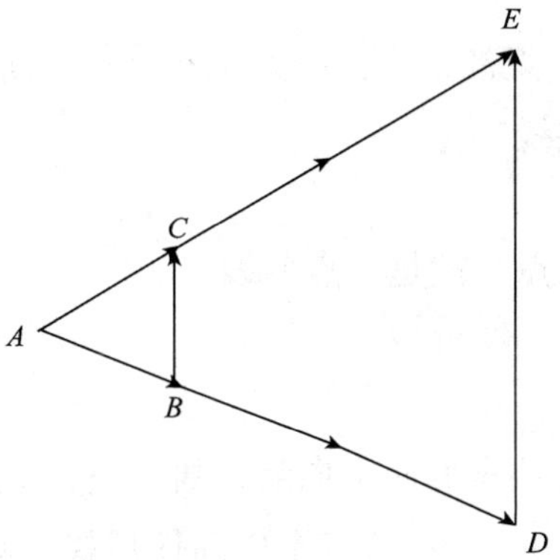


图 3.11

思考：能否进一步证明 $A, C, E$ 三点共线?

该练习题除了部分学生格式有问题外，都做对了. 变式题如下.

**问题 4** 如图 3.12 所示，已知任意两个非零向量 $\vec{a}$, $\vec{b}$，试作 $\overrightarrow{OA}=\vec{a}+\vec{b}$, $\overrightarrow{OB}=\vec{a}+2\vec{b}$, $\overrightarrow{OC}=\vec{a}+3\vec{b}$，你能判断 $A, B, C$ 三点之间的位置关系吗？为什么？

对于变式题，部分学生没有思路. 吴老师指点："在图 3.13 上作出向量 $\overrightarrow{OA}$, $\overrightarrow{OB}$, $\overrightarrow{OC}$，通过图像，我们可以猜想 $A, B, C$ 三点之间的位置关系". 图 3.14 是吴老师展示的学生的作图.

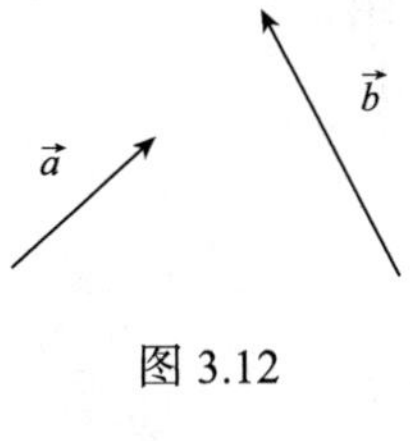


图 3.12

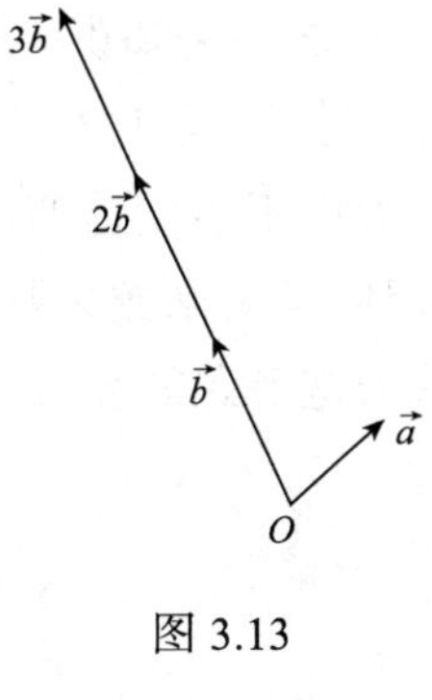


图 3.13

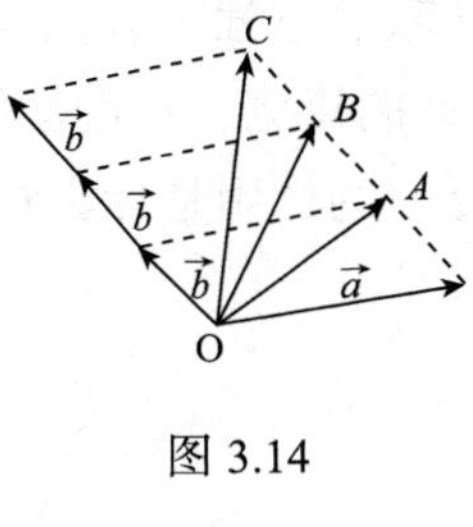


图 3.14

节录 2 记录了师生关于解题思路探索的对话.

**节录 2**

师：从图像上，我们可以猜想得到 $A, B, C$ 三点的位置关系是什么?

生 2：共线.

师：如何证明？参照前面的例题，先找向量是否会共线，然后找 $\lambda$. 你找的向量是哪些？

生 2：$\overrightarrow{AB}$ 和 $\overrightarrow{BC}$，结果都是 $\vec{b}$，所以 $\overrightarrow{AB}=\overrightarrow{BC}$，所以它们共线.

师：如何证明三点共线？

生 2：找公共点.

师：如果它们有公共点，就是三点共线.

师：是不是只能找 $\overrightarrow{AB}$ 和 $\overrightarrow{BC}$？

生 2：不是.

师：对，只要找有公共点的两个向量，再找它们之间的关系就可以了，不一定只能是这两个. 在 $\overrightarrow{AB}$, $\overrightarrow{BC}$, $\overrightarrow{AC}$ 这三个中间任意找一对就可以了.

第五环节是小结. 吴老师简单总结了这节课的内容："这节课我们主要学习了向量的数乘运算、几何意义、运算律还有向量共线的定理和应用."

第六环节是课堂检测，做了三个简单的向量倍数问题，大部分学生都做对了.

课例描述结束. 以下是讨论问题：

(1)总—分—总是一种主要的课堂教学结构. 该结构是指一上课先概览内容的来龙去脉，提出该节课主要的研究问题与研究方法. 然后把主要研究问题按照序列或层级分解，逐步讲授各个小问题，最后总结概括这节课的主要内容，并与相关内容进一步整合，形成前后连贯、逻辑一致的认知结构. 这节课是翻转课堂式的自主指导教学法，主要是老师指导学生分步解决各个小问题，缺少概览的指引与总结的整合. 自主指导学习的主要问题之一是知识碎片化，总—分—总的课堂教学结构能有效解决这一问题. 你认为应该如何设计这节课的课堂结构？

(2)从教学过程来看，学生一上课不清楚这节课的来龙去脉. 你认为应该如何设计这节课的概览，帮助学生厘清内容的来龙去脉及作用？

(3)复习的作用是什么？你认为这节课的复习合理吗？

# 第4章 高中教材分析

## 4.1 “函数的概念与性质”教材分析

### 4.1.1 内容组织

1. 内容简介

本章内容主要包括函数的概念、表示及其基本性质，知识结构如图 4.1 所示.

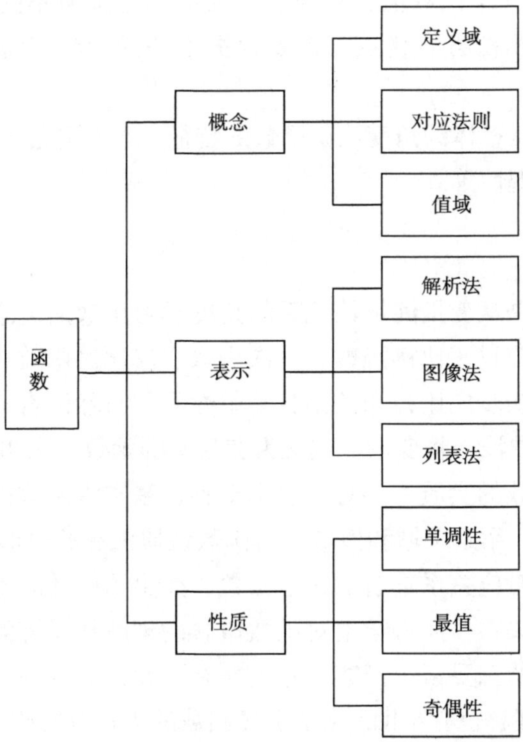


图 4.1

函数是描述客观世界变化规律的重要数学模型，是高中数学最为重要的核心概念之一. 高中阶段不仅把函数看成变量之间的依赖关系，在学习了集合语言之后，还从“对应”的角度重新刻画函数，扩大了函数的范围，重新认识函数概念的本质. 并定义函数：设 $A, B$ 是非空的数集，如果按照某种确定的对应关系 $f$，使对于集合 $A$ 中的任意一个数 $x$，在集合 $B$ 中都有唯一确定的数 $f(x)$ 和它对应，那么就称 $f: A \to B$ 为从集合 $A$ 到集合 $B$ 的一个函数(function)，记作

$$y = f(x)\ ,\qquad x \in A\ .$$

函数的“变量说”建立在变量的基础上，“对应说”建立在集合的基础上. 引入“对应说”定义后，突出了函数的本质属性——两个集合间的元素的对应关系，函数及函数值的表示更为简洁直观，在处理复合函数与反函数问题上更为方便自然.

函数的三要素(定义域、对应法则、值域)、符号和三种表示法(解析法、图像法和列表法)是理解函数概念的关键. 函数的三要素指出函数是一个整体，而不仅仅是一个表达式或一个函数值，对应法则相同但定义域不同的函数是不同的函数. 函数的三种表示法各有优点，需要根据不同的问题情境，选择恰当的方法表示函数.

函数的性质是从整体的角度认识函数的特征，本节重点研究了函数的单调性、最大、最小值和奇偶性等.

2. 来龙去脉

在初中，学生是从变量间依赖关系的角度学习函数的概念，学习了函数的三种表示法，重点研究过正比例函数、一次函数、反比例函数、二次函数的解析式特征、简单性质与初步应用，知道函数简单性质的自然语言描述和图像直观，但对函数的理解还很肤浅，将变量 $y$ 定义为变量 $x$ 的函数，未明确函数是 $x$，$y$ 双方变化的总体，对函数的实质——对应缺少刻画，基本将函数视作两个变量的一个公式(等式)，没有介绍定义域和值域，对函数性质没有给出形式化定义.

到了高中，用对应关系重新定义了函数，突出了函数的本质属性——两个集合间的元素的对应关系，使得学生对函数概念的理解从原有的基础上得到深化与拓广，对函数概念的三要素、函数符号也能有更深刻的理解，对将来要学习的反函数、复合函数的理解也有帮助. 除了定义函数的语言有所改变，高中还引入形式化的数学语言定义函数的性质，对函数性质的研究更严谨，也更准确，当然，也更抽象、更难懂.

今后，学生还将学习函数的“关系说”的定义：设 $F$ 是一个二元关系，如果还满足 $(x_1, y_1) \in F, (x_1, y_2) \in F$，则 $y_1 = y_2$，称 $F$ 是函数. “关系说”将函数概念完

全形式化，便于为计算机所接受. “关系说”也将“对应说”中避开交代其内容的“对应关系 $f$”做了外延式的数学化描述，把函数明确为一张理想的表，可以按照 $x$ 的值，查出对应的 $y$ 值. 学生也将进一步学习函数的周期性、有界性、连续性、可微性、可积性、凸性等性质.

3. 核心内容

该节内容的核心是函数概念与函数的单调性. 函数概念是高中整个函数内容的基础，为后续定义具体函数模型(指数函数、对数函数、幂函数、三角函数、随机变量的分布列等)提供指引，也奠定具体函数概念的研究框架. 函数概念的关键是函数的对应法则，具有相同的定义域和对应法则的函数是同一函数，不同的函数之所以具有不同的性质，是因为它们的不同的对应法则. 分段函数只有一个对应法则，但需要分段描述. 抽象函数(如隐函数)的对应法则虽然没有直观给出，但同样具备对应法则.

函数单调性是函数性质的核心. 函数性质可以简化对函数的把握，是函数应用的核心基础. 单调性是函数存在最广泛、应用最多的一个性质. 单调性的实质是由变量 $x$ 的变化规律来把握变量 $y$ 的变化规律. 单调性是中学研究最多的性质. 初中就从图像视角讨论过正比例函数、一次函数、二次函数、反比例函数的单调性，高中又从形式化视角进一步探讨指数函数、对数函数、幂函数、三角函数的单调性. 后又以导数为工具来判断函数的单调性. 形式化的单调性概念在高中出现最早，也是建立函数性质研究基本套路的最好时机.

4. 内容序列与层级

函数的概念与性质是逐步形成并深化的，函数概念的内容序列有定义、表示、性质、运算. 在中学，函数定义有两种水平：“变量说”与“对应说”.

在初中，学生接触到的函数概念是“变量说”.“变量说”用运动变化的观点去刻画客观事物数量间的依赖关系，自然、形象、直观. 到了高中，函数的概念变成了“对应说”.“对应说”去掉了函数对运动背景的依赖，去掉了自变量 $x$ 总是连续取值的要求，扩大了函数的范围，明确函数是 $x,y$ 双方变化的总体，突出了函数的对应实质.

中学定义的函数表示方法有解析式、图像法和列表法，分别对应代数表示、几何表示、数据表示. 这三种表示法相辅相成，各有优点. 解析法的优点是符号化、简明、全面，它直接给出了两个变量间的关系式，可以通过解析式求出每一个自变量所对应的函数值. 图像法的优点是直观、形象,使得函数的变化趋势一目了然,函数的性质直观展示,也可以表示一些解析式无法表示的函数. 用图像法表示函数在生活中有广泛的应用,例如,股票指数走势图,气温变化图等. 列表法最接近函数的本质,直接、易查、方便,不需要计算就可以直接在表格中查出与自变量的值相对应的函数值. 列表法表示函数在生活中也有广泛的应用,例如,银行利率表、列车时刻表等. 此外,函数还有一些通俗的表示,如作为输入—输出黑箱的函数机.

函数性质的内容序列有单调性、最值、奇偶性. 观察函数图像时,首先注意到的是图像的上升与下降的趋势,图像在某些特殊位置的状态(如最大、最小值,零点等),是否具有某种对称性,把这些由图像直观获得的认识用形式化的数学语言从数量关系的角度加以定义,就是函数的性质.

5. 教授函数概念与性质的关键环节

1) 函数概念

(1) 强调定义域. 定义域、对应法则和值域是函数的三要素,是一个整体. 初中的函数都是自然定义域,学生会忽略对定义域的考查. 应对学生强调对应法则相同但定义域不同的函数是不同的函数,这是把握函数概念的第一个关键点.

(2) 符号 $y=f(x)$ 的内涵. 它表示"借以确定 $f$ 的方程", $f$ 是函数, $y$ 是将 $f$ 施加于 $x$ 的结果, $f(x)$ 是函数 $f$ 在 $x$ 处的值. 习惯上也用 $f(x)$, $y=f(x)$ 来表示函数. 当 $f(x)$ 表示函数时,要注意 $f(x)$ 与 $f(a)$ 的区别. 这是把握函数概念的第二个关键点.

(3) 讲清函数概念"对应说"替换"变量说"的逻辑,做好初高中衔接. "变量说"带有运动学背景,直观形象,通俗易懂. 但所谓的变量,并不都是"客观上在运动变化的量",而是我们用运动变化的观点去看待这个量的结果. "变量说"缺少对函数对应实质的强调,单纯强调两个变量间的相依关系. "变量说"把函数的定义域局限在实数范围内,缩小了函数的范围. 考虑到函数概念非常有用,为了扩大函数的种类,从对应的视角引入了函数的"对应说"概念. "对应说"突出了函数的对应实质,突破了函数定义域建立在实数或其连续子集的规定,扩大了函数的种类. 在"变量说"定义下的函数,在"对应说"的函数概念下,仍然是函数. "对应说"较为抽象,不便于在初中教授.

(4) 讲清楚两个变量间的相依关系并不都能用函数来刻画. 如庄稼的产量与施肥量之间的相依关系是一种随机关系,不存在唯一确定的对应关系,不能用函数来刻画.

2) 函数性质

关键是强调研究函数性质的"三部曲"，建立研究函数性质的策略性知识. 具体地，研究函数性质时的"三部曲"如下：

(1) 观察图像，发现函数图像特征，说明性质实质；

(2) 结合图、表，用自然语言描述函数图像特征；

(3) 用数学的符号语言定义函数性质.

6. 不同的概念体系

关于函数与映射的关系，不同的教材一般有两种处理方法：一种是先映射后函数；另一种是先函数后映射. 人教A版教材选择了后者，亦即在函数的基础上介绍映射的概念，这能很好地体现从特殊到一般的认知规律，有利于学生的学习与掌握，与以往的教材编排是不同的.

由于映射在近代数学中是一个极为重要且应用广泛的概念，所以在函数的基础上进行推广，认识映射也是有必要的，可以为将来的学习做好准备. 教学时要注意：

(1) 函数推广到映射，只是将函数定义中的两个数集推广到任意两个非空集合，即函数是特殊的映射，特殊性只体现在是两个数集之间的对应关系；

(2) 对于映射 $f:A\to B$，通常把 $A$ 中的元素称为原象，把原象对应的 $B$ 中的元素称为象，所以，对于函数而言，定义域是原象的集合，值域是象的集合.

### 4.1.2　学生理解

1. 学生理解函数概念及性质的基础

(1) 学生对函数概念的理解基础就是关于 $x,y$ 的关系式，主要来源于一些物理公式，他们对函数概念的理解基本等同于解析式，往往没有定义域的概念，即使有，也只是被强化训练留下的印迹.

(2) 对函数的三种表示法的理解基础是初中学过的函数作图的三步骤.

(3) 对函数单调性理解的基础是变化趋势的直观认识，对二次函数的研究也积累了函数的最大值、最小值的认识，函数的奇偶性的认知基础是图像的轴对称与中心对称性质.

(4) 在高中阶段刚刚学过的集合语言，也是认识函数定义、函数性质定义的基础.

### 2. 学生自发的方法

(1)求函数值，代入化简求值是学生能自发解决的方法，想不到从列表或图像上找到函数值；

(2)判断是否为同一个函数，学生会自发比较解析式，大部分学生忽略比较定义域；

(3)对函数单调性的判断，学生会自发通过画图进行直观判断；

(4)对函数奇偶性的判断，部分学生会自发通过图像对称性进行直观判断；

(5)研究函数的最大值、最小值时，学生会自发借助数形结合思想进行简单判断.

### 3. 学生的学习能力限度

(1)函数概念的深刻理解、函数符号的精准把握，是学生在刚上高一时的学习能力限度. 需要结合具体函数、图像直观与语言转换，在整个高中阶段循序渐进地帮助学生理解.

(2)函数性质的研究方法也是学生刚上高一时的学习能力限度. 需要结合具体实例，在专题训练中引导学生概括总结，最终形成研究函数性质基本方法的策略性知识.

### 4. 难点

(1)函数的概念. 函数的概念不是简单将定义记住就行，而是从多个背景实例中，引导学生逐步抽象出函数概念中的共性：其一，都是涉及两个数集；其二，两个数集之间都有一个确定的对应关系. 函数的概念要注意与初中函数概念的衔接，要讲清楚两个概念的相同点与不同点，要讲清楚概念转变的逻辑. 部分学生对常数函数、分段函数、离散函数的认识与掌握也有一定难度.

(2)函数的单调性、奇偶性的定义概括. 学生第一次接触用有限符号描述无限过程的例子，概括有困难.

(3)函数性质的研究方法. 对函数性质的研究方法的掌握也是教学的难点. 教学需要不断渗透，遵循基本套路，先给出几个具体函数，让学生通过观察获得函数性质的直观认识，再利用图、表探究函数的数量关系特征，并通过代数运算，验证发现的数量特征对定义域中的“任意”值都成立，最后概括到一般而形成基本性质.

### 5. 学生的典型误解与认知重组

(1)关于符号 $f(x)$. $f$ 是函数，$f(x)$ 是将 $f$ 施加于 $x$ 的结果. 由于初中采用过程性的函数定义，学生习惯把变量 $y$，$f(x)$ 看作函数，对函数是变量 $x$，$y$ 变化的总体较难接受，这里学生需要认知重组. 建议从函数的图像表示出发，帮助学生把对函数的理解从过程性的概念转变成结构性、对象性的概念. 当然，习惯上也用 $f(x)$ 来表示函数，也需要把这一点给学生讲清楚. 有些学生可能把 $f(x)$ 误解为 $f$ 与 $x$ 的乘积，也无法看出 $f(a)$ 与 $f(x)$ 的区别与联系. 事实上，$f(a)$ 表示当自变量 $x=a$ 时函数 $f(x)$ 的值，是一个常量，而 $f(x)$ 是将 $f$ 施加于 $x$ 的结果，在一般情况下，它是一个变量，$f(a)$ 是 $f(x)$ 的一个特殊值.

(2) 关于函数的表示法. 在初中画函数图像时，学生往往被训练为“列表、描点、连线”三步骤，所以他们常常将三种表示法误认为图像法是目标，列表法是铺垫，而解析式是表示函数的唯一方法.

(3) 关于函数的单调性. 单调性是函数整体性质的研究，学生常常误解定义中的“任意性”以及如何用数学的方式表述这种“任意性”.

(4) 关于函数的奇偶性. 奇偶性是函数整体性质的研究，是在刚刚形成的函数单调性的研究方法基础上，借助图像和表格数据特征继续研究的函数性质. 函数的图像与表格数据特征的发现、描述是有一定困难的，也容易被误解为只是具体的几个函数值的等量关系，事实上，需要满足的关系式“$f(-x)=-f(x)$”或“$f(-x)=f(x)$”是对定义域内的任意一个 $x$ 而言的.

### 4.1.3　教学目标

1. 课程标准中的教学要求

1) 函数概念

(1) 通过丰富实例，进一步体会函数是描述变量之间的依赖关系的重要数学模型，在此基础上学习用集合与对应的语言来刻画函数，体会对应关系在刻画函数概念中的作用；了解构成函数的要素，会求一些简单函数的定义域和值域；了解映射的概念.

(2) 在实际情境中，会根据不同的需要选择恰当的方法（如图像法、列表法、解析法）表示函数.

(3) 通过具体实例，了解简单的分段函数，并能简单应用.

2) 函数性质

(1) 通过已学过的函数特别是二次函数，理解函数的单调性、最大（小）值及其几何意义；结合具体函数，了解奇偶性的含义.

(2)学会运用函数图像理解和研究函数的性质.

2. 把握课程标准教学要求的几个注意要点

(1)函数的概念与性质是高中数学基础知识，它们都形成于丰富的实例和实际情境中，而且具有广泛的应用，因此教学时应强调背景和应用，充分展示知识发生、发展的过程.

(2)刻画函数的概念用到了集合与对应的语言，因此要体会对应关系在刻画函数概念中的作用，要从函数的三要素、符号、表示法三个角度对函数概念进行深入考查.

(3)教学中，应强调对函数概念本质的理解，避免在求函数定义域、值域及讨论函数性质时出现过于烦琐的技巧训练，避免人为地编撰一些求定义域和值域的偏题.

(4)教学中应关注分段函数的学习，分段函数要求能简单应用.

(5)函数的性质研究与已学过的函数有着密切的联系，应从数形结合、几何直观的角度加以考虑，要关注数学内部的关联与逻辑的连贯性.

### 4.1.4 效果评估

1. 典型题目及其变式

1)判断是否是同一函数

下列函数中，与函数 $y=\frac{1}{\sqrt[3]{x}}$ 有相同定义域的是(　　).

A. $f(x)=\sqrt{x}$　　　　B. $f(x)=\frac{1}{x}$

C. $f(x)=|x|$　　　　D. $f(x)=x^2$

**解析**　由 $y=\frac{1}{\sqrt[3]{x}}$ 可得定义域是 $\{x\mid x\neq 0\}$，与函数 $f(x)=\frac{1}{x}$ 的定义域相同，故选 B.

**评析**　本题以定义域作为设问点，考查函数的三要素，是针对学生理解函数的基本知识点而设计的.

**变式**　下列函数中，与函数 $y=|x|$ 是同一个函数的是(　　).

A. $f(x)=\left(\sqrt{x}\right)^2$　　　　B. $f(x)=\frac{x^2}{|x|}$

C. $f(x)=\begin{cases}x, & x>0,\\ -x, & x\leqslant 0\end{cases}$　　　　D. $f(x)=\sqrt[3]{x^3}$

**解析**　与函数 $y=|x|$ 是同一个函数的是 $f(x)=\begin{cases}x, & x>0,\\ -x, & x\leqslant 0,\end{cases}$ 选 C.

2）判断单调性

下列函数 $f(x)$ 中，满足“对任意 $x_1$，$x_2\in(0,+\infty)$，当 $x_1<x_2$ 时，都有 $f(x_1)>f(x_2)$”的是（　　）.

A. $f(x)=\dfrac{1}{x}$　　　　B. $f(x)=(x-1)^2$

C. $f(x)=3x-1$　　　　D. $f(x)=\sqrt{x}+1$

**解析**　依题意可得函数 $f(x)$ 在 $(0,+\infty)$ 上单调递减，故只有选项 A 正确.

**评析**　本题回归函数单调性的定义，考查具体函数的单调区间是否符合题意.

**变式**　下列函数中，在区间 $(0,+\infty)$ 上是增函数的是（　　）.

A. $y=-x^2$　　B. $y=-2x$　　C. $y=\dfrac{1}{x}$　　D. $y=\sqrt{x}$

**解析**　依题意，在区间 $(0,+\infty)$ 上是增函数的是 $y=\sqrt{x}$，选 D.

2. *典型解题方法及其应用范围*

1）利用图像求最值

$f(x)=x^2-2x-3$ 在 $[-2,2]$ 上的最大值是（　　）.

A. $-3$　　B. 5　　C. 3　　D. $-2$

**解析**　因为 $f(x)=x^2-2x-3=(x-1)^2-4$，函数图像关于直线 $x=1$ 对称，所以当 $x=-2$ 时取得最大值 $f(-2)=5$，选 B.

**评析**　在闭区间上讨论二次函数的最值问题，往往先配方，然后根据函数图像的特征以及函数的单调性进行解题.

**变式**　求函数 $f(x)=x^2-2ax+a^2-1$ 在区间 $[-1,1]$ 上的最小值.

**解析**　依题意 $f(x)=(x-a)^2-1$，因为 $x\in[-1,1]$，所以

当 $a<-1$ 时，$f(x)$ 在 $[-1,1]$ 上单调递增，所以 $f(x)_{\min}=f(-1)=a^2+2a$.

当 $-1\leqslant a\leqslant 1$ 时，$f(x)$ 在 $[-1,a]$ 上单调递减，在 $[a,1]$ 上单调递增，所以 $f(x)_{\min}=f(a)=-1$.

当 $a>1$ 时，$f(x)$ 在 $[-1,1]$ 上单调递减，所以 $f(x)_{\min}=f(1)=a^2-2a$ .

综上所述，$f(x)_{\min}=\begin{cases}a^2+2a, & a<-1,\\ -1, & -1\leqslant a\leqslant 1,\\ a^2-2a, & a>1.\end{cases}$

2) 用单调性定义证明函数单调性

已知函数 $f(x)=\sqrt{ax+b}$ 满足 $f(1)=0$ ，$f(0)=1$ ，求 $f(x)$ 的表达式，并判断函数 $f(x)$ 的单调性.

**解析** 依题意 $\begin{cases}f(1)=\sqrt{a+b}=0,\\ f(0)=\sqrt{b}=1,\end{cases}$ 解得 $\begin{cases}a=-1,\\ b=1,\end{cases}$ 所以 $f(x)=\sqrt{-x+1}$ ，定义域为 $(-\infty,1]$ .

任意 $x_1,x_2\in(-\infty,1]$ ，且 $x_1<x_2$ ，

$$f(x_1)-f(x_2)=\sqrt{-x_1+1}-\sqrt{-x_2+1}=\frac{x_2-x_1}{\sqrt{-x_1+1}+\sqrt{-x_2+1}},$$

因为 $x_1<x_2\leqslant 1$ ，所以 $x_2-x_1>0$ ，$\sqrt{-x_1+1}+\sqrt{-x_2+1}>0$ ，

所以 $\dfrac{x_2-x_1}{\sqrt{-x_1+1}+\sqrt{-x_2+1}}>0$ ，即 $f(x_1)>f(x_2)$ ，

所以 $f(x)$ 在 $(-\infty,1]$ 上是减函数.

**评析** 用定义法证明函数的单调性，往往需要如下步骤：

(1) 在定义域的给定区间内任取 $x_1,x_2$ ，且规定 $x_1<x_2$ ；
(2) 作差 $f(x_1)-f(x_2)$ (或作商)，并变形(目的是定号)；
(3) 判定 $f(x_1)-f(x_2)$ 的符号，从而确定 $f(x_1)$ 与 $f(x_2)$ 的大小.

**变式** 用定义法证明函数 $y=x+\dfrac{1}{x}$ 在 $(0,1)$ 上单调递减.

**解析** 任取 $x_1,x_2\in(0,1)$ ，且 $x_1<x_2$ ，

$$f(x_1)-f(x_2)=\left(x_1+\frac{1}{x_1}\right)-\left(x_2+\frac{1}{x_2}\right)=(x_1-x_2)\cdot\frac{x_1x_2-1}{x_1x_2},$$

因为 $0<x_1<x_2<1$ ，所以 $x_1-x_2<0$ ，$0<x_1x_2<1$ ，所以 $\dfrac{x_1x_2-1}{x_1x_2}<0$ ，

所以 $(x_1-x_2)\cdot\dfrac{x_1x_2-1}{x_1x_2}>0$，即 $f(x_1)>f(x_2)$，

所以 $f(x)$ 在 $(0,1)$ 上是减函数.

3. 针对学生的误解与难点的有效评价题目

分段函数

(1) 已知函数 $f(x)=\begin{cases}x-2, & x<0,\\ 2-x, & x\geqslant 0,\end{cases}$ 则 $f[f(4)]$ 的值为（　　）.

A. 0　　B. $-2$　　C. $-4$　　D. $-8$

**解析**　因为 $f(4)=2-4=-2$，所以 $f[f(4)]=f(-2)=-2-2=-4$，选 C.

**评析**　本题借助分段函数的形式定义函数 $f(x)$，求解应从里到外逐层求解.

(2) 定义在 **R** 上的偶函数 $f(x)$ 的部分图像如图 4.2 所示，则在 $(-2,0)$ 上，下列函数中与 $f(x)$ 的单调性不同的是（　　）.

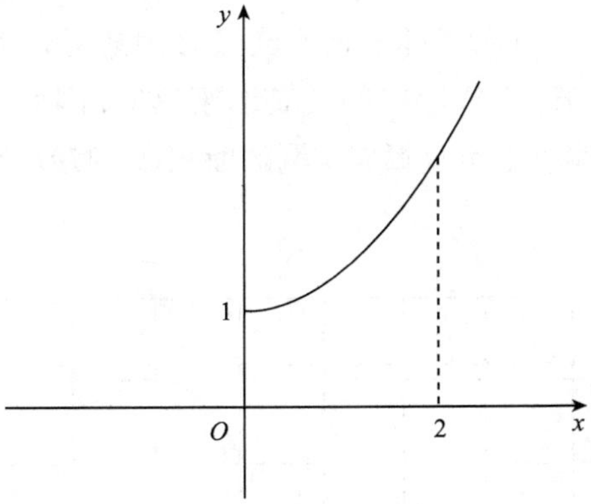


图 4.2

A. $y=x^2+1$　　B. $y=|x|+1$

C. $y=\begin{cases}2x+1, & x\leqslant 0,\\ x^2+1, & x>0\end{cases}$　　D. $y=\begin{cases}e^x, & x\geqslant 0,\\ e^{-x}, & x<0\end{cases}$

**解析**　根据偶函数 $f(x)$ 的图像的对称性可知，函数 $f(x)$ 在 $(-2,0)$ 上单调递减，注意到要与 $f(x)$ 的单调性不同，故所求的函数在 $(-2,0)$ 上应单调递增，可见，只有函数 $y=\begin{cases}2x+1, & x\leqslant 0,\\ x^2+1, & x>0\end{cases}$ 的单调性相符，故选 C.

**评析**　本题用图像直观给出函数的单调性，再对几个基本初等函数的单调性进行判断，找到符合要求的选项.

### 4.1.5　教学设计举例

“函数的概念”教学设计.

1. 分析实例，重新认识函数

**问题 1**　一枚炮弹发射后，经过 26s 落到地面击中目标. 炮弹的射高为 845m，且炮弹距地面的高度 $h$(单位：m)随时间 $t$(单位：s)变化的规律是

$$h = 130t - 5t^2.$$

你能得出炮弹飞行 1s，5s，10s，20s 时距离地面多高吗？其中，$t$ 的变化范围是什么？

**实践与意图**　学生借助计算器计算给定的时间 $t$ 下对应的一个高度值，感受两个变量之间的依赖关系，并初步体会两个变量之间的对应关系.

**问题 2**　近几十年来，大气层中的臭氧迅速减少，因而出现了臭氧层空洞问题. 图 4.3 中的曲线显示了南极上空臭氧层空洞的面积在 1979～2001 年间的变化情况.

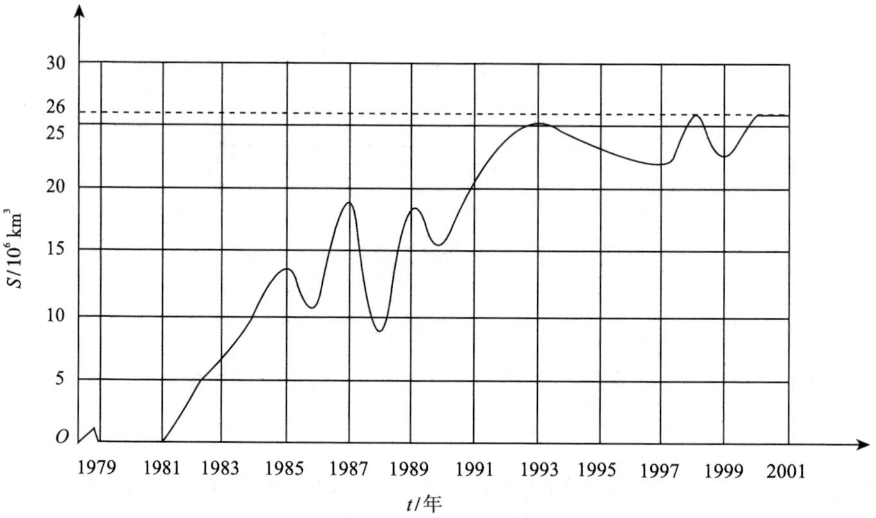


图 4.3　南极臭氧层空洞的面积

你能看出 1991 年的臭氧空洞面积的大小吗？其中时间 $t$ 的取值范围是什么？有没有哪一年的臭氧空洞面积有两个值的？

**实践与意图** 教师引导学生看图、识图，在解答问题中启发学生关注两个变量的取值集合，每个时间是否都有唯一的一个臭氧空洞面积与之对应，从而体会用图像也能刻画两个变量之间的对应关系.

**问题3** 国际上常用恩格尔系数反映一个国家人民生活质量的高低. 恩格尔系数越低,生活质量越高. 表4.1中恩格尔系数随时间(年)变化的情况表明，“八五”计划以来，我国城镇居民的生活质量发生了显著变化.

**表4.1 “八五”计划以来我国城镇居民恩格尔系数变化情况**

| 时间/年 | 1991 | 1992 | 1993 | 1994 | 1995 | 1996 | 1997 | 1998 | 1999 | 2000 | 2001 |
|---|---|---|---|---|---|---|---|---|---|---|---|
| 城镇居民家庭恩格尔系数/% | 53.8 | 52.9 | 50.1 | 49.9 | 49.9 | 48.6 | 46.4 | 44.5 | 41.9 | 39.2 | 37.9 |

根据表4.1能否查到1998年的城镇居民家庭恩格尔系数? 恩格尔系数与时间之间的关系是否和前两个实例中的两个变量之间的关系相似?

**实践与意图** 教师引导学生看表，在解答问题中启发学习关注两个变量的取值集合，并与上述两个实例进行对比，从而体会用表格也能刻画两个变量之间的对应关系.

2. 比对共性，概括函数定义

**问题4** 上述三个实例有什么共同特点? 你能给函数下定义吗?

**实践与意图** 教师引导学生概括，解析式、图像和表格都提供了两个变量之间的一种对应关系，而且两个变量都有相应的取值集合，从而认识到三个实例的共性：都是涉及两个数集；两个数集之间都有一个确定的对应关系. 由此概括出函数的定义.

**问题5** 你对“函数是描述变量之间的依赖关系的重要模型”这句话有什么体会? 构成函数有哪些要素?

**实践与意图** 教师引导学生概括函数的三要素，指出函数是一个整体概念，不要孤立地看待解析式，同时借助这个问题引导学生认识高中的函数定义与初中的函数定义的差异，指出它们没有对错之分，是从不同视角对函数的刻画，概念的外延有所不同.

3. 体会内涵，重构函数概念

**问题 6** 初中学过哪些函数？它们的定义域、值域、对应法则分别是什么？

**实践与意图** 教师指导学生回顾学过的一次函数 $y=kx+b(k\neq 0)$，反比例函数 $y=\dfrac{k}{x}(k\neq 0)$，二次函数 $y=ax^2+bx+c\ (a\neq 0)$ 的定义域、值域和对应法则，提升用集合与对应语言刻画函数定义的能力，加深对函数概念的理解.

**问题 7** 下列图像中不能作为函数 $y=f(x)$ 的图像是（　　）.

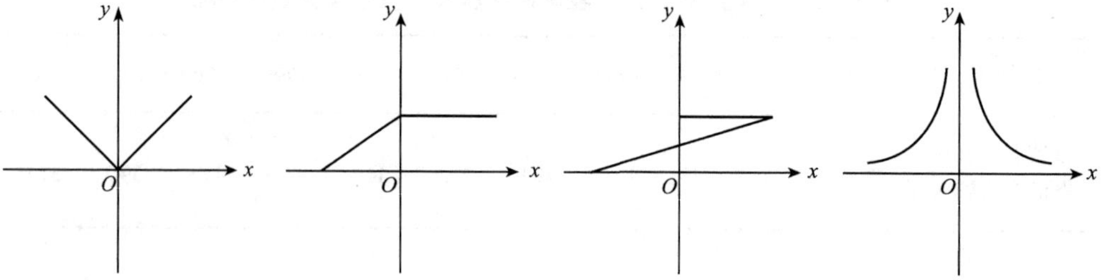


A　　B　　C　　D

**实践与意图** 通过课堂练习进一步体会函数的对应关系，认识“唯一”的概念内涵，在初中学习的基础上重构函数的概念.

### 4.1.6 实践与思考

(1) 如何建立增（减）函数的概念？研究函数的性质应该要形成怎样的研究思路？

(2) 设计“证明函数 $y=x^3$ 在 $\mathbf{R}$ 上是增函数” 的教学片断.

(3) 尝试对“三角函数”进行教材分析，并与你的同学进行交流讨论.

## 4.2 “指数函数、对数函数、幂函数”教材分析

### 4.2.1 内容组织

1. 内容简介

本章也称为基本初等函数（Ⅰ），主要包括指数函数、对数函数和幂函数，知识结构如图 4.4 所示.

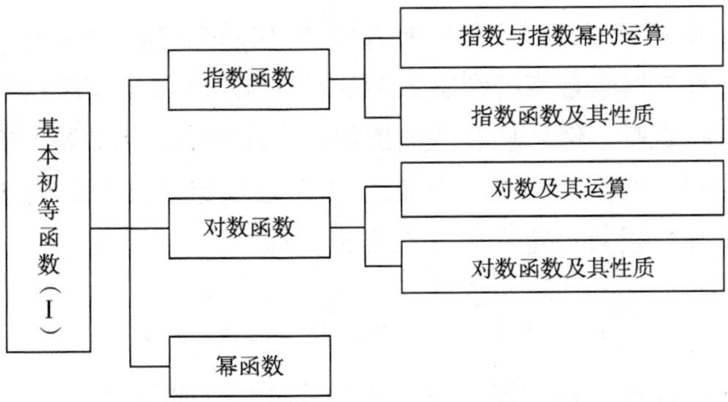


图 4.4

形如 $y=a^x$（$a>0$，且 $a\neq 1$）的函数称为指数函数(exponential function)，$x$ 是自变量，函数定义域为 $\mathbf{R}$．指数函数是高中新引进的第一个基本初等函数，是以指数幂的概念和运算法则为基础引入的，以指数函数的实际背景展开的．建立了指数函数的概念后，对指数函数的图像特征、基本性质和初步应用等方面进行研究．指数函数是本章的重点内容．

形如 $y=\log_a x$（$a>0$，且 $a\neq 1$）的函数称为对数函数(logarithmic function)，$x$ 是自变量，函数定义域为 $(0,+\infty)$．对数函数同指数函数一样，是以对数概念和运算法则为基础引入的，以对数函数的实际背景展开的．建立了对数函数的概念后，用类比的方法对对数函数的图像特征、基本性质和初步应用等方面进行研究．

形如 $y=x^\alpha$ 的函数称为幂函数(power function)，$x$ 是自变量，$\alpha$ 为常数，函数定义域与 $\alpha$ 有关．幂函数是实际问题中常见的一类函数，但高中阶段仅要求学习 $\alpha=1,2,3,\frac{1}{2},-1$ 的情形，即 $y=x$，$y=x^2$，$y=x^3$，$y=x^{\frac{1}{2}}$，$y=x^{-1}$ 这五个常用的幂函数，并通过绘制五个幂函数的图像，归纳出它们的基本性质．

2. 来龙去脉

在初中，学生已经学习了数的开平方、开立方以及二次根式的概念，又学习了正整数指数幂、负整数指数幂与零指数幂的概念，以及整数指数幂的运算法则，这是本章学习指数运算的知识基础．学生在初中学过的一次函数、二次函数、反比例函数是学习幂函数的认知基础，也是学习指数函数、对数函数的认知策略基础．

到了高中必修一，学生进一步学习指数函数、对数函数和幂函数这三类应用广泛的初等函数模型，主要学习这三类函数的概念、基本性质及简单应用．指数运算与对数运算是为了引入指数函数与对数函数做的铺垫，属于前提知识．

指数函数是描述连续变化过程(如人体内 $^{14}C$ 的衰减)的模型. 定义指数函数需要把初中时的整数指数幂推广到实数指数幂. 推广分两步完成：首先从整数指数幂推广到有理数指数幂；然后从有理数指数幂推广到实数指数幂. 指数从整数推广到有理数，只需定义分数指数幂，为此，从平方根与立方根的概念推广到 $n$ 次方根，把正数的正分数指数幂定义为 $n$ 次方根，即

$$a^{\frac{m}{n}}=\sqrt[n]{a^m}\quad (a>0,\ m,\ n\in \mathbf{N}^*, \text{且}\ n>1).$$

然后类比负整数指数幂，补充规定正数的负分数指数幂的意义：

$$a^{-\frac{m}{n}}=\frac{1}{a^{\frac{m}{n}}}\quad (a>0,\ m,\ n\in \mathbf{N}^*, \text{且}\ n>1).$$

并规定：0 的正分数指数幂等于 0，0 的负分数指数幂没有意义.

在与已有概念和运算法则相容的情况下，将指数的概念从整数指数幂推广到了有理数指数幂，并得到整数指数幂同样适用的有理数指数幂的运算性质：

(1) $a^r a^s=a^{r+s}$ ($a>0,\ r,\ s\in \mathbf{Q}$)；

(2) $(a^r)^s=a^{rs}$ ($a>0,\ r,\ s\in \mathbf{Q}$)；

(3) $(ab)^r=a^r b^r$ ($a>0,\ b>0,\ r\in \mathbf{Q}$).

从有理指数幂推广到无理指数幂，只需将无理指数幂定义为有理指数幂的极限即可. 高中阶段未讲极限概念，只是让学生通过一些具体的实例初步感受有理数指数幂逼近无理数指数的过程，并指出有理数指数幂的运算性质在无理数范围内也是成立的，将这种扩充看成容易接受的事实.

对数函数模型作为指数函数模型的逆问题引入，对数概念从幂概念中引入(这与历史上对数的发明先于指数不同)，指数运算与对数运算互逆，在指数运算性质的基础上发现并论证对数的运算性质.

最后，推广一次函数、二次函数、反比例函数模型得到幂函数模型.

在高中，学生还将学习三角函数，也会学习由指数函数、对数函数、幂函数与三角函数复合而成的复合函数. 到了大学会进一步学习反三角函数，从而完成对初等函数的学习.

### 3. 核心内容

本章的核心内容是指数函数的概念与基本性质. 指数函数的概念与基本性质奠定了高中函数具体模型的研究框架与研究套路. 掌握了具体函数模型的研究框

架与研究套路，就能顺利学习与掌握指数函数、幂函数、三角函数等内容，并正确应用各种函数的基本性质解决一些实际问题.

4. 指数函数、对数函数与幂函数的内容序列与层级

指数函数的内容序列有 $n$ 次方根的概念与性质、分数指数幂及运算性质、无理数指数幂及运算性质、指数函数定义、表示(图像)与性质. 对数函数的内容序列有对数概念、对数运算及运算性质、对数函数定义、表示与性质. 幂函数的内容序列有概念、表示与性质. 指数幂的概念有四种层级：正整数指数幂、零与负整数指数幂、分数指数幂、无理指数幂.

5. 教授指数函数、对数函数与幂函数的关键环节

(1) 分数指数幂. 通过根式下的定义，分数指数幂推广于整数指数幂. 数学中，如果推广一种运算和法则，那么总是希望与原有的运算概念和法则相容；如果规定一种运算，那么就要说明这种规定是合理的. 首先，对于分数指数幂，要着重讲清楚概念的启发性，即为什么及怎么想到用根式来定义分数指数幂. 其次，要讲清楚分数指数幂运算的合理性与相容性. 再次，要讲清楚分数指数幂的有用性. 最后，还要注意指数幂的推广对运算性质中的各个字母限制条件的变化.

(2) 指数函数. 指数函数教学的关键环节是通过观察图像，概括得到指数函数的基本性质，这些性质包括函数的三要素、函数图像在某些特殊位置的状态以及变化趋势. 要充分借助现代教育技术，让学生动手作出几个不同底数的指数函数，从而明白可以用有限的几个函数图像代替一般的指数函数的图像，也明白底数需要分为 $0<a<1$ 与 $a>1$ 两类来研究函数的性质，然后通过不同的 $a$ 的值(甚至通过 $a$ 的连续动态变化)展示函数图像的分布情况，概括出指数函数的性质.

(3) 对数概念. 学习对数式的关键是建立与指数式的关系：

$$a^b = N \Leftrightarrow b = \log_a N \ (a>0，且 a \neq 1).$$

应明确对数式中的 $a$, $N$, $b$ 相对于指数式的数、名称与读法，并根据指数式和运算的性质得到 $\log_a a = 1$, $\log_a 1 = 0$ 两个常见结论以及对数运算的性质.

6. 不同的概念体系

在数学的历史上，因为探索如何使用加减代替乘除来简化运算，苏格兰数学家约翰·纳皮尔男爵(John Napier，1550～1617)发明了对数，之后，才由对数产生指数，所以从顺序看，指数与对数的教学顺序恰与历史相反，但相比较于学生的

熟悉程度，从指数入手再产生对数概念更容易接受.

事实上，从对数出发建立指数的概念，起源于对数函数的公理化定义：已知 $A=(0,+\infty)$，设函数 $f(x):A\to\mathbf{R}$，满足：

(1) $f(x)$ 是 $A$ 上的连续函数；

(2) 对于任意 $x, y\in A$，有 $f(xy)=f(x)+f(y)$；

(3) 对于 $a>0$，且 $a\neq 1$，有 $f(a)=1$，

称 $f(x)$ 是以 $a$ 为底 $x$ 的对数函数，记作 $f(x)=\log_a x$.

从对数函数的公理化定义出发，用对数函数的反函数定义指数函数，并利用对数函数的性质得到幂函数，进而将指数函数与幂函数统一到对数函数上，让我们从不同的概念体系中更清楚地看到这三个函数间的联系.

### 4.2.2 学生理解

1. 学生理解指数函数、对数函数及幂函数的基础

(1) 学生理解幂概念推广的基础是数系扩充，理解分数指数幂的基础是平方根、立方根和负整数指数幂，理解无理指数幂的基础是无理数，理解指数运算的基础是整数指数幂的运算.

(2) 学生理解指数函数、对数函数及幂函数的基础：①一般函数的概念、图像及基本性质，这是研究具体函数模型的认知框架；②一次函数、二次函数、反比例函数等具体函数模型，这是研究具体函数模型的类比原型.

2. 学生自发的方法

(1) 用计算器求解指数幂的运算是学生能自发解决的方法.

(2) 能“想当然”地将正整数指数幂的运算法则推广到有理数幂的情形.

(3) 用计算机绘制指数函数的图像是学生能自发解决的画函数图像的方法.

(4) 能用函数单调性的定义描述指数函数、对数函数与幂函数的单调性特征.

3. 学生的学习能力限度

无理指数幂是学生的理解能力所达不到的，教学时要淡化处理.

4. 难点

(1) 指数函数、对数函数以及幂函数性质的研究和研究方法的概括是难点，需要结合具体实例，在专题训练中引导学生概括总结，最终形成研究函数性质基本

方法的策略性知识.

(2) 分数指数幂的概念. $a^{\frac{m}{n}}$ $\left(a>0,\ m, n\in \mathbf{N}^*,\ 且\ \frac{m}{n}\ 是分数\right)$ 是根式另一种形式的定义，不再表示若干个 $a$ 的乘积形式.

(3) 对数符号. 对数 $\log_a N$ 是一个整体，不能拆开解释，且对数式表示的结果 $x$ 满足 $a^x=N$，从而有 $a^{\log_a N}=N$.

(4) 指数幂的运算性质与对数的运算性质容易混淆. 原因可能是记忆偏差与理解不足.

(5) 指数函数与对数函数底数 $a$ 的分类. 由于缺乏必要的操作与过程体验造成了认识不足：为什么指数函数与对数函数性质研究中需要对底数 $a$ 进行分类讨论？为什么要分 $a>1$ 和 $0<a<1$？为什么以 1 作为边界？为什么 $a>0$？这个认识的不足容易造成对底数的忽视而引起失误. 同样，对数的真数为正数也容易忽略而引起失误.

5. 学生的典型误解与认知重组

(1) 忽略了当 $n$ 是偶数时，正数的 $n$ 次方根有两个，且这两个数互为相反数的性质. 教学中可以借助实例，在对比中加深理解. $n$ 次方根的定义类比于平方根、立方根的定义，因此对 $n$ 次方根性质的研究需要分别考虑根指数为奇数和偶数的情形，并获得与平方根、立方根类似的结果. 例如，偶次方根有下列性质：在实数范围内，正数的偶次方根是两个绝对值相等、符号相反的数；负数没有偶次方根. 奇次方根有下列性质：在实数范围内，正数的奇次方根是一个正数，负数的奇次方根是一个负数. 根式的概念源于方根的概念，根据 $n$ 次方根的意义就能得到常用的等式 $\left(\sqrt[n]{a}\right)^n=a$（$n>1$, 且 $n\in \mathbf{N}^*$），但不能得到 $a^n$ 的 $n$ 次方根，同样需要对 $n$ 为奇数和偶数分类讨论，得到：当 $n$ 为奇数时，$\sqrt[n]{a^n}=a$；当 $n$ 为偶数时，$\sqrt[n]{a^n}=|a|$.

(2) 将正分数指数幂与正整数指数幂的意义混同，实际上正分数指数幂不表示相同因式的乘积，而是根式的一种新的写法，教学中可以通过一些具体的根式与分数指数幂的互化，巩固、加深对概念的理解. 正分数指数幂概念需要学生重构原来的乘方概念.

(3) 混淆了指数幂和对数的运算法则，这是最典型的错误，教学时应让学生明确有哪些运算性质，还要明确哪些性质是不具备的.

(4) 指数函数、对数函数的单调性与底数 $a$ 的取值密切相关，解决有关单调性问题时，一定要注意底数的取值，尤其是当 $a\in(0,1)$ 时的情形，更容易犯错，若底数不确定，一般需要分类讨论. 教学中可以通过具体例题引导学生加深理解，比如当$a$, $b$满足什么条件时，$\log_a b>0$？引导学生得到$\begin{cases}a>1,\\b>1,\end{cases}$或$\begin{cases}0<a<1,\\0<b<1\end{cases}$这两种情况.

(5) 在对数函数或对数式中，忽略了真数为正数的条件限制. 为了避免学生犯错，需要智慧处理教学过程，比如采用有效的停顿、故意犯错后的改正以及书写时着重标记等方法加深印象，这也是借助教师的教学经验重组学生的认知.

(6) 学生很难理解乘方运算有两种逆运算：开方运算和对数运算. 这里学生需要认知重构. 加法、乘法运算只有一种逆运算是因为加法、乘法运算有交换律，而乘方运算不再具有交换律.

### 4.2.3 教学目标

1. 课程标准中的教学要求

1) 指数函数

(1) 通过具体实例(如细胞的分裂，考古中所用的$^{14}C$的衰减，药物在人体内残留量的变化等)，了解指数函数模型的实际背景.

(2) 理解有理指数幂的含义，通过具体实例了解实数指数幂的意义，掌握幂的运算.

(3) 理解指数函数的概念和意义，能借助计算器或计算机画出具体指数函数的图像，探索并理解指数函数的单调性与特殊点.

(4) 在解决简单实际问题的过程中，体会指数函数是一类重要的函数模型.

2) 对数函数

(1) 理解对数的概念及其运算性质，知道用换底公式能将一般对数转化成自然对数或常用对数；通过阅读材料，了解对数的发现历史以及对简化运算的作用.

(2) 通过具体实例，直观了解对数函数模型所刻画的数量关系，初步理解对数函数的概念，体会对数函数是一类重要的函数模型；能借助计算器或计算机画出具体对数函数的图像，探索并了解对数函数的单调性与特殊点.

(3) 知道指数函数$y=a^x$与对数函数$y=\log_a x$互为反函数($a>0, a\neq 1$).

3) 幂函数

通过实例，了解幂函数的概念；结合函数$y=x$，$y=x^2$，$y=x^3$，$y=\frac{1}{x}$，$y=x^{\frac{1}{2}}$的图像，了解它们的变化情况.

2. 把握课程标准教学要求的几个注意要点

(1)指数函数、对数函数与幂函数是重要的函数模型，有着丰富的实际背景，教学中要贯穿理论联系实际、学以致用的观点，充分体现数学的应用价值.

(2)本章重点是理解指数函数、对数函数与幂函数的概念和意义，探索并理解三类函数的单调性与特殊点，因此教学中应通过作图、观察、实践，归纳出三类函数图像的特征，并对函数的性质做一些简单的讨论.

(3)本章教学要树立分类讨论的意识，充分认识底数 $a$ 是如何影响指数函数与对数函数的图像和性质的.

(4)对于反函数，只要求学生能根据具体的函数图像，知道同底对数函数与指数函数互为反函数即可.

(5)要充分发挥信息技术在研究函数图像与性质中的重要作用.

### 4.2.4　效果评估

1. 典型题目及其变式

1)指数式与对数式的互化

若 $x=\log_3 2$，则 $3^x+9^x$ 的值为(　　).

A. $\dfrac{1}{2}$　　B. $\dfrac{5}{2}$　　C. 3　　D. 6

**解析**　由 $x=\log_3 2$，得 $3^x=2$，所以 $9^x=(3^2)^x=3^{2x}=(3^x)^2=4$，所以 $3^x+9^x=6$，选 D.

**评析**　将对数式化为指数式，使得已知与未知建立起联系，这是数学常用的转化手段，而 $9^x$ 的求解考查了指数幂的运算性质的应用.

**变式**　已知 $a^{\frac{1}{2}}=\dfrac{2}{3}$，则 $\log_{\frac{2}{3}} a=$__________.

**解析**　依题意由 $a^{\frac{1}{2}}=\dfrac{2}{3}$，得 $a=\left(\dfrac{2}{3}\right)^2$，所以 $\log_{\frac{2}{3}} a=\log_{\frac{2}{3}}\left(\dfrac{2}{3}\right)^2=2\log_{\frac{2}{3}}\dfrac{2}{3}=2$，填 2.

2)复合函数最值

当 $x\in[0,1]$ 时，求函数 $f(x)=4^x-a\cdot 2^{x+1}+3a^2$ 的最小值.

**解析**　令 $2^x=t$，因为 $x\in[0,1]$，所以 $t\in[1,2]$.

$$y=t^2-2at+3a^2=(t-a)^2+2a^2.$$

若 $a<1$，则当 $t=1$ 时，函数取得最小值 $y_{\min}=3a^2-2a+1$.

若 $1\leqslant a\leqslant 2$，则当 $t=a$ 时，函数取得最小值 $y_{\min}=2a^2$.

若 $a>2$，则当 $t=2$ 时，函数取得最小值 $y_{\min}=3a^2-4a+4$.

综上所述，函数 $f(x)$ 的最小值 $y_{\min}=\begin{cases}3a^2-2a+1, & a<1,\\ 2a^2, & 1\leqslant a\leqslant 2,\\ 3a^2-4a+4, & a>2.\end{cases}$

**评析** 解题关键是通过换元进行转化，将问题改为 $t$ 的二次函数的性质研究，而解含参二次函数在闭区间上的最值问题，对参数进行分类的标准是对称轴与给定闭区间的位置关系.

**变式** 如果函数 $y=a^{2x}+2a^x-1(a>0,\text{ 且 }a\neq 1)$ 在区间 $[-1,1]$ 上的最大值为14，求实数 $a$ 的值.

**解析** 设 $t=a^x$，则 $y=f(t)=t^2+2t-1=(t+1)^2-2$.

当 $a>1$ 时，因为 $x\in[-1,1]$，所以 $t\in[a^{-1},a]$，此时 $y_{\max}=f(a)=(a+1)^2-2=14$，所以 $a=3$；

当 $0<a<1$ 时，因为 $x\in[-1,1]$，所以 $t\in[a,a^{-1}]$，此时 $y_{\max}=f(a^{-1})=(a^{-1}+1)^2-2=14$，所以 $a=\dfrac{1}{3}$.

综上所述，$a$ 的值为 3 或 $\dfrac{1}{3}$.

2. 典型解题方法及其应用范围

1) 指数运算

已知 $a, b, m, n$ 均为正数，化简下列各式.

（Ⅰ）$\left(2a^{\frac{2}{3}}b^{\frac{1}{2}}\right)\left(-6a^{\frac{3}{2}}b^{\frac{1}{2}}\right)\div\left(-3a^{\frac{1}{6}}b\right)$；

（Ⅱ）$\left(m^{\frac{1}{4}}n^{-\frac{1}{2}}\right)^8-\sqrt[3]{\dfrac{m^6}{n^{12}}}$.

**解析** （Ⅰ）

$$\begin{aligned}&\left(2a^{\frac{2}{3}}b^{\frac{1}{2}}\right)\left(-6a^{\frac{3}{2}}b^{\frac{1}{2}}\right)\div\left(-3a^{\frac{1}{6}}b\right)\\ &=[2\times(-6)\div(-3)]\cdot a^{\frac{2}{3}+\frac{3}{2}-\frac{1}{6}}\cdot b^{\frac{1}{2}+\frac{1}{2}-1}\\ &=4a^2.\end{aligned}$$

（Ⅱ）
$$\left(m^{\frac{1}{4}}n^{-\frac{1}{2}}\right)^8-\sqrt[3]{\frac{m^6}{n^{12}}}$$
$$=m^{\frac{1}{4}\times 8}\cdot n^{-\frac{1}{2}\times 8}-m^{\frac{6}{3}}\cdot n^{-\frac{12}{3}}$$
$$=m^2\cdot n^{-4}-m^2\cdot n^{-4}=0.$$

**评析**　分数指数幂是根式的又一种表示形式，进行根式运算时，把根式化为指数式是关键，然后再根据指数幂的运算性质进行计算.

**变式**　计算$\sqrt[4]{(\sqrt{2}-2)^4}-16^{\frac{1}{4}}+2^{\log_2\sqrt{2}}$的值为____________.

**解析**　$\sqrt[4]{(\sqrt{2}-2)^4}-16^{\frac{1}{4}}+2^{\log_2\sqrt{2}}=|\sqrt{2}-2|-(2^4)^{\frac{1}{4}}+\sqrt{2}=2-\sqrt{2}-2+\sqrt{2}=0$，填$0$.

2）利用单调性比较大小

已知$\log_{\frac{1}{2}}(3x-1)>-1$，求$x$的取值范围.

**解析**　依题意$\log_{\frac{1}{2}}(3x-1)>\log_{\frac{1}{2}}2$，所以$\begin{cases}3x-1>0,\\3x-1<2,\end{cases}$解得$\frac{1}{3}<x<1$，即$x$的取值范围是$\left\{x\,\middle|\,\frac{1}{3}<x<1\right\}$.

**评析**　将不等式化为底数相同的两个对数式比较大小，再用对数函数的单调性解题是典型的解题方法，解题时需要关注两个事实：第一，底数影响函数的单调性；第二，真数永远为正数.

**变式**　已知$a=\frac{\sqrt{5}-1}{2}$，函数$f(x)=a^x$，若实数$m$满足$f(m-3)>f(1-m)$，则$m$的取值范围是__________.

**解析**　因为$a=\frac{\sqrt{5}-1}{2}\in(0,1)$，所以函数$f(x)=a^x$在$\mathbf{R}$上递减，由$f(m-3)>f(1-m)$，得$m-3<1-m$，解得$m<2$，填$(-\infty,2)$.

3. 针对学生的误解与难点的有效评价题目

1）对数运算性质

下列四个函数中，具有性质“对任意的$m>0,n>0$，函数$f(x)$满足$f(mn)=f(m)+f(n)$”的是（　　）.

A. $f(x)=\left(\frac{1}{2}\right)^x$　　B. $f(x)=\log_{\frac{1}{2}}x$　　C. $f(x)=x^{\frac{1}{2}}$　　D. $f(x)=\frac{1}{2}x^2$

**解析**　当 $f(x)=\log_{\frac{1}{2}}x$ 时，$f(mn)=\log_{\frac{1}{2}}(mn)=\log_{\frac{1}{2}}m+\log_{\frac{1}{2}}n=f(m)+f(n)$，选B.

**评析**　误解或混淆了对数运算性质将造成失误.

2) 指数幂运算性质

若 $x>0$，则 $\left(2x^{\frac{1}{4}}+3^{\frac{3}{2}}\right)\left(2x^{\frac{1}{4}}-3^{\frac{3}{2}}\right)-4x^{-\frac{1}{2}}\left(x-x^{\frac{1}{2}}\right)=$________.

**解析**　$\left(2x^{\frac{1}{4}}+3^{\frac{3}{2}}\right)\left(2x^{\frac{1}{4}}-3^{\frac{3}{2}}\right)-\left(4x^{-\frac{1}{2}}\right)\left(x-x^{\frac{1}{2}}\right)=4x^{\frac{1}{2}}-3^3-4x^{\frac{1}{2}}+4=-23$，填 $-23$.

**评析**　本题主要考查指数幂的运算性质，性质运用不当将造成失误.

3) 利用单调性研究函数最值

(1) 已知函数 $f(x)=b\cdot a^x$（其中 $a$, $b$ 为常数且 $a>0$, $a\neq1$），其图像经过点 $A(1,6)$ 和点 $B(3,24)$.

（Ⅰ）求 $f(x)$ 的表达式;

（Ⅱ）若不等式 $\left(\frac{1}{a}\right)^x+\left(\frac{1}{b}\right)^x-2m\geqslant0$ 对任意 $x\in(-\infty,1]$ 恒成立，求实数 $m$ 的取值范围.

**解析**　（Ⅰ）依题意得 $\begin{cases}b\cdot a^1=6,\\ b\cdot a^3=24,\end{cases}$

解得 $a=2$，$b=3$，所以 $f(x)=3\times2^x$.

（Ⅱ）由（Ⅰ）得 $a=2$，$b=3$，

即不等式 $\left(\frac{1}{2}\right)^x+\left(\frac{1}{3}\right)^x-2m\geqslant0$ 对任意 $x\in(-\infty,1]$ 恒成立,

亦即 $2m\leqslant\left(\frac{1}{2}\right)^x+\left(\frac{1}{3}\right)^x$ 对任意 $x\in(-\infty,1]$ 恒成立.

令 $g(x)=\left(\frac{1}{2}\right)^x+\left(\frac{1}{3}\right)^x$，$x\in(-\infty,1]$.

可证 $g(x)$ 是减函数(用定义法证明，证明过程略)，

所以 $g(x)_{\min}=g(1)=\frac{1}{2}+\frac{1}{3}=\frac{5}{6}$，

所以 $2m\leqslant\frac{5}{6}$，即 $m\leqslant\frac{5}{12}$.

**评析**　在研究函数的最值时，函数的单调性是最本质的解法，本题就是依此设计的.

### 4.2.5　教学设计举例

“指数函数的性质探究”教学设计.

1. 引入指数函数概念

**问题 1**　在本章的开始，我们学习的两个对应关系 $y=1.073^x$（$x\in\mathbf{N}^*$，$x\leqslant 20$）和 $P=\left(\frac{1}{2}\right)^{\frac{t}{5730}}$（$t\geqslant 0$），它们能否构成函数?

**追问**　若将 $P=\left(\frac{1}{2}\right)^{\frac{t}{5730}}$ 表示为 $P=\left[\left(\frac{1}{2}\right)^{\frac{1}{5730}}\right]^t$，请思考上述两个函数的表达式有什么共同特征?

**实践与意图**　教师用函数的定义分析两个对应关系，为引出指数函数作准备，其中 $P=\left[\left(\frac{1}{2}\right)^{\frac{1}{5730}}\right]^t$ 的变形是难点，为了有效提炼指数函数模型，教师可视情况适当铺垫.

**问题 2**　你能给出指数函数的定义吗?

**实践与意图**　学生尝试归纳两个函数的模型特点，在教师引导下抽象出指数函数的定义，并给出函数的定义域和底数 $a$ 的取值范围.

2. 观察图像概括性质

**问题 3**　你能类比上一章研究函数性质的方法，提出研究指数函数性质的基本思路吗? 请你根据这一思路研究指数函数 $y=a^x$（$a>0$，且 $a\neq 1$）的性质.

**追问**　如何画出指数函数 $y=2^x$ 和 $y=\left(\frac{1}{2}\right)^x$ 的图像? 用描点法画函数 $y=2^x$

的图像有哪些步骤?

**追问** 选取底数 $a$ ($a>0$, 且 $a\neq 1$) 的若干个不同的值, 在同一平面直角坐标系内作出相应的指数函数的图像. 观察图像, 你能发现它们有哪些共同特征?

**注** 若条件许可, 可以借助现代教育技术(教师演示或让学生亲自操作), 绘制函数 $y=a^x$ ($a>0$, 且 $a\neq 1$) 的图像, 其中底数 $a$ 是可控制变化的常数, 并改变 $a$ 的值, 观察函数图像的特征与变化规律, 概括出指数函数的基本性质.

**实践与意图** 教师通过提问的方式回顾研究函数性质的“三部曲”: 观察图像, 发现函数图像特征; 结合图、表, 用自然语言描述函数图像特征; 用数学的符号语言定义函数性质. 从而在函数性质的研究策略指引下, 指导学生研究并得到指数函数的下列性质: ①函数的定义域为 $\mathbf{R}$, 值域为 $(0,+\infty)$. ②所有的函数图像都过点 $(0,1)$. ③当 $0<a<1$ 时, $y=a^x$ 是减函数; 当 $a>1$ 时, $y=a^x$ 是增函数. ④当 $0<a<1$ 时, 若 $x\in(0,+\infty)$, 则 $y\in(0,1)$, 若 $x\in(-\infty,0)$, 则 $y\in(1,+\infty)$; 当 $a>1$ 时, 若 $x\in(0,+\infty)$, 则 $y\in(1,+\infty)$, 若 $x\in(-\infty,0)$, 则 $y\in(0,1)$. 这些性质是对函数本质的整体性概括, 不需要继续挖掘其他非本质的性质. 此外, 指数函数的图像是讨论它的性质的重要载体, 借助现代教育技术的作图与分析功能, 以及对函数图像能进行直接操作的优越性, 可以动态演示指数函数在底数取不同值时的各种情形的图像, 展示引起变化的关键要素, 建立底数与图像特征的关联, 从而获得大量关于函数图像特点的信息, 用于归纳函数的性质.

**问题 4** 从画出的图像中, 你能发现函数 $y=2^x$ 的图像和函数 $y=\left(\frac{1}{2}\right)^x$ 的图像有什么关系? 可否利用 $y=2^x$ 的图像画出 $y=\left(\frac{1}{2}\right)^x$ 的图像?

**追问** 函数 $y=2^x$ 与 $y=\left(\frac{1}{2}\right)^x$ 的解析式有什么关系?

**实践与意图** 教师指导学生关注两个函数的解析式的联系以及图像的特点, 引导学生得出两个函数图像关于 $y$ 轴对称的特征并思考原因, 从而概括出根据对称性画指数函数图像的方法, 本问点到即可, 不用拓展.

3. 应用性质解决问题

**问题 5** 已知指数函数 $f(x)=a^x$ ($a>0$, 且 $a\neq 1$) 的图像经过点 $(3,\pi)$, 求 $f(0)$, $f(1)$, $f(-3)$ 的值.

**实践与意图** 学生完成, 教师点评, 并指出求出 $f(x)=\pi^{\frac{x}{3}}$ 是解题关键, 同时引导学生思考确定一个指数函数只需要一个“非平凡”的条件.

**问题 6** 比较下列各题中两个值的大小.

(1) $1.7^{2.5}$ ，$1.7^{3}$ ；

(2) $0.8^{-0.1}$ ，$0.8^{-0.2}$ ；

(3) $1.7^{0.3}$ ，$0.9^{3.1}$ .

**实践与意图** 本问题是根据指数函数的单调性比较同一个函数的两个函数值的大小，应引导学生找到相应的函数并考虑单调性，同时展示规范书写. 第(3)小题的两个数不能看作同一个指数函数的两个函数值，为了比较大小，需要在两个数中间找一个数值建立联系，这个联系的“桥梁”需要关联起原来的两个数，应让学生尝试体验、亲自寻找并思考，教师不应凭空“冒出”这个数值.

4. 回顾小结，归纳思想

**问题 7** 本节学习了哪些内容？指数函数有哪些性质？请说明指数函数性质的学习给了你什么启示？

**实践与意图** 总结本节学习的指数函数的概念、性质和研究函数性质的基本思路，指导学生进一步形成研究策略.

### 4.2.6 实践与思考

(1) 请你阐述“分数指数幂的意义”，应该通过哪些教学环节让学生建立并形成分数指数幂的概念？

(2) 设计一个教学片断，让学生明白为了研究函数 $y=\log_a x$ 的单调性，需要分类讨论 $a>1$ 和 $0<a<1$ 两种情形.

(3) 尝试对“平面向量”进行教材分析，并与你的同学进行交流讨论.

## 4.3 “直线平面间的位置关系”教材分析

### 4.3.1 内容组织

1. 内容简介

本章以“平行”与“垂直”为主线，依次讨论直线与平面、平面与平面的位置关系，主要内容包括直线与平面平行的判定与性质定理、平面与平面平行的判定与性质定理；直线与平面垂直的判定与性质定理、平面与平面垂直的判定与性质定理. 知识结构如图 4.5 所示.

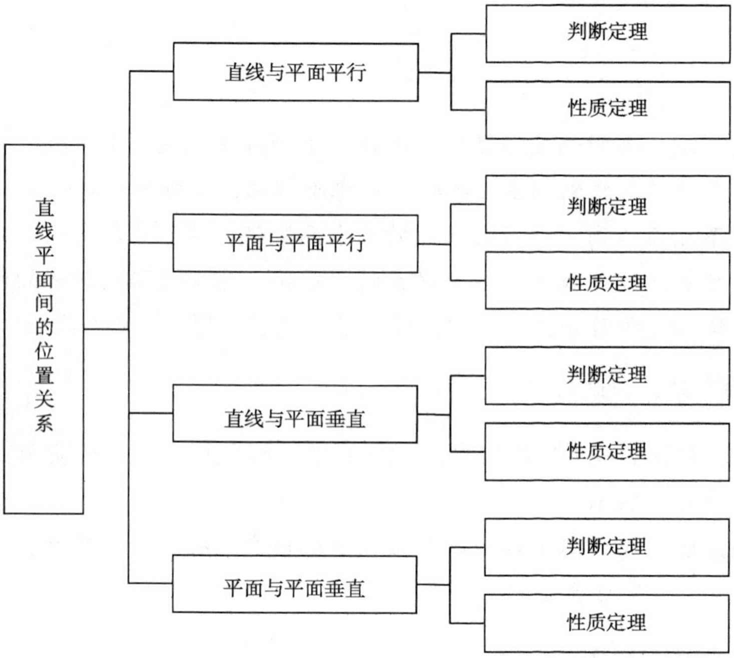


图 4.5

立体几何是研究现实世界中物体的形状、大小与位置关系的数学学科. 空间图形中，点、直线与平面是最基本的几何元素. 直线与平面、平面与平面的“平行”与“垂直”关系是立体几何的基本位置关系，它们是学生建立空间观念、提高空间想象能力和几何直观能力，发展合情推理、演绎推理能力的重要载体，也是体验公理化思想的主要载体.

本章首先通过“直观感知”和“操作确认”的方法，概括出直线和平面平行的判定定理、平面与平面平行的判定定理，然后再对归纳出的直线与平面平行的性质定理、平面与平面平行的性质定理进行“思辨论证”；接着，又用“直观感知”和“操作确认”的方法，概括出直线和平面垂直的判定定理、平面与平面垂直的判定定理，然后再对归纳出的直线与平面垂直的性质定理、平面与平面垂直的性质定理进行“思辨论证”，同时引入直线与平面所成的角、二面角等概念，从“度量计算”的角度刻画空间图形的位置关系.

这些定理的作用都集中在“平行”与“垂直”的位置关系的判断上，直线、平面的位置关系本身有明确的“定义”，比如直线与平面平行是通过直线与平面没有公共点加以定义的，定义很直观，但用定义判断直线、平面的这些位置关系是一个无限过程，不具有可操作性，所以需要寻找可操作的判定方法. “判定定理” 就是判断“平行”和“垂直”的位置关系的一种操作性强的判定方法；“性质定理”与“判定定理”通过“升维”和“降维”、 化归与转化关联在一起. 比如由直线与平面平行的性质定理得到直线与直线平行的结论，也可看作是直线与直线平行的一种判定方法，直线与平面垂直的性质定理也是直线与直线平行的一种判定方法. 其关系可以用图 4.6 展示，图中的“实线”关联表示教材给出了相应的定理，在推理论证等问题求解中，可以直接应用，图中的“虚线”关联表示教材没有给出相应定理，但可以通过“实线”通道实现关联，当然，在求解问题中，不能作为理论依据直接使用.

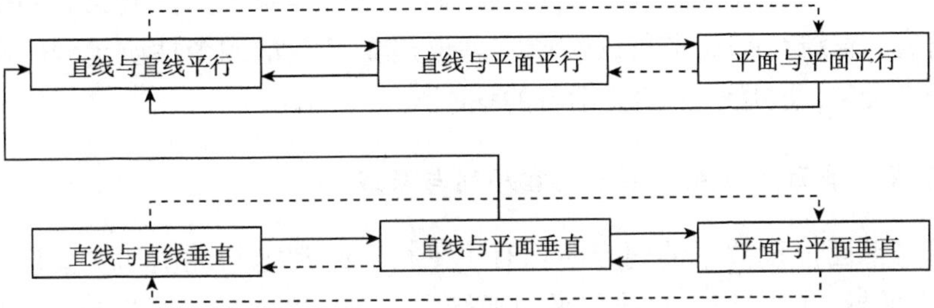


图 4.6

2. *来龙去脉*

直线、平面间位置关系的知识基础有三个：一是初中学过的直线间的位置关系. “平面几何”中的直线就是立体几何中平面的类比物，平面间的位置关系可以类比“平面几何”中的直线间位置关系得到；二是高一刚学过的空间几何体的结构. 长方体的结构是认识直线、平面间位置关系的模型；三是高一刚学过的确定平面、直线间基本位置关系的四个公理(公理 1、公理 2、公理 3、公理 4). 公理 1 规定了平面与其元素直线的基本位置关系——直线在平面内. 公理 2，公理 3 分别规定了平面的两种基本位置关系——重合与相交. 公理 4 规定了空间内两直线的平行. 这四个公理是直线与平面间位置关系的论证基础. 直线与平面间位置关系是在对空间几何体的整体观察和整体认识的基础上，按照“几何模型—图形语言—文字语言—符号语言”的认知顺序展开的.

直线与平面间位置关系的方法基础是综合几何法. 综合几何法是在公理化体系下，利用几何的方法研究图形的性质，即用已知基本图形的性质去研究组合图形的性质，这种研究方法的基本特点就是把复杂的图形转化为简单的图形. 这种研究方法学生在初中就熟悉，如把四边形分解为三角形来研究，把直线间的位置关系通过其元素——点的特征来规定等. 高中主要学习这种方法在空间图形的运用，即如何把空间图形转化为平面图形.

本章学习之后，学生还将在选修课程中用向量研究直线与平面、平面与平面的位置关系，以及相关的度量计算问题，并用向量证明直线、平面间四种位置关系的判定定理；在高等数学中，继续用解析法研究立体几何问题等.

### 3. 核心内容

本章的核心内容是直线与平面平行的判定定理以及直线与平面平行的性质定理，包括定理的图形表示、文字叙述与符号表示及定理的简单应用. 直线与平面平行的判定定理建立了本章四个判定定理的研究问题框架与研究套路，即研究什么与怎么研究. 直线与平面平行的性质定理也建立了本章四个性质定理的研究问题框架与研究套路. 这是学生学会学习的核心.

### 4. 直线、平面间位置关系的内容序列与层级

直线与平面位置关系的内容序列有“平行”的判定与性质和“垂直”的判定与性质. “平行”的层级：直线与平面平行、平面与平面平行的判定，直线与平面平行、平面与平面平行的性质. “垂直”的层级：直线与平面垂直、平面与平面垂直的判定，直线与平面垂直、平面与平面垂直的性质. 平面与平面垂直由二面角来定义.

### 5. 教授直线与平面间位置关系的关键环节

1)判定定理引入的必要性

(1)直线与平面有三种位置关系，是通过交点个数来划分的，要得到直线与平面平行，根据定义只需要证明直线与平面没有公共点即可，但是，直线无限伸长，平面无限延展，很难判断没有公共点，所以引入判定定理是必要的. 直线与平面平行的判定定理实质是通过直线间的平行，推证直线与平面平行，这是处理空间位置关系的一种常用方法，即将直线与平面的平行关系(空间问题)转化为直线间平行关系(平面问题)，体现了将三维的问题转化为二维的“降维”思想.

(2)不重合的两个平面有两种位置关系，也是通过交点个数来划分的，根据定义，若两个平面没有公共点，那么这两个平面平行. 问题是直接证明两个平面没有公共点有困难，所以同样需要引入判定定理. 根据已有的“空间问题平面化”的降

维思想和经验，自然想到通过一个平面内的直线与另一个平面平行来得到两个平面平行，将两个平面的平行关系转化为证明直线与平面的平行关系. 一个平面内有无数条直线，判定定理只要“两条相交直线”即可，其本质是这两条相交直线能确定一个平面. 判定两个平面平行的真命题很多，之所以把“一个平面内的两条相交直线与另一个平面平行，则这两个平面平行”当成判定定理，是因为这个定理实现了将平面与平面平行的判定，转化为已有的直线与平面平行的判定，和直线与平面平行的判定定理所隐含的思想一样，还是“平面化”.

(3) 直线与平面垂直是直线与平面相交的特例，利用定义判定直线和平面垂直，需要考查平面内的每一条直线都与已知直线垂直，这在实际应用中是有困难的，所以判定定理解决的是将所有的直线(无数条)减少到两条相交直线的垂直关系，实现了“可操作”和“简单化”，与平行的位置关系判定一致，体现的仍然是“平面化”思想.

2) 平面与平面垂直定义的特殊性

平面与平面垂直定义需要“二面角”的概念，实际上，两个平面相交时，它们所成的角的大小决定了两个平面的相对位置，所以二面角从定量的角度描述了两个相交的位置关系，其中两个平面互相垂直是二面角等于直角的特殊情形. 学习二面角时应明确：①二面角的大小是用平面角度量的；②二面角有无数个平面角，其大小相等，是由二面角唯一确定的.

#### 6. 不同的概念体系

新课程与传统课程在教材内容组织上有差异，新课程先从整体认识空间几何体，再到局部位置关系的研究，这种概念体系由整体到局部，符合学生的认知规律，因此更为容易接受. 传统立体几何课程先研究点、直线、平面之间的位置关系，再研究由它们组成的几何体，这种概念体系由局部到整体，强调逻辑的严谨性，也有其合理的层面.

此外，从立体几何的研究方法划分，也存在综合几何法与空间向量法两种不同的概念体系，前者强调公理化体系下的演绎推理，后者实质是空间中的解析方法.

### 4.3.2　学生理解

#### 1. 学生理解直线与平面间的位置关系的基础

学生理解直线与平面间位置关系的基础首先是初中学过的直线间的位置关系，其次是高中刚学习的“空间几何体的结构”，最后是高中刚学习的“平面概念及 4 个公理”等基础知识，空间几何体的结构帮助学生建立空间感知，并从整体把握空间图形的结构特点，发展了空间想象能力，平面几何中直线间的位置关系提供了认知基础，连同平面概念及 4 个公理提供了合情推理和演绎推理的基础，为学生理解抽象的直线、平面位置关系的判定和性质定理提供有力的支撑，发展了学生的逻辑思维能力，并在推理过程中进一步熟悉公理化思想.

2. 学生自发的方法

首先，学生大体能够提出立体几何的研究问题，知道其研究方法. 在初中的“平面几何”及“空间与图形”的基础上，学生在研究“平行”和“垂直”的位置关系时，能通过“类比”“归纳”等方法，提出立体几何的研究问题. 例如，可以提出平行的传递性在直线、平面的位置关系中哪些还成立，同垂直于一个平面的两个平面是否平行等问题.

其次，学生还会借助身边的物体进行猜想或推理证明. 比如，利用铅笔、纸张等演示直线、平面的位置关系，进行猜想或推理证明，这些自发的方法能有效克服空间想象能力的不足，在“直观感知、操作确认”的认识过程中，发展几何直观能力.

3. 学生的学习能力限度

(1) 作辅助线是高一学生基本做不到的. 空间想象能力不足导致学生无法形成空间感，在判断直线、平面的位置关系时，无法理清直线和平面的相关位置，很难寻找到需要的辅助线并作出正确的判断.

(2) 严谨的演绎推理是高一学生基本做不到的. 学生在进行推理论证时，无法抓住问题的本质和解题的关键，答题不是条件遗漏，就是条件堆积，或是前后矛盾，文不对题.

4. 难点

(1) 作图、识图是学生的难点.

(2) 合理提出有关直线、平面位置关系的命题，形成判定定理是学生的难点. 学生受思维能力的限制无法进行“归纳”和“类比”等合情推理.

(3) 理解定理内容，以及图示语言、文字语言和符号语言的转换是学生的难点. 教师要充分使用各种几何体的模型(尤其是长方体模型)，为学生理解直线、平面的位置关系提供直观根据，从而降低立体几何的学习难度.

(4) 答题时选择什么定理作为理论依据是难点. 这个困难源于空间图形的复杂

性干扰了学生的正确判断．此外，受思维定式的束缚，将平面几何的定理原样照搬到立体几何．

5．学生的典型误解

忽略定理成立的条件，扩大定理的使用范围，具体表现如下：

(1) 直线与平面平行的判定中，极易忽略已知直线在平面外的要求，需要通过问题强化，帮助学生认知重组．

(2) 平面与平面平行的判定以及直线与平面垂直的判定中，极易忽略两条直线需要相交的要求，可以通过反例强化认识．

(3) 平面与平面垂直的性质定理中，极易忽略直线在平面内的条件，应有意在平面与平面垂直应用的训练中，反复提醒并进行确认操作．

### 4.3.3　教学目标

1．课程标准中的教学要求

通过直观感知、操作确认、思辨论证，认识和理解空间中线面平行、垂直的有关性质与判定．

(1) 通过直观感知、操作确认，归纳出以下判定定理：

◆ 平面外一条直线与此平面内的一条直线平行，则该直线与此平面平行．

◆ 一个平面内的两条相交直线与另一个平面平行，则这两个平面平行．

◆ 一条直线与一个平面内的两条相交直线垂直，则该直线与此平面垂直．

◆ 一个平面过另一个平面的垂线，则两个平面垂直．

(2) 通过直观感知、操作确认，归纳出以下性质定理，并加以证明：

◆ 一条直线与一个平面平行，则过该直线的任一个平面与此平面的交线与该直线平行．

◆ 两个平面平行，则任意一个平面与这两个平面相交所得的交线相互平行．

◆ 垂直于同一个平面的两条直线平行．

◆ 两个平面垂直，则一个平面内垂直于交线的直线与另一个平面垂直．

(3) 能运用已获得的结论证明一些空间位置关系的简单命题．

2．把握课程标准教学要求的几个注意要点

(1) 课程标准中对判定定理与性质定理的教学要求是不同的，前者强调归纳，后者还需要证明．教学中，要重视性质定理的推导，并揭示它们的本质．

(2)教学中应当把握“直观感知、操作确认”的要求，不要在证明、应用上作过多的文章，进一步的提高可以在选修系列的学习中完成.

(3)要明确直线与平面、平面与平面的位置关系定义都有双重性. 定义既是判定也是性质. 定义直观易懂，但用定义作判定，往往比较困难. 根据定义得到的结论作为性质，常常有广泛的应用空间.

(4)“判定”和“性质”没有严格的界限. 性质定理也是判定定理. ①直线与平面平行的性质定理可以得到直线与直线平行，也是直线与直线平行的判定定理. ②平面与平面平行的性质定理可以得到直线与直线平行，也是直线与直线平行的判定定理. ③直线与平面垂直性质定理得到直线与直线垂直，也是直线与直线垂直的判定定理. 直线与平面垂直的性质定理阐明了一个平面的两条垂线的平行关系，是由垂直得到平行，因此，这条性质定理本质上也是直线与直线平行的判定定理. 它们都将三维的条件转化为二维的结论，体现了化归与转化的思想. ④平面与平面垂直的性质定理阐明了两个平面垂直的前提下，满足一定条件的一个平面内的一条直线与另一个平面的垂直关系，本性质可以作为直线与平面垂直的判定定理使用，因此很重要，但本性质涉及的图形和条件复杂，常常被忽略，应引起重视.

(5)应注意与平面几何的联系，引导学生通过类比提出本章研究的问题，得到相应的结论及其研究方法.

(6)要充分把握本章知识的整体性以及内在的逻辑连贯性，切实提高学生的思维能力.

(7)不要人为补充定理.

### 4.3.4 效果评估

1. 典型题目及其变式

判断位置关系.

(1)已知 $m, n$ 为两条不同的直线，$\alpha, \beta$ 为两个不同的平面，则下列命题中正确的是(　　).

A. $m\subset\alpha,\ n\subset\alpha,\ m /\!/ \beta,\ n /\!/ \beta \Rightarrow \alpha /\!/ \beta$

B. $m\perp\alpha,\ m\perp n \Rightarrow n /\!/ \alpha$

C. $\alpha /\!/ \beta,\ m\subset\alpha,\ n\subset\beta \Rightarrow m /\!/ n$

D. $m /\!/ n,\ m\perp\alpha \Rightarrow n\perp\alpha$

**解析**　对于选项 A，虽然平面$\alpha$有两条直线$m,n$都平行平面$\beta$，但缺直线相交条件，所以错误；对于选项 B，直线$n$可能在平面$\alpha$内，所以错误；对于选项 C，在两个平行平面内的两条直线，可能是异面直线，不一定平行，所以错误；在选项 D 中，对于平面$\alpha$内任意一条直线$l$，由$m\perp\alpha$，可知$m$垂直于$l$，又根据$m$与$n$平行，得到$n$垂直于$l$，即垂直于平面$\alpha$内任意一条直线，所以命题正确，选 D.

**评析**　以直线、平面的位置关系设问的命题，常常针对学生的典型错误点进行命题，这是从定性的角度对位置关系进行考查的典型问题.

**变式**　设$\alpha,\beta$为不重合的平面，$m,n$为不重合的直线，则下列命题中正确的是(　　).

A. 若$m\perp\alpha$，$\alpha/\!/\beta$，则$m\perp\beta$　　B. 若$m/\!/n$，$n/\!/\alpha$，则$m/\!/\alpha$

C. 若$m/\!/\alpha$，$\alpha\perp\beta$，则$m\perp\beta$　　D. 若$m/\!/\alpha$，$\alpha/\!/\beta$，则$m/\!/\beta$

**解析**　选 A.

(2) 如图 4.7 所示，已知四棱锥$P$-$ABCD$的底面$ABCD$是矩形，平面$PAB\perp$底面$ABCD$，$E,F$分别是$PD,BC$的中点.

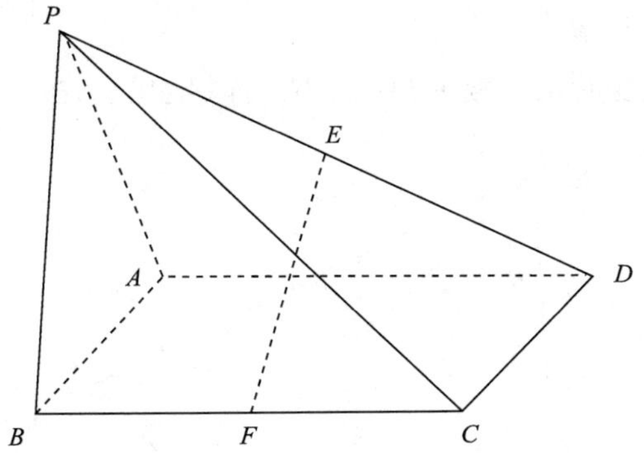


图 4.7

(Ⅰ)求证：$PA\perp BC$；

(Ⅱ)求证：$EF/\!/$平面$PAB$.

**解析**　(Ⅰ)因为底面$ABCD$是矩形，所以$BC\perp AB$，

又因为平面$PAB\perp$底面$ABCD$，面$PAB\cap$面$ABCD=AB$，$BC\subset$面$ABCD$，

所以$BC\perp$面$PAB$. 因为$PA\subset$面$PAB$，所以$BC\perp PA$.

(Ⅱ)**解法一**　如图 4.8 所示，连接$DF$并延长交$AB$的延长线于$K$，连接$PK$.

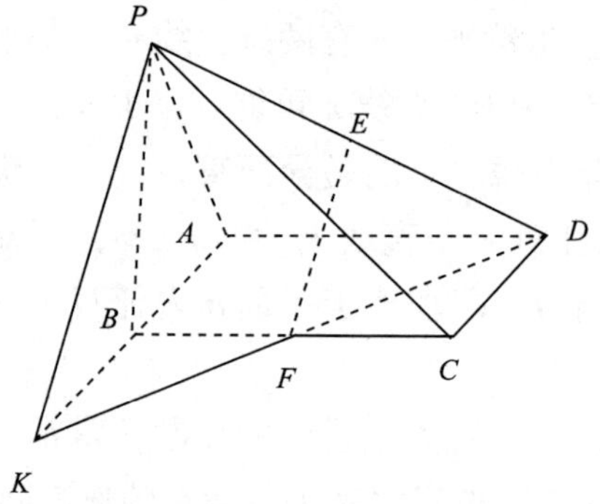


图 4.8

因为 $ABCD$ 为平行四边形，所以 $AB \parallel CD$ ，又因为 $F$ 是 $BC$ 的中点，

所以 $\dfrac{DF}{FK}=\dfrac{CF}{FB}=1$ ，

所以 $DF=FK$ .

因为 $DE=EP$ ，

所以 $EF \parallel PK$ ，

又因为 $EF \not\subset$ 面$PAB$, $PK \subset$ 面$PAB$ ，

所以 $EF \parallel$ 平面 $PAB$.

**解法二** 如图 4.9 所示，取 $PA$ 中点 $H$，连接 HE , $HB$ .

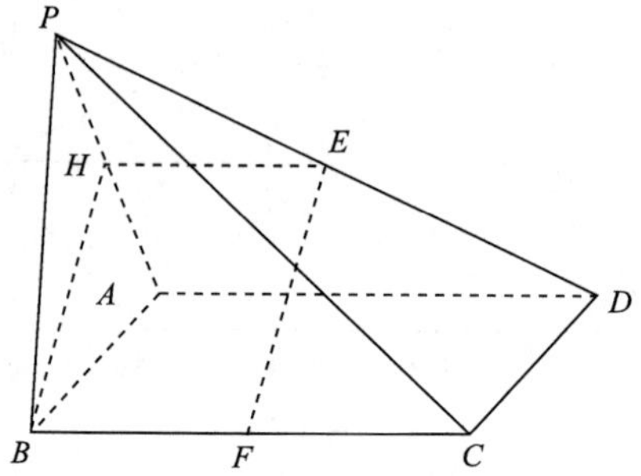


图 4.9

因为 $E$ 为 $PD$ 中点，

所以 $HE \parallel AD$ ，且 $HE=\dfrac{1}{2}AD$ ，

因为 $F$ 为 $BC$ 中点， $BF=\dfrac{1}{2}BC=\dfrac{1}{2}AD$ ，

因为 $ABCD$ 为平行四边形，所以 $BF \parallel AD$ ，

所以 $HE // BF, HE = BF$ ，

所以 $HEFB$ 为平行四边形，

所以 $HB // EF$ .

又因为 $EF \not\subset$ 面$PAB, BH \subset$ 面$PAB$ ，

所以 $EF //$ 平面 $PAB$.

**解法三**　如图 4.10 所示，取 $AD$ 中点 $Q$ ，连接 $EQ, FQ$ .

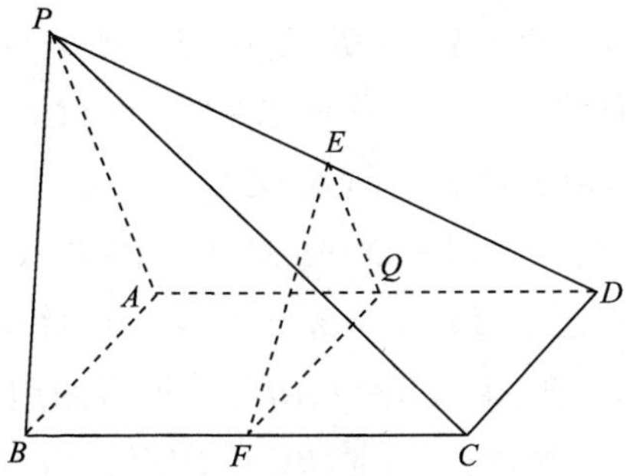


图 4.10

因为 $E$, $Q$ 分别为 $PD$, $AD$ 中点，所以 $EQ // PA$ .

又因为 $EQ \not\subset$ 面$PAB$, $PA \subset$ 面$PAB$ ，

所以 $EQ //$ 面 $PAB$,

因为 $Q, F$ 为 $AD$, $BC$ 中点，$ABCD$ 为平行四边形，

所以 $QA // BF, QA = BF$ ，

所以 $ABFQ$ 为平行四边形，

所以 $AB // QF$ ，

因为 $QF \not\subset$ 面$PAB, AB \subset$ 面$PAB$ ，

所以 $QF //$ 面 $PAB$,

又因为 $EQ \cap FQ = Q$ ，

所以面$PAB //$ 面$EQF$ ，

因为 $EF \subset$ 平面 $EQF$ ，

所以 $EF$ 与平面 $PAB$ 没有公共点，

所以 $EF //$ 平面 $PAB$.

**评析**　直线、平面的垂直或平行的位置关系，常常体现了“化归与转化”的数学思想方法，结合问题的条件与结论，正确选择合适的判定定理和性质定理进行解题是关键.

2. 典型解题方法及其应用范围

利用判定定理证明位置关系.

(1)如图 4.11 所示，已知三棱柱 $ABC-A_1B_1C_1$ 中，$CC_1\perp$底面 $ABC$，$AB=AC$，$M$ 是 $BC$ 的中点.

(Ⅰ)求证：平面 $AB_1M\perp$平面 $B_1BCC_1$；

(Ⅱ)求证：$A_1C$ // 平面 $AB_1M$.

**解析** (Ⅰ)因为 $AB=AC$，$M$ 是 $BC$ 的中点，所以 $AM\perp BC$.

又因为 $CC_1\perp$平面 $ABC$，$AM\subset$平面 $ABC$，所以 $CC_1\perp AM$.

而 $CC_1\cap BC=C$，所以 $AM\perp$平面 $B_1BCC_1$.

因为 $AM\subset$平面 $AB_1M$，所以平面 $AB_1M\perp$平面 $B_1BCC_1$.

(Ⅱ)如图 4.12 所示，连接 $A_1B$ 交 $AB_1$ 于点 $N$，连接 $MN$.

在三棱柱 $ABC-A_1B_1C_1$ 中，四边形 $A_1ABB_1$ 是平行四边形，

所以 $N$ 是 $BA_1$ 的中点，又因为 $M$ 是 $BC$ 的中点，所以 $MN$ // $A_1C$.

因为 $A_1C\not\subset$平面 $AB_1M$，$MN\subset$平面 $AB_1M$，所以 $A_1C$ // 平面 $AB_1M$.

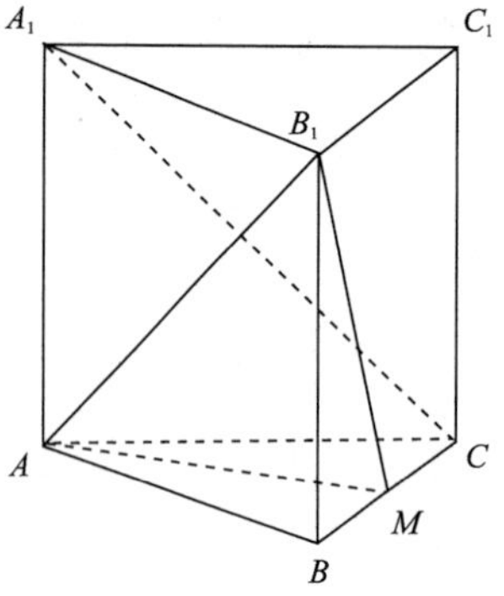


图 4.11

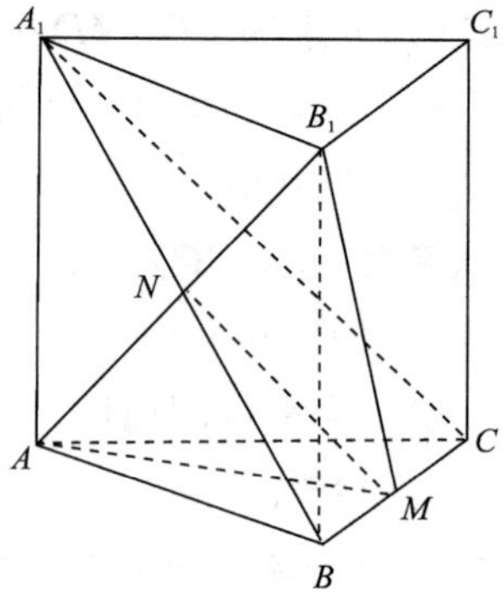


图 4.12

**评析** 典型的解题方法一定是根据判定定理寻求所需的条件，如果条件不具备，还需要通过性质或定义进行转化，因此性质定理和判定定理有着广泛的应用范围，并在同一个问题中进行不断的“转换”.

**变式** 如图 4.13 所示，已知 $AE\perp$平面 $ABC$，$CF\perp$平面 $ABC$，且 $AE=1$，$CF=2$，点 $M$ 在线段 $AB$ 上.

(Ⅰ)求证：$AE$ // 平面 $BCF$；

(Ⅱ)若 $BF$ // 平面 $EMC$，求 $\dfrac{AM}{MB}$ 的值.

**解析**　（Ⅰ）因为 $AE\perp$ 平面 $ABC$，$CF\perp$ 平面 $ABC$，所以 $AE/\!/CF$，

因为 $AE\not\subset$ 平面 $BCF$，$CF\subset$ 平面 $BCF$，所以 $AE/\!/$ 平面 $BCF$.

（Ⅱ）连接 $AF$ 交 $CE$ 于点 $N$，连接 $MN$（图 4.14），

因为 $BF/\!/$ 平面 $EMC$，$BF\subset$ 平面 $ABF$，平面 $ABF\cap$ 平面 $EMC=MN$，

所以 $MN/\!/BF$，$\dfrac{AM}{MB}=\dfrac{AN}{NF}$.

由于（Ⅰ）$AE/\!/CF$，所以 $\dfrac{AN}{NF}=\dfrac{AE}{CF}=\dfrac{1}{2}$，所以 $\dfrac{AM}{MB}=\dfrac{1}{2}$.

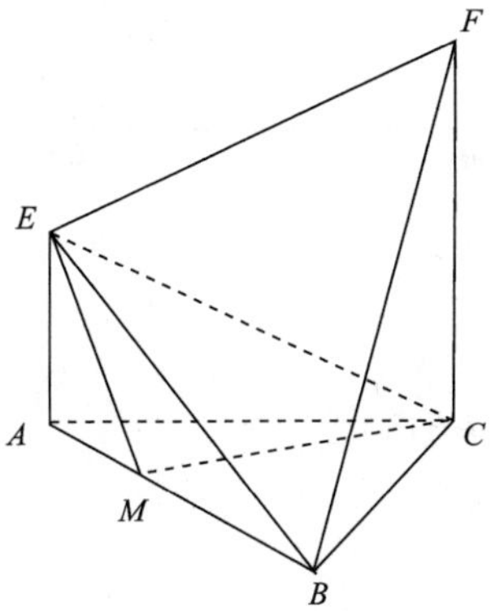


图 4.13

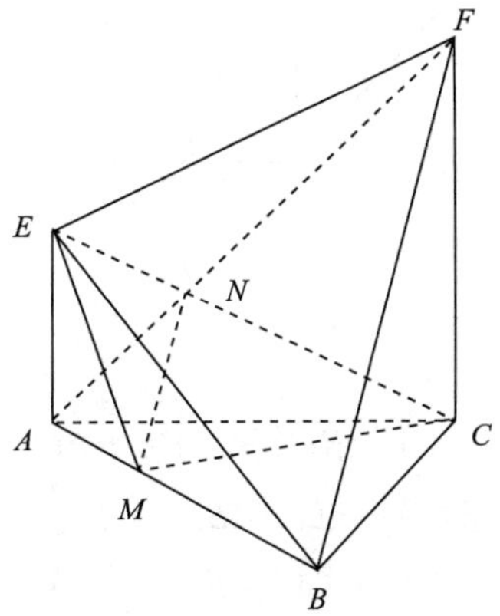


图 4.14

3. 针对学生的误解与难点的有效评价题目

1）忽略条件

对于平面 $\alpha$ 和共面的直线 $m$，$n$，下列命题中真命题是（　　）.

A. 若 $m\perp\alpha$，$m\perp n$，则 $n/\!/\alpha$　　B. 若 $m/\!/\alpha$，$n/\!/\alpha$，则 $m/\!/n$

C. 若 $m\in\alpha$，$n/\!/\alpha$，则 $m/\!/n$　　D. 若 $m,n$ 与 $\alpha$ 所成的角相等，则 $n/\!/m$

**解析**　对于选项 C，因为 $m\subset\alpha$，$n/\!/\alpha$，所以 $m$ 与 $n$ 不是平行就是异面直线，但已知 $m$，$n$ 是共面直线，所以是真命题，选 C.

**评析**　本题在题设中的共面条件，容易被学生忽略，而造成解题失误.

2）忽略折叠过程的“不变量”

如图 4.15，在梯形 $PDCB$ 中，$\angle D=\angle C=90°$，$A$ 是边 $PD$ 上的点，且 $AB\perp PD$. 现将 $\triangle PAB$ 沿 $AB$ 折起，使得 $PB\perp BC$.

（Ⅰ）求证：$PA\perp BC$；

（Ⅱ）已知 $PA=AB$，$PA+AD+AB=6$，当线段 $PC$ 取得最小值时，回答下列

问题:

①求四棱锥 $P\text{-}ABCD$ 的表面积;

②若 $M$ 是 $AB$ 的中点，作 $MN\perp$平面 $PCD$，垂足为点 $N$，试确定点 $N$ 的位置，并说明理由.

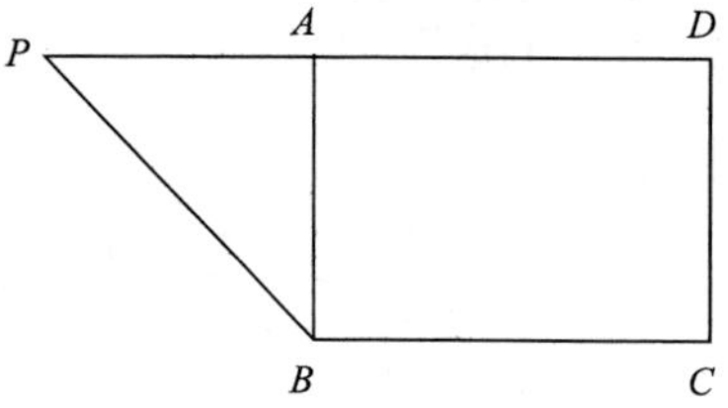


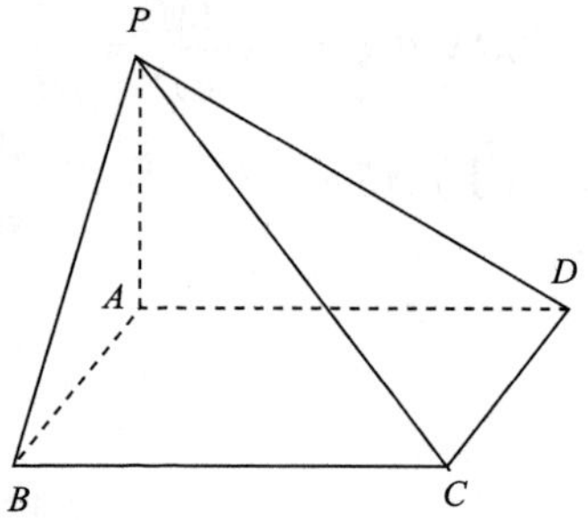


图 4.15

**解析** (Ⅰ)依题意，$PB\perp BC$，$AB\perp BC$，又 $PB\cap AB=B$，

所以 $BC\perp$平面 $PAB$.

因为 $PA\subset$平面 $PAB$,

所以 $PA\perp BC$.

(Ⅱ)由(Ⅰ)知 $PA\perp BC$，又因为 $PA\perp AB$， $AB\cap BC=B$，

所以 $PA\perp$平面 $ABCD$.

设 $PA=AB=x$，则 $AD=6-2x$，连接 $AC$(图 4.16)，可得

$$PC^2=PA^2+AB^2+AD^2=x^2+x^2+(6-2x)^2=6(x-2)^2+12,$$

所以当 $x=2$，即 $PA=AB=2$，$AD=2$ 时，$PC$ 取得最小值.

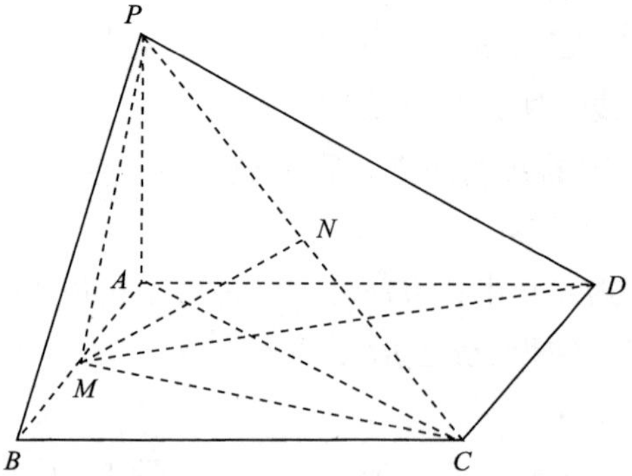


图 4.16

(1)此时，$S_{\triangle PAB}=S_{\triangle PAD}=\frac{1}{2}\times2\times2=2$，

$$S_{\triangle PBC}=S_{\triangle PDC}=\frac{1}{2}\times2\times2\sqrt{2}=2\sqrt{2}\text{，}$$

$$S_{\text{四边形}ABCD}=2\times2=4\text{，}$$

所以四棱锥 $P-ABCD$ 的表面积 $S=8+4\sqrt{2}$.

(2)连接 $PM$，$MC$，$MD$. 因为 $M$ 是 $AB$ 中点，可得 $MP^2=PA^2+AM^2=5$，$MC^2=BC^2+BM^2=5$，$MD^2=MA^2+AD^2=5$，所以 $MP=MC=MD$.

因为 $MP^2=MN^2+NP^2$，$MC^2=MN^2+CN^2$，$MD^2=MN^2+ND^2$，

所以点 $N$ 满足 $NP=NC=ND$.

因为 $\triangle PDC$ 是以 $PC$ 为斜边的直角三角形，所以 $N$ 是 $PC$ 的中点.

**评析**　本题(Ⅰ)中只能通过选择 $BC\perp$ 平面 $PAB$ 来证直线与直线垂直关系，其他选择是错误的，没有关注到折叠过程的“不变量”是失误的主要原因；(Ⅱ)的综合性很高，先通过建立目标函数考查最值的求解来确定整个图形，并在此基础上全面考查了空间中的度量与计算问题以及位置确定问题，学生缺乏应有的空间想象能力，以及克服困难的意志品质，是无法继续解题而造成失误的原因.

### 4.3.5　教学设计举例

“直线与平面平行的判定定理”教学设计.

1. 复习引入

**问题1**　空间中直线 $a$ 和平面 $\alpha$ 有哪几种位置关系？

**实践与意图**　教师通过复习引导学生回顾直线与平面的三种位置关系，自然引出直线与平面平行的定义，为学生铺垫好学习基础，为学习直线与平面平行的判定做准备.

2. 探究定理

**问题2**　日光灯和地面的位置关系给了直线与平面平行的感性认识，请用手中的笔与桌面示意直线与平面的平行关系，并给出直线与平面平行的定义.

**追问1**　你能画出直线与平面平行的示意图吗？

**追问2**　你能用符号表示直线 $a$ 和平面 $\alpha$ 平行的位置关系吗？

**实践与意图**　从生活场景抽象直线与平面平行的位置关系，进而用图示与符

号表示，初步建立直线与平面平行的定义和表示法，实物演示—图示表达—引入符号，是建立空间位置关系的常用手段.

**问题 3** 如何判定直线与平面平行呢？

**追问 1** 如图 4.17 所示，将一本书平放在桌面上，翻动书的硬皮封面，封面边缘 $AB$ 所在直线与桌面所在平面具有什么样的位置关系？

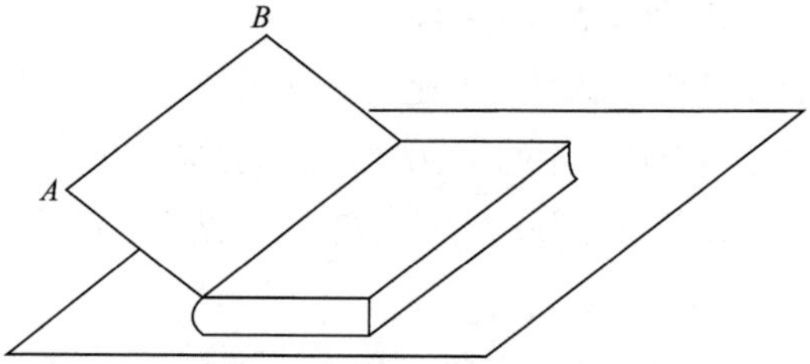


图 4.17

**追问 2** 如图 4.18 所示，已知平面 $\alpha$ 外的直线 $a$ 平行于平面 $\alpha$ 内的直线 $b$. 请思考，这两条直线共面吗？直线 $a$ 与平面 $\alpha$ 相交吗？

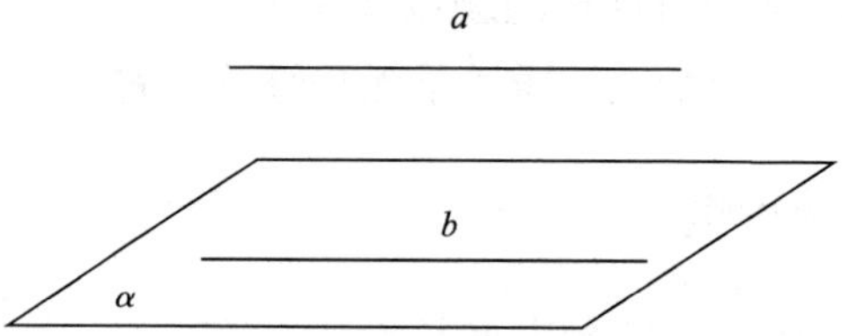


图 4.18

**追问 3** 你能写出直线与平面平行的判定定理吗？请你指出定理中有哪些关键词.

**追问 4** 你能用符号表示直线与平面平行的判定定理吗？

**实践与意图** 本环节教学目的是引导学生通过探究，归纳出判定定理，采用追问的方式层层加深，首先是翻动书的封面，初步感受 $AB$ 与书脊平行是直线与平面平行的关键，然后进一步确认直线与直线的平行保证了两条直线共面却不相交，实际上已经初步形成直线与平面没有公共点的直观感知，接着从文字表述中挖掘关键词，在指导阅读中形成结论，最后用符号加以表述，既简洁又突出重点，容易记忆.

3. 简单应用

**问题 4** 求证：空间四边形相邻两边中点的连线平行于经过另外两边所在的平面.

**追问**　你能画出示意图吗？你能将文字叙述改为符号表示吗？

**实践与意图**　借助直线与直线平行证明直线与平面平行，是判定定理的简单应用，从文字到图形再到符号表示，能有效引导正确思维，逐步形成数学的"多元联系".

**问题 5**　如图 4.19 所示，正方体 $ABCD-A_1B_1C_1D_1$ 中，$E$ 是 $DD_1$ 的中点，试判断 $BD_1$ 与平面 $AEC$ 的位置关系，并说明理由.

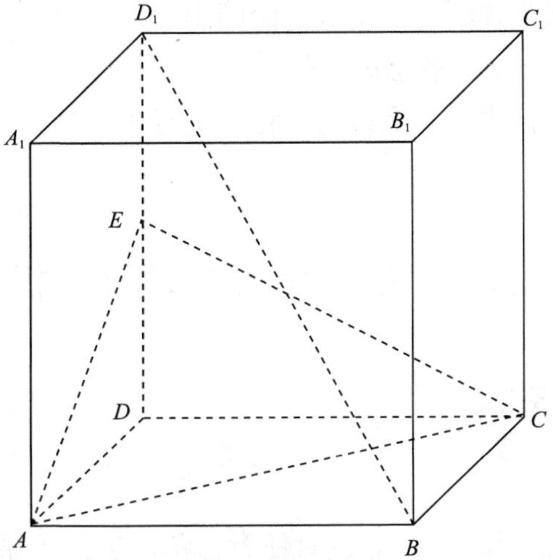


图 4.19

**追问 1**　直线与平面有哪几种位置关系？请你猜测本题直线与平面的位置关系是什么？

**追问 2**　你能在平面 $AEC$ 内找到与 $BD_1$ 平行的直线吗？

**实践与意图**　引导学生从满足判定定理的条件考虑，思考平面 $AEC$ 内是否存在与 $BD_1$ 平行的直线，强调"平面化"的策略和化归与转化的思想，指出平面几何中常见结论在立体几何中的适用条件，同时展示规范的板书进行解题示范.

4. 回顾、小结

**问题 6**　请你对今天所学内容进行小结，并说明今天的学习给你什么启示？

**追问 1**　我们学习了什么定理？你能用图示、文字和符号表示这个定理吗？

**追问 2**　为了证明直线与平面平行，我们采用了什么策略？这样研究平行的方法，给了你什么启示？

**实践与意图**　总结直线与平面平行的判定定理，从图示—文字—符号三个层面引导学生理解和记忆，并指出判定定理本质上是从二维的角度考虑三维的问题，用到了将空间问题转化为平面问题的“平面化”的化归与转化思想.

### 4.3.6 实践与思考

(1)怎样归纳出“直线与平面垂直的判定定理”？引导学生得出直线与平面、平面与平面平行或垂直的判定定理应该要形成怎样的教学思路?

(2)请设计一个教学片断，证明以下命题.

若直线 $a$ // 直线 $b$，$a\perp$ 平面 $\alpha$，则 $b\perp\alpha$.

(3)尝试对解析几何中的“直线与方程”进行教材分析，并与你的同学进行交流讨论.

## 4.4 “解三角形”教材分析

### 4.4.1 内容组织

1. 内容简介

本章在已有知识的基础上，通过对任意三角形边角关系的探究，发现并掌握三角形中的边长与角度之间的数量关系，并认识到运用它们可以解决一些与测量和几何计算有关的实际问题. 本章内容主要包括正弦定理、余弦定理及解三角形的应用举例. 知识结构如图 4.20 所示.

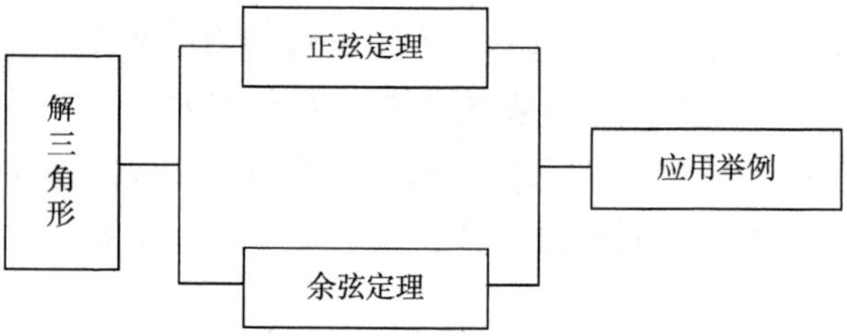


图 4.20

正弦定理和余弦定理揭示了一般三角形的边角关系，它们是解三角形的重要定理. 这两个定理非常恰当地描述了任意三角形中边与角的数量关系. 应用这两个定理，可以求解根据边角确定的三角形以及有关距离、高度、角度、几何计算等实际应用问题. 本章具有联系的综合性和应用的广泛性等特征. 应用解三角形的方法解决实际测量问题与应用问题，需要学生综合运用正弦定理、余弦定理及三角形相关知识，创造性地设计测量方案，是培养学生应用意识与创新意识的重要载体.

2. 来龙去脉

三角形是生活中常见的图形. 在初中平面几何中，学生用定性的方法研究了三角形边角之间的相依关系：等边对等角、大边对大角，也定量地研究了度量计算的基础定理——勾股定理，正弦定理、余弦定理是上述两命题的直接推广. 正弦定理、余弦定理也与全等三角形的判定定理有关. 在初中，学生还用定量的方法研究过锐角三角函数、三角形的内角和、解直角三角形、三角形的周长和面积等，这也是解三角形的相关知识与方法基础.

在必修 4 中，学生又学习了三角函数的基础知识和平面向量的有关内容，对三角函数、三角恒等变换、平面向量等知识形成初步的框架，这不仅是学习正弦定理、余弦定理的认知基础，同时又是突破定理证明障碍的强有力工具.

正弦定理、余弦定理还可以进一步推广到三维几何体(如四面体、三棱柱等)、球面几何、非欧几何中，也是定义向量乘法的启发性知识基础. 解三角形的方法在测量学中有广泛的应用.

3. 核心内容

本章核心是解三角形(solving triangles，已知三角形的几个元素求其他元素的过程)，正弦定理和余弦定理是解三角形的工具，最后落实到解三角形的应用上.

4. 解三角形的内容序列与层级

内容序列有正弦定理、余弦定理和解三角形. 正弦定理的层级有大边对大角、正弦定理. 余弦定理的层级有勾股定理、余弦定理. 解三角形的水平有求解三角形、判断三角形形状以及实际应用等.

5. 教授解三角形的关键环节

1) 正弦定理

(1) 正弦定理的发现. 正弦定理的发现对学生而言是有困难的，教师应从数学的内部逻辑与学生的认知基础设计自然、有效的问题加以引导. 实际教学中，可以先提出边、角关系的准确量化表示的研究，是源于初中学过的任意三角形的大边对大角、小边对小角的边角定性关系；其次，由于边、角的数量关系与三角函数密切关联，所以应从直角三角形的特殊情形入手，探究可能的结论；再次，在直角三角形 $ABC$ 中，根据 $\sin A=\frac{a}{c}$ ， $\sin B=\frac{b}{c}$ ，能得到 $c=\frac{a}{\sin A}=\frac{b}{\sin B}$ ，但是进一步得出直角三角形的正弦定理是有困难的，所以教师应指出此时 $\sin C=1$ ，而上述式子亦即 $\frac{a}{\sin A}=\frac{b}{\sin B}=\frac{c}{\sin C}$ ，然后提出锐角三角形的正弦定理的猜想；最后，除了验证锐角三角形的情形，还要证明钝角三角形的情形，强调证明的严谨性.

(2) 正弦定理的证明. 正弦定理的证明方法是多样的. 除了教材的方法外，还可以用面积法、外接圆法或向量法等，证明如下.

面积法：由 $S=\frac{1}{2}ab\sin C=\frac{1}{2}bc\sin A=\frac{1}{2}ca\sin B$ ，同除以 $\frac{1}{2}abc$ 得

$$\frac{\sin C}{c}=\frac{\sin A}{a}=\frac{\sin B}{b},$$

所以

$$\frac{a}{\sin A}=\frac{b}{\sin B}=\frac{c}{\sin C}.$$

外接圆法：如图 4.21 所示，作 $\triangle ABC$ 的外接圆 $O$，并过点 $B$ 作直径 $A'B$，连接 $A'C$，则 $A'C\perp BC$ .

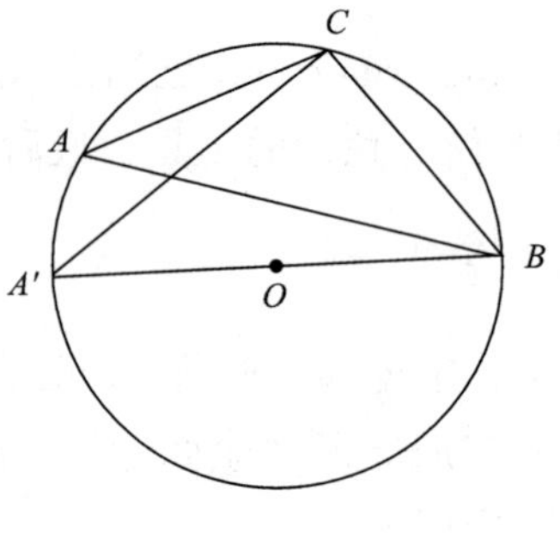


图 4.21

根据同弧所对的圆周角相等，可得 $\angle A=\angle A'$ ，

所以 $\frac{a}{\sin A}=\frac{a}{\sin A'}=2R$ ($R$ 为外接圆半径).

同理可得 $\frac{b}{\sin B}=2R,\ \frac{c}{\sin C}=2R$ ，

从而 $\frac{a}{\sin A}=\frac{b}{\sin B}=\frac{c}{\sin C}=2R.$

**注**　这种方法不仅证得正弦定理，还揭示了正弦定理中的比的几何意义.

向量法：当$\triangle ABC$是锐角三角形时，过点$A$作单位向量$\vec{i}$垂直于$AB$，如图4.22所示.

因为$\overrightarrow{AC}=\overrightarrow{AB}+\overrightarrow{BC}$，所以$\vec{i}\cdot\overrightarrow{AC}=\vec{i}\cdot(\overrightarrow{AB}+\overrightarrow{BC})$，

即$\vec{i}\cdot\overrightarrow{AC}=\vec{i}\cdot\overrightarrow{AB}+\vec{i}\cdot\overrightarrow{BC}$，

所以$b\cos(90^\circ-A)=c\cos 90^\circ+a\cos(90^\circ-B)$，

即$b\sin A=a\sin B$，得$\dfrac{a}{\sin A}=\dfrac{b}{\sin B}$，

同理得到$\dfrac{a}{\sin A}=\dfrac{c}{\sin C}$，从而$\dfrac{a}{\sin A}=\dfrac{b}{\sin B}=\dfrac{c}{\sin C}$.

当$\triangle ABC$是钝角三角形时，也可类似证明，如图4.23所示.

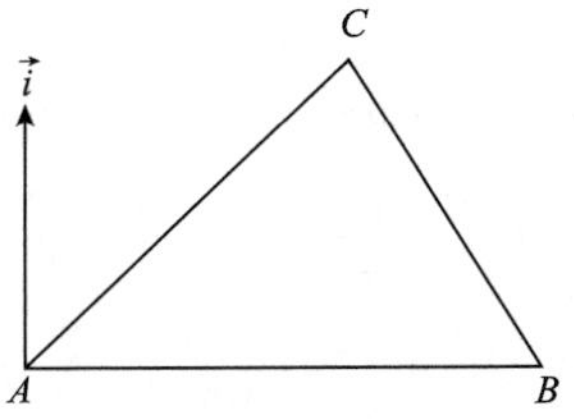

图4.22

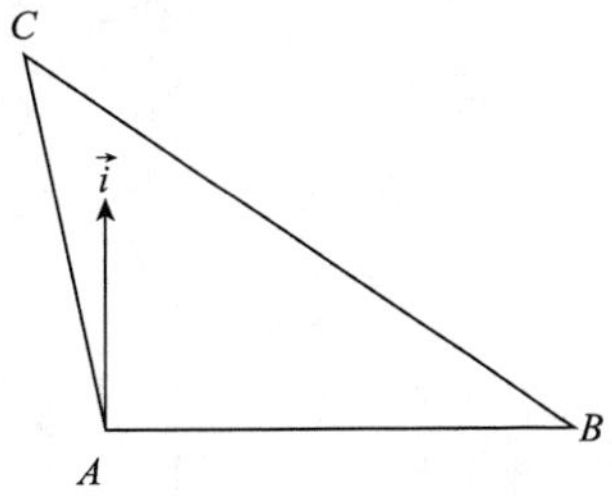

图4.23

(3) 对正弦定理的把握. 由正弦函数在区间上的单调性可知，正弦定理非常好地描述了任意三角形中边与角的一种数量关系. 这句话应指导学生从两个方面理解. 一方面，从定量的角度，正弦定理描述了边与角的数量关系，即各边和它所对角的正弦的比相等；另一方面，从定性的角度，正弦定理描述了大边对大角、小边对小角的数量关系，事实上，当$a>b$时，由正弦定理可得$\sin A>\sin B$. 若$A$，$B$是锐角，根据正弦函数的单调性可知$A>B$；若$A, B$中有一个是钝角，则只能是$A>90^\circ$，否则，若$B>90^\circ$，则$180^\circ-B<90^\circ$，由$\sin A>\sin B=\sin(180^\circ-B)$，可得$A>180^\circ-B$，即$A+B>180^\circ$，这与三角形内角和定理矛盾，可见也有$A>B$.

(4) 正弦定理的用处. 正弦定理实际上由三个等式构成，即

$$\frac{a}{\sin A}=\frac{b}{\sin B},\qquad \frac{a}{\sin A}=\frac{c}{\sin C},\qquad \frac{b}{\sin B}=\frac{c}{\sin C}.$$

这三个等式表示了三角形的两条边与它们的对角的正弦的等量关系，因此正弦定理可以用于两类解三角形的问题：

A. 已知三角形的任意两个角与一条边，求其他两边和另一角；

B. 已知三角形的两边与其中一边的对角，求其他两角和另一边.

2)余弦定理

(1)余弦定理的发现. 从数学的内部逻辑与学生的认知基础引出余弦定理，是自然的过程. 首先，三角形全等的判定条件与求解三角形问题密切相关，根据全等三角形判定的应用经验，已知三角形的两条边及其所夹的角，这个三角形是大小、形状完全确定的三角形，所以可以从量化的角度求解这个三角形；其次，研究工具的选择上，因为涉及边与角的关系，所以想到平面向量.

(2)余弦定理的证明. 余弦定理的证明方法是多样的，除了教材的方法外，可以用两点间的距离公式等，证明如下.

如图 4.24 所示，以点 $C$ 为原点，$CB$ 所在直线为 $x$ 轴，建立平面直角坐标系，则点 $B(a, 0)$，点 $A(b\cos C, b\sin C)$.

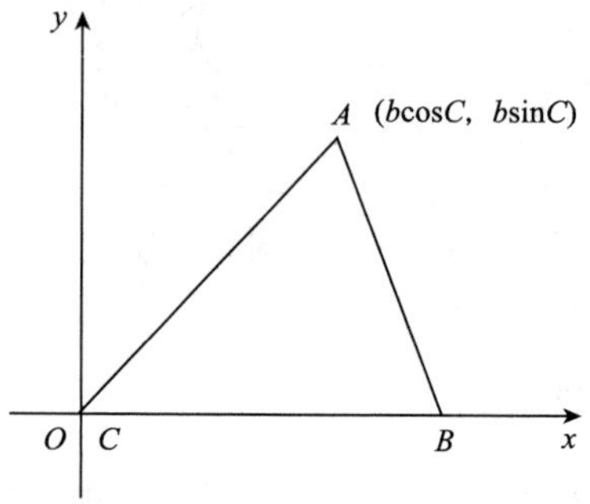


图 4.24

根据两点间的距离公式，得

$$AB=\sqrt{(b\cos C-a)^2+(b\sin C-0)^2}\ ,$$

从而

$$c^2=b^2\cos^2 C+a^2-2ab\cos C+b^2\sin^2 C\ ,$$

整理得

$$c^2=a^2+b^2-2ab\cos C\ .$$

同理可以证明

$$a^2=b^2+c^2-2bc\cos A\ ,$$

$$b^2=c^2+a^2-2ca\cos B\ .$$

(3)余弦定理的用处. 余弦定理可以变形得到

$$\cos A = \frac{b^2 + c^2 - a^2}{2bc},$$

$$\cos B = \frac{c^2 + a^2 - b^2}{2ca},$$

$$\cos C = \frac{a^2 + b^2 - c^2}{2ab}.$$

应用余弦定理及其变式，并结合正弦定理，可以解决的解三角形问题有：

A. 已知两边及它们的夹角，求其他两角和另一边；

B. 已知三角形的三边，求三个角.

3) 在测量中的应用

用正弦定理和余弦定理可以解决一些实际测量中的问题，教材分别从测量距离、高度、角度以及有关三角形的计算等问题加以研究，实际教学应突出每一种应用的特点，分析问题解决的方案，并设计自然、有效的方法加以解决.

### 4.4.2　学生理解

1. 学生理解“解三角形”的基础

学生具有解直角三角形的经验和实践基础，学生理解解三角形的知识基础是初中学过的相关边角关系定性的结果和源于三角形全等的确定三角形的条件，以及特殊三角形(如等腰三角形、直角三角形等)的边角关系的结论等. 必修 4 学习的同角三角函数的基本关系、三角恒等变换等也是解三角形的知识基础. 学生理解解三角形的能力基础则是初中逐步培养起来的几何直观以及化归与转化思想.

2. 学生自发的方法

(1) 学生能通过画图确定三角形解的个数.

(2) 学生能通过套用正弦定理、余弦定理直接计算求出相应的边或角.

3. 学生的学习能力限度

(1) 正弦定理、余弦定理的发现是学生做不到的.

(2) 应用正弦定理、余弦定理设计测量方案的能力学生是没有的，只能模仿教材例题.

4. 难点

(1)正弦定理、余弦定理的发现是学生的难点. 教师要进行正确的引导，要在数学的内部与逻辑连贯的思维方面设置自然的、有效的问题，但指定方向的“伪探究”是不必要的.

(2)正弦定理、余弦定理的证明是学生的难点. 教师要设置有效问题正确引导.

(3)解三角形. ①选择适宜定理解三角形是学生的难点，这涉及两个定理的地位的认识，可以引导学生在对比中加以区分；②解决实际测量问题是学生的难点. 需要引导学生化解实际应用问题转化为数学问题的困难，着力点在于引导学生归纳主要的测量问题及其解决策略和测量背后的数学原理.

5. 学生的典型误解与认知重组

在已知两边和一个对角求解三角形时，对三角形解的个数的判断，可以通过画图与演算相结合的方法进行探究、讨论.

### 4.4.3 教学目标

1. 课程标准中的教学要求

(1)通过对任意三角形边长和角度关系的探索，掌握正弦定理、余弦定理，并能解决一些简单的三角形度量问题.

(2)能够运用正弦定理、余弦定理等知识和方法解决一些与测量和几何计算有关的实际问题.

2. 把握课程标准教学要求的几个注意要点

正弦定理、余弦定理是关于任意三角形边角关系的重要定理，课程标准强调在教学中要重视定理的探究过程，并能运用它解决一些实际问题. 探究和应用可以使学生进一步了解数学在实际中的应用，从而激发学生学习数学的兴趣，也为命题课(规则课)的学习提供一种亲和力与认同感，具体来说，教学中应注意以下几点.

(1)指导学生运用观察、归纳、猜想、探究的方法，探索并发现正弦定理、余弦定理，并证明.

(2)解三角形的教学要重视正弦定理、余弦定理在探索三角形边角关系中的作用，引导学生认识它是解决测量问题的一种方法，不必在恒等变形上进行过于烦琐的训练.

(3) 注意强调将解三角形作为几何度量问题来处理，突出几何的作用，在应用正弦定理与余弦定理解决实际测量问题时，注意培养学生的创新意识和实践能力，但所设计题目不要求太难，应鼓励学生用不同方法解决问题，而不是硬套公式.

### 4.4.4　效果评估

1. 典型题目及其变式

解三角形

(1) $\triangle ABC$ 的三个内角 $A, B, C$ 所对的边分别为 $a, b, c$.

(Ⅰ) 已知 $a=\sqrt{3}$，$b=\sqrt{2}$，$B=45°$，解这个三角形.

(Ⅱ) 已知 $a=1$，$b=\sqrt{2}$，$B=45°$，解这个三角形.

(Ⅲ) 已知 $a=2$，$b=1$，$B=45°$，解这个三角形.

**解析**　(Ⅰ) 根据正弦定理 $\dfrac{a}{\sin A}=\dfrac{b}{\sin B}$，得 $\sin A=\dfrac{a\sin B}{b}=\dfrac{\sqrt{3}}{2}$.

因为 $a>b$，所以 $A>B$，所以 $A=60°$ 或 $A=120°$.

当 $A=60°$ 时，$C=180°-45°-60°=75°$，$c=\dfrac{b\sin C}{\sin B}=\dfrac{\sqrt{6}+\sqrt{2}}{2}$；

当 $A=120°$ 时，$C=180°-45°-120°=15°$，$c=\dfrac{b\sin C}{\sin B}=\dfrac{\sqrt{6}-\sqrt{2}}{2}$；

所以 $A=60°$，$C=75°$，$c=\dfrac{\sqrt{6}+\sqrt{2}}{2}$ 或 $A=120°$，$C=15°$，$c=\dfrac{\sqrt{6}-\sqrt{2}}{2}$.

(Ⅱ) 根据正弦定理 $\dfrac{a}{\sin A}=\dfrac{b}{\sin B}$，得 $\sin A=\dfrac{a\sin B}{b}=\dfrac{1}{2}$.

因为 $a<b$，所以 $A<B$，所以 $A=30°$.

此时，$C=180°-45°-30°=105°$，$c=\dfrac{b\sin C}{\sin B}=\dfrac{\sqrt{6}+\sqrt{2}}{2}$.

(Ⅲ) 根据正弦定理 $\dfrac{a}{\sin A}=\dfrac{b}{\sin B}$，得 $\sin A=\dfrac{a\sin B}{b}=\sqrt{2}>1$，

所以这个三角形无解.

**评析**　解三角形就是求出三角形中未知的边与角的大小. 用正弦定理可以解决已知“两边一对角”的情形，但需要判断三角形解的个数. 本题原则上应该通过判断 $a,b$ 以及 $a\sin B$ 的大小关系来确定三角形解的个数，但实际操作中更常用解

析中提供的方法.

**变式** $\triangle ABC$ 的三个内角 $A, B, C$ 所对的边分别为 $a, b, c$. 根据每个选项提供的条件解三角形，其中有两个解的是（　　）.

A. $b=10$，$A=45°$，$C=70°$　　B. $a=60$，$c=48$，$B=60°$

C. $a=7$，$b=5$，$A=80°$　　D. $a=14$，$b=16$，$A=45°$

**解析** 对于选项 D，因为 $b\sin A=16\times\frac{\sqrt{2}}{2}=8\sqrt{2}$，所以 $b\sin A<a<b$，所以有两解，选 D.

(2) $\triangle ABC$ 的三个内角 $A, B, C$ 所对的边分别为 $a, b, c$. 已知 $a=2\sqrt{3}$，$c=\sqrt{6}+\sqrt{2}$，$B=45°$，求 $b$ 及 $A$.

**解析** 根据余弦定理 $b^2=a^2+c^2-2ac\cos B$，得

$$b^2=\left(2\sqrt{3}\right)^2+\left(\sqrt{6}+\sqrt{2}\right)^2-2\cdot 2\sqrt{3}\cdot\left(\sqrt{6}+\sqrt{2}\right)\cos 45°,$$

即

$$b^2=12+\left(\sqrt{6}+\sqrt{2}\right)^2-4\sqrt{3}\left(\sqrt{3}+1\right)=8,$$

所以 $b=2\sqrt{2}$.

求 $A$ 可以根据余弦定理，也可以应用正弦定理.

**解法一** 因为 $\cos A=\frac{b^2+c^2-a^2}{2bc}=\frac{\left(2\sqrt{2}\right)^2+\left(\sqrt{6}+\sqrt{2}\right)^2-\left(2\sqrt{3}\right)^2}{2\times 2\sqrt{2}\times\left(\sqrt{6}+\sqrt{2}\right)}=\frac{1}{2}$，所以 $A=60°$.

**解法二** 因为 $\sin A=\frac{a}{b}\sin B=\frac{2\sqrt{3}}{2\sqrt{2}}\cdot\sin 45°$，即 $\sin A=\frac{\sqrt{3}}{2}$.

又因为 $a<c$，所以 $A<C$，从而 $A$ 为锐角.

所以 $A=60°$.

**评析** 解三角形关键在于探寻三角形边、角之间的数量关系，再选择合适的定理加以求解. 对于已知“两边一对角(SSA)”的情形，既可以用正弦定理，也可以用余弦定理求解.

**变式** $\triangle ABC$ 的三个内角 $A, B, C$ 所对的边分别为 $a, b, c$. 已知 $A=60°$，$b+c=7, bc=11$，则边 $a$ 的长为（　　）.

A. 2　　B. 3　　C. 4　　D. 5

**解析** 根据余弦定理得 $a^2=b^2+c^2-2bc\cos A=(b+c)^2-3bc=16$，所以 $a=4$，选 C.

2. 典型解题方法及其应用范围

利用正弦定理或余弦定理进行三角形边角条件转化：

(1) $\triangle ABC$ 的三个内角 $A, B, C$ 所对的边分别为 $a, b, c$，且 $a^2+c^2-b^2=ac$.

(Ⅰ)求角 $B$ 的大小；

(Ⅱ)若 $c=3a$，求 $\tan A$ 的值.

**解析**　(Ⅰ)由余弦定理，得 $\cos B=\dfrac{a^2+c^2-b^2}{2ac}=\dfrac{1}{2}$，又 $0<B<\pi$，所以 $B=\dfrac{\pi}{3}$.

(Ⅱ)**解法一**　将 $c=3a$ 代入 $a^2+c^2-b^2=ac$，得 $b=\sqrt{7}a$.

由余弦定理，得 $\cos A=\dfrac{b^2+c^2-a^2}{2bc}=\dfrac{5\sqrt{7}}{14}$.

因为 $0<A<\pi$，所以 $\sin A=\sqrt{1-\cos^2 A}=\dfrac{\sqrt{21}}{14}$.

从而 $\tan A=\dfrac{\sin A}{\cos A}=\dfrac{\sqrt{3}}{5}$.

**解法二**　将 $c=3a$ 代入 $a^2+c^2-b^2=ac$，得 $b=\sqrt{7}a$.

由正弦定理，得 $\sin B=\sqrt{7}\sin A$. 因为 $B=\dfrac{\pi}{3}$，所以 $\sin A=\dfrac{\sqrt{21}}{14}$.

又 $b=\sqrt{7}a>a$，则 $B>A$，所以 $\cos A=\sqrt{1-\sin^2 A}=\dfrac{5\sqrt{7}}{14}$.

从而 $\tan A=\dfrac{\sin A}{\cos A}=\dfrac{\sqrt{3}}{5}$.

**解法三**　因为 $c=3a$，由正弦定理，得 $\sin C=3\sin A$.

又 $B=\dfrac{\pi}{3}$，所以 $C=\pi-(A+B)=\dfrac{2\pi}{3}-A$，所以 $\sin\left(\dfrac{2\pi}{3}-A\right)=3\sin A$，

即 $\sin\dfrac{2\pi}{3}\cos A-\cos\dfrac{2\pi}{3}\sin A=3\sin A$，

亦即 $\dfrac{\sqrt{3}}{2}\cos A+\dfrac{1}{2}\sin A=3\sin A$，

从而 $\tan A=\dfrac{\sin A}{\cos A}=\dfrac{\sqrt{3}}{5}$.

**评析**　本题解题中，通过正弦定理和余弦定理建立边角之间的关系，并实现转换，达到“统一于边”或“统一于角”的要求，然后用方程的思想“知三求三”，这是代数的基本思维，可应用于求解三角形问题，也可应用于判断三角形

形状特征问题.

**变式**　$\triangle ABC$ 的三个内角 $A,B,C$ 所对的边分别为 $a,b,c$，已知 $c=2$，$C=\frac{\pi}{3}$.

（Ⅰ）若 $A=\frac{\pi}{4}$，求 $a$；

（Ⅱ）若 $\sin B=2\sin A$，求 $\triangle ABC$ 的面积.

**解析**　（Ⅰ）由正弦定理 $\frac{a}{\sin A}=\frac{c}{\sin C}$，得

$$a=\frac{c\sin A}{\sin C}=\frac{2\sin\frac{\pi}{4}}{\sin\frac{\pi}{3}}=\frac{2\sqrt{6}}{3}.$$

（Ⅱ）因为 $\sin B=2\sin A$，所以 $b=2a$.

又由余弦定理，得 $a^2+b^2-2ab\cos\frac{\pi}{3}=c^2$，即 $a^2+b^2-ab=4$，

由 $\begin{cases}b=2a,\\a^2+b^2-ab=4,\end{cases}$ 解得 $\begin{cases}a=\frac{2\sqrt{3}}{3},\\b=\frac{4\sqrt{3}}{3}.\end{cases}$

所以 $S=\frac{1}{2}ab\sin C=\frac{2\sqrt{3}}{3}$.

(2) $\triangle ABC$ 的三个内角 $A, B, C$ 所对的边分别为 $a, b, c$, 已知 $(a+b+c)\times(a+b-c)=3ab$ 且 $2\cos A\sin B=\sin C$，确定 $\triangle ABC$ 的形状.

**解法一**　化简 $(a+b+c)(a+b-c)=3ab$，得 $a^2+b^2-c^2=ab$，

所以 $\cos C=\frac{a^2+b^2-c^2}{2ab}=\frac{1}{2}$，因为 $C\in(0°,180°)$，所以 $C=60°$；

因为 $2\cos A\sin B=\sin C=\sin(A+B)=\sin A\cos B+\cos A\sin B$,

所以 $\sin A\cos B-\cos A\sin B=\sin(A-B)=0$，所以 $A-B\in(-\pi,\pi)$，

所以 $A-B=0$，所以 $A=B$，又因为 $C=60°$，所以 $\triangle ABC$ 为等边三角形.

**解法二**　化简 $(a+b+c)(a+b-c)=3ab$，得 $a^2+b^2-c^2=ab$，

所以 $\cos C=\frac{a^2+b^2-c^2}{2ab}=\frac{1}{2}$，因为 $C\in(0°,180°)$，所以 $C=60°$；

因为 $2\cos A\sin B=\sin C$，由正弦定理和余弦定理，得

$\dfrac{2(b^2+c^2-a^2)}{2bc}\cdot\dfrac{b}{2R}=\dfrac{c}{2R}$（其中 $R$ 为 $\triangle ABC$ 外接圆的半径），

所以 $b^2+c^2-a^2=c^2$，所以 $a^2=b^2$，所以 $a$，$b>0$，所以 $a=b$，又 $C=60°$，所以 $\triangle ABC$ 为等边三角形.

**评析**　判断三角形的形状主要有两条思路：一是化角为边；二是化边为角. 这两条思路都是利用正弦定理和余弦定理实现三角形边角的转换，将边与角的混合关系统一为边的关系或统一为角的关系，这种化归与转化的思想是解决代数问题的一般方法.

**变式**　$\triangle ABC$ 的三个内角 $A, B, C$ 所对的边分别为 $a, b, c$，已知 $b^2\tan A=a^2\tan B$，试判断 $\triangle ABC$ 的形状.

**解法一**　因为 $b^2\tan A=a^2\tan B$，所以 $\dfrac{\tan A}{\tan B}=\dfrac{a^2}{b^2}=\dfrac{(2R\sin A)^2}{(2R\sin B)^2}$，即

$$\frac{\sin A\cos B}{\sin B\cos A}=\frac{\sin^2 A}{\sin^2 B}.$$

因为 $A, B\in(0,\pi)$，所以 $\sin A, \sin B>0$，所以 $\sin A\cos A=\sin B\cos B$，所以 $\sin 2A=\sin 2B$，又因为 $2A, 2B\in(0,2\pi)$，所以 $2A=2B$ 或 $2B=\pi-2A$，所以 $A=B$ 或 $C=\dfrac{\pi}{2}$，

从而 $\triangle ABC$ 为等腰或直角三角形.

**解法二**　因为 $b^2\tan A=a^2\tan B$，所以 $\dfrac{\tan A}{\tan B}=\dfrac{a^2}{b^2}$，所以

$$\frac{\sin A\cos B}{\sin B\cos A}=\frac{a}{b}\cdot\frac{2R\sin A}{2R\sin B}.$$

因为 $A, B\in(0,\pi)$，所以 $\sin A, \sin B>0$，

所以 $\dfrac{\cos B}{\cos A}=\dfrac{a}{b}$，所以 $\dfrac{\dfrac{a^2+c^2-b^2}{2ac}}{\dfrac{b^2+c^2-a^2}{2bc}}=\dfrac{a}{b}$，

所以 $b^2(a^2+c^2-b^2)=a^2(b^2+c^2-a^2)$，

所以 $(a^2-b^2)(a^2+b^2-c^2)=0$，

所以 $a=b$ 或 $a^2+b^2=c^2$，从而 $\triangle ABC$ 为等腰或直角三角形.

### 3. 针对学生的误解与难点的有效评价题目

1）利用正弦定理解三角形时解的个数判断

已知$\triangle ABC$中，$AB=\sqrt{3}$，$AC=1$，$\angle B=30°$，则$\triangle ABC$的面积等于（　　）.

A. $\dfrac{\sqrt{3}}{2}$　　B. $\dfrac{\sqrt{3}}{4}$　　C. $\dfrac{\sqrt{3}}{2}$或$\sqrt{3}$　　D. $\dfrac{\sqrt{3}}{2}$或$\dfrac{\sqrt{3}}{4}$

**解析**　因为$\dfrac{AC}{\sin B}=\dfrac{AB}{\sin C}$，所以$\sin C=\dfrac{\sqrt{3}}{2}$，因为$AB>AC$，所以$30°<C<150°$，所以$C=60°$或$120°$.

且当$C=60°$时，$A=90°$，$S_{\triangle ABC}=\dfrac{1}{2}AB\cdot AC\cdot\sin A=\dfrac{\sqrt{3}}{2}$；

当$C=120°$时，$A=30°$，$S_{\triangle ABC}=\dfrac{1}{2}AB\cdot AC\cdot\sin A=\dfrac{\sqrt{3}}{4}$，故选D.

**评析**　根据条件提供的三角形要素求面积，关键是分析求解过程的需求以及可能出现的错误，本题设计主要针对三角形解的个数这个易错点.

2）确定三角形现状

$\triangle ABC$的三个内角$A, B, C$所对的边分别为$a, b, c$，向量$\vec{m}=(-1,1)$，$\vec{n}=\left(\cos B\cos C,\ \sin B\sin C-\dfrac{\sqrt{3}}{2}\right)$，且$\vec{m}\perp\vec{n}$.

（Ⅰ）求$A$的大小；

（Ⅱ）现给出下列四个条件：

①$a=1$；　②$b=2\sin B$；　③$2c-(\sqrt{3}+1)b=0$；　④$B=45°$.

从中再选择两个条件以确定$\triangle ABC$，求出所确定$\triangle ABC$的面积.

**解析**　（Ⅰ）因为$\vec{m}\perp\vec{n}$，所以$-\cos B\cos C+\sin B\sin C-\dfrac{\sqrt{3}}{2}=0$，

即$\cos B\cos C-\sin B\sin C=-\dfrac{\sqrt{3}}{2}$，所以$\cos(B+C)=-\dfrac{\sqrt{3}}{2}$.

因为$A+B+C=180°$，所以$\cos(B+C)=-\cos A$，

所以$\cos A=\dfrac{\sqrt{3}}{2}$，$A=30°$.

（Ⅱ）**方案一**　选择①③可确定$\triangle ABC$.

因为$A=30°$，$a=1$，$2c-(\sqrt{3}+1)b=0$，

由余弦定理$1^2=b^2+\left(\dfrac{\sqrt{3}+1}{2}b\right)^2-2b\cdot\dfrac{\sqrt{3}+1}{2}b\cdot\dfrac{\sqrt{3}}{2}$，

整理得$b^2=2$，$b=\sqrt{2}$，$c=\dfrac{\sqrt{6}+\sqrt{2}}{2}$.

所以$S_{\triangle ABC}=\dfrac{1}{2}bc\sin A=\dfrac{1}{2}\times\sqrt{2}\times\dfrac{\sqrt{6}+\sqrt{2}}{2}\times\dfrac{1}{2}=\dfrac{\sqrt{3}+1}{4}$.

**方案二**　选择①④可确定$\triangle ABC$.

因为$A=30°$，$a=1$，$B=45°$，所以$C=105°$.

又$\sin105°=\sin(60°+45°)=\sin60°\cos45°+\cos60°\sin45°=\dfrac{\sqrt{6}+\sqrt{2}}{4}$，

由正弦定理，得$c=\dfrac{a\sin C}{\sin A}=\dfrac{\sin105°}{\sin30°}=\dfrac{\sqrt{6}+\sqrt{2}}{2}$.

所以$S_{\triangle ABC}=\dfrac{1}{2}ac\sin B=\dfrac{1}{2}\times1\times\dfrac{\sqrt{6}+\sqrt{2}}{2}\times\dfrac{\sqrt{2}}{2}=\dfrac{\sqrt{3}+1}{4}$.

**注**　若选择②③，可转化为选择①③解决；若选择②④，可转化为选择①④解决. 若选择①②或选择③④不能确定三角形.

**评析**　本题以开放问题形式命制，要求学生结合自己对解三角形的认识做出选择，不同的选择都需要不同的解题策略与相应的方法，因此这种选择能综合反映学生的能力，达到有效检测的目的.

### 4.4.5　教学设计举例

“正弦定理”教学设计.

1. 创设探究问题，引入课题

**问题 1**　我们知道，在任意三角形中有大边对大角、小边对小角的边角关系，我们是否能得到这个边、角关系准确量化的表示呢?

**追问 1**　在$\triangle ABC$中，我们将三个内角$A, B, C$所对的边分别记为$a, b, c$，现在要研究$A, B, C$与$a, b, c$之间有怎样的数量关系，应先考虑用什么研究工具，从哪里开始研究，请大家思考.

**追问 2**　从特殊的直角三角形入手，根据锐角三角函数得到

$$\frac{a}{\sin A}=\frac{b}{\sin B}=\frac{c}{\sin C}.$$

那么，对于一般的三角形，以上关系式是否仍然成立呢？

**实践与意图** 从学生熟悉的三角形的定性关系，引出定量关系的研究，再分析直角三角形中的边角关系引向一般三角形的边角关系的讨论，这种目标明确的研究能很好地指向定理的探究与发现.

2. 探索证明方法，得出定理

**问题 2** $\triangle ABC$ 的三个内角 $A, B, C$ 所对的边分别记为 $a, b, c$. 如何证明 $\frac{a}{\sin A}=\frac{b}{\sin B}=\frac{c}{\sin C}$ 成立呢？

**追问 1** 对于钝角三角形，上式是否成立？

**追问 2** 你还有其他的证明方法吗？

**实践与意图** 在探索获得正弦定理后，引导学生用严谨的方法加以证明. 这样设计体现了数学证明的严谨性、规范性以及证明方法的多样性.

3. 应用正弦定理，解决问题

**问题 3** 一般地，把三角形的三个角 $A, B, C$ 和它们的对边 $a, b, c$ 叫做三角形的元素. 已知三角形的几个元素求其他元素的过程叫做解三角形.

$\triangle ABC$ 的三个内角 $A, B, C$ 所对的边分别记为 $a, b, c$.

(1) 已知 $A=32.0°$, $B=81.8°$, $a=42.9\text{cm}$，解三角形.

(2) 已知 $a=20\text{cm}$, $b=20\sqrt{3}\text{cm}$, $A=30°$，解三角形.

**追问** 我们利用正弦定理可以解决一些怎样的解三角形问题呢？

**实践与意图** 本问题设计的两个小题说明应用正弦定理解三角形的方法，在已知两边和一个对角的情况下，解的个数有三种情形，这里可以引导学生加以讨论，同时布置学生在课后自学教材中“关于解三角形的进一步讨论”，在恰当的时机继续研究.

4. 引导归纳小结，提高认识

**问题 4** 正弦定理描述了三角形中边与角怎样的数量关系？在探究与证明正弦定理中，给了你哪些启发？

**追问** 教材指出，由正弦函数在区间上的单调性可知，正弦定理非常好地描述了任意三角形中边与角的一种数量关系，你是怎么理解的？

**实践与意图** 正弦定理指出了任意三角形中三条边与对应角的正弦之间的一种数量关系，正确理解这句话，可以从定量的角度与定性的角度加以分析，一方面，正弦定理指出各边和它所对角的正弦的比相等；另一方面，正弦定理也能解释“大边对大角、小边对小角”的关系. 本环节重在引导学生回顾小结，并能仔细阅读教材，从中领悟基本思想.

### 4.4.6　实践与思考

(1) 如何引导学生发现正弦定理？课堂中应怎样开展探究式教学？
(2) 设计一个“证明余弦定理”的教学片断.
(3) 尝试对本章的“应用举例”进行教材分析，并与你的同学进行交流讨论.

## 4.5　“数列”教材分析

### 4.5.1　内容组织

1. 内容简介

数列 (sequence of number) 是按照一定顺序排列的一列数，这列数因其排列的顺序与规律充满神奇的魅力. 首先，数列是在日常生活中大量实际问题的分析基础上形成的离散模型，有丰富的生活背景与应用价值；其次，可以将数列看成以正整数集 (或其子集 $\{1,2,3,\cdots,n\}$) 为定义域的函数，是反映客观世界变化规律的重要数学模型. 本章内容主要包括数列的概念与表示、等差数列与等比数列的通项公式与前 $n$ 项和以及数列的应用. 知识结构如图 4.25 所示.

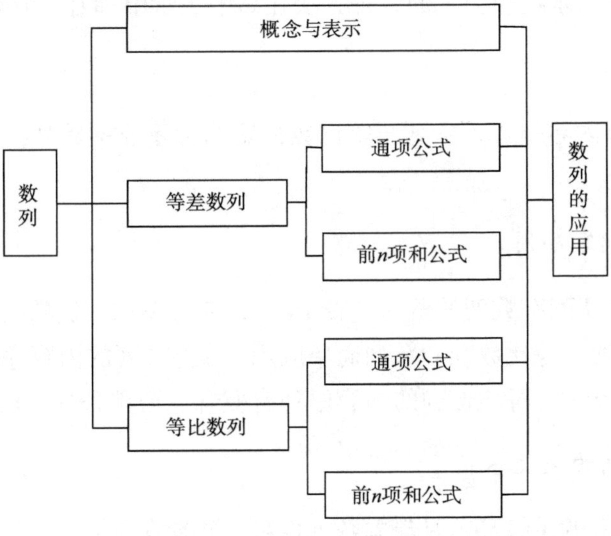


图 4.25

### 2. 来龙去脉与定位

1)来龙去脉

在小学，有很多探索规律的内容，大部分就是探索数列的规律性. 在探寻数列的规律性时，开始了数列的通项公式、数列的性质以及离散型的有次序变化过程的研究. 高中阶段将数列看作是定义在自然数集上的函数，重点研究两种特殊的数列：等差数列和等比数列的表示法和基本性质，以及前$n$项和与简单应用.

数列的研究是未来微积分理论的出发点，如果将无限项数列各项依次相加便构成级数，级数是研究函数的一个重要工具，在理论上和实际应用中都处于重要地位，因此，普遍认为数列应当成为公民数学素质的重要组成部分.

2)定位

数列研究是对函数研究的继续和深化. 数列是一种特殊函数，教学中，应该用函数的观点理解数列，并类比函数的表示，认识数列的图像、列表与通项公式等表示方法，加强数列与函数的联系. 数列的研究，实现了从连续型转到离散型的函数研究，它加深学生对函数概念的认识，使学生了解到不仅可以有自变量连续变化的函数，也可以有自变量离散变化的函数.

数列是培养学生观察、分析、推理等逻辑思维和探究能力的重要内容. 数列与数、式、函数、方程、不等式、三角函数、解析几何、离散型随机变量的关系十分密切，是知识交汇的良好题材. 数列中的递推思想、函数与方程的思想、分类思想以及数列求和、求通项公式的各种方法在高中数学中都有十分重要的地位.

### 3. 核心内容

本章的核心内容是等差数列与等比数列这两种重要的数列模型，并落实到数列的简单应用上.

### 4. 数列的内容序列

数列的内容序列有数列的概念、表示法(列表、图像、通项公式、简单的递推公式)、等差数列、等比数列和数列简单应用. 等差数列的内容序列有概念、通项公式、前$n$项和公式. 等比数列的内容序列有概念、通项公式、前$n$项和公式.

### 5. 教授数列的关键环节

“数列”这章的关键环节是等差数列模型. 等差数列是第一种详细研究的数列模型，奠定了数列研究的框架. 在内容上，数列模型主要研究定义、表示、通项公式、性质与前 $n$ 项和公式；在方法上，用到了观察、归纳、类比等数学推理方法. 在求通项公式时，用到了叠加法；求前 $n$ 项和公式用到了倒序相加法. 数列的相关计算，如公式的选择使用，以及逆用公式、变用公式、活用公式、前 $n$ 项和公式与通项公式的综合运用等都体现了方程(组)思想；而将等差数列的通项公式视作 $n$ 的一次函数，前 $n$ 项和公式视作 $n$ 的二次函数，归结为函数的思想.

### 4.5.2　学生理解

1. 学生理解数列的基础

学生对数列并不陌生，生活中一列有序的数的描述，按顺序排列的数的规律探寻，以及用数表列出的班级学生的成绩等，都提供了数列的直观概念，成为学生理解数列的基础.

将数列视作特殊的函数，因此数列的表示、性质的研究都可以借助函数工具，比如表示数列的方法中的通项公式、列表法、图像法与函数表示法一致，递推关系其实也与隐函数表示关联，因此，必修一、必修四学过的函数相关知识也是学生理解数列的基础.

2. 学生自发的方法

(1)求数列的项，代入通项公式化简求值是学生能自发解决的方法；

(2)对数列单调性的判断，学生会自发通过画图进行直观判断；

(3)对数列通项公式的猜测，学生会自发借助合情推理的思想进行简单判断；

(4)对等差数列前 $n$ 项和的求法，学生会借助首尾相加方法求和.

3. 学生的学习能力限度

等比数列的前 $n$ 项和公式推导是学生很难自行突破的能力限度. 调查表明，大部分高二学生只能记住推导方法，不能熟练掌握该方法并灵活应用.

4. 数列的难点

(1)数列性质的研究方法，学生很难自行发现，需要结合具体实例，在专题训练中引导学生概括总结，最终形成研究数列性质的基本方法.

(2)等比数列的前 $n$ 项和公式推导方法，学生很难自行发现，在公式推导中，教师要善于指导、总结该方法，并配备一定量的练习，训练使用这些方法并提升对这些方法的认识，要注意方法的指导和要求.

(3)数列问题的求解过程容易算错. 首先，数列问题往往运算量较大，学生解题时会有一定的困难，容易算错. 其次，数列问题往往出现的字母较多，一些学生搞不清运算顺序，算不出来. 教学中，要有意指导学生分析算理，学会验证与检查，通过培养对数字的敏感性来提高运算能力.

(4)本章涉及的公式，一般都有多种变换方法，多种解题技巧，因此对初学者也造成一定的困难. 本章常见的变换方法主要有直接法、公式法、裂项法、迭代法、叠加法、累乘法等，这些方法的学习和掌握都要细水长流、逐步训练. 变换上加强训练，不仅可以提高运算能力，还可以加深对概念本质性的理解.

5. 学生的典型误解

(1)关于常数，在等差数列与等比数列的定义中，出现的“$d$”与“$q$”是两个“常数”，是指与 $n$ 无关的数，它可以是已知数，也可以是未知数，当常数未知时，容易引起学生误解，需要教师加以引导，比如满足 $a_n - a_{n-1} = 2k$（$k$ 与 $n$ 无关）的数列 $\{a_n\}$ 是等差数列，而满足 $a_n - a_{n-1} = 2n$ 的数列 $\{a_n\}$ 就不是等差数列了.

(2)关于证明，等差数列与等比数列通项公式是由等差数列与等比数列概念通过归纳的方法得出的，但归纳得出的公式只是一个猜想，需要严格的证明，学生缺乏推理与证明的学习，容易在认识上形成误解，需要教师加以引导进行认知重组.

### 4.5.3 教学目标

1. 课程标准中的教学要求

1)数列的概念和简单表示法

通过日常生活中的实例，了解数列的概念和几种简单的表示方法(列表、图像、通项公式)，了解数列是一种特殊函数.

2)等差数列、等比数列

(1)通过实例，理解等差数列、等比数列的概念.

(2)探索并掌握等差数列、等比数列的通项公式与前 $n$ 项和的公式.

(3)能在具体的问题情境中，发现数列的等差关系或等比关系，并能用有关知识解决相应的问题.

(4)体会等差数列、等比数列与一次函数、指数函数的关系.

2. 把握课程标准教学要求的几个注意要点

(1) 数列是一种特殊函数，教学中应与函数的表示方法类比，指导学生用列表、图像的方法表示数列，并引导学生通过函数的观点了解数列．通过正整数 $n$ 的一次函数或常值函数理解等差数列的通项 $a_n$，通过正整数 $n$ 的缺常数项的二次函数理解等差数列的前 $n$ 项和 $S_n$；通过正整数 $n$ 的指数函数模型理解等比数列的通项 $a_n$ 与等比数列的前 $n$ 项和 $S_n$．强调数列作为一种特殊的函数，是重要的数学模型，与函数有密切的关系．

(2) 应通过实例认识数列的项的等差、等比关系，从项与项的关系的特点上理解等差、等比数列的概念，认识这两种数列的本质．理解“等差”“等比”是等差数列、等比数列的概念、性质的基础，也是思考数列问题的基本出发点，教学中，应引导学生回到这个出发点上来．

(3) 应引导学生通过归纳、类比等方法发现等差数列、等比数列的通项公式、性质、前 $n$ 项和公式，并通过特定方法加以证明，指导学生从证明方法中探寻蕴涵的数学思想方法．

(4) 应保证基本技能的训练，引导学生通过必要的练习，掌握数列中各量之间的基本关系，但训练要控制难度和复杂程度．特别要引导学生从变量的角度认识等差、等比数列的五个参量，深刻体会可以根据五个参量中的任意三个求出其余两个的“知三求二”的方程思想，知道“知三求二”的问题一般都可以归结为解二元一次方程组；并通过实例强化认识首项和公差(公比)在解决等差数列问题中的重要性，体会解决等差数列(等比数列)问题可以划归到首项和公差(公比)的转化思想．

### 4.5.4　效果评估

1. 典型题目及其变式

1) 通项公式与前 $n$ 项和公式

设 $S_n$ 是等差数列 $\{a_n\}$ 的前 $n$ 项和，已知 $a_2=3$，$a_6=11$，则 $S_7$ 等于(　　)．

A. 13　　B. 35　　C. 49　　D. 63

**解法一**　$S_7=\dfrac{7(a_1+a_7)}{2}=\dfrac{7(a_2+a_6)}{2}=\dfrac{7(3+11)}{2}=49$．选 C.

**解法二**　设等差数列 $\{a_n\}$ 的公差为 $d$，

则$\begin{cases}a_2=a_1+d=3,\\a=a_1+5d=11,\end{cases}$解得$\begin{cases}a_1=1,\\d=2.\end{cases}$

所以$S_7=7a_1+\frac{1}{2}\times7\times6\cdot d=49$，选 C.

**评析** 借助等差数列的性质常常可以简化解题过程，但回归等差数列的基本量是基本思路.

**变式** 已知等比数列$\{a_n\}$的公比为正数，且

$$a_3\cdot a_9=2a_5^2,\quad a_2=1,$$

则$a_1=$(　　).

A. $\frac{1}{2}$　　B. $\frac{\sqrt{2}}{2}$　　C. $\sqrt{2}$　　D. 2

**解析** 设公比为$q$，由已知得$a_1q^2\cdot a_1q^8=2(a_1q^4)^2$，即$q^2=2$.

又因为等比数列$\{a_n\}$的公比为正数，所以$q=\sqrt{2}$.

故$a_1=\frac{a_2}{q}=\frac{1}{\sqrt{2}}=\frac{\sqrt{2}}{2}$，选 B.

2) 前$n$项和的最值

已知等差数列$\{a_n\}$中，$a_1=29$，$S_{10}=S_{20}$，问这个数列的前多少项和最大？并求此最大值.

**解法一** 设数列$\{a_n\}$的公差为$d$.

因为$S_{10}=S_{20}$，

所以$10\times29+\frac{10\times9}{2}d=20\times29+\frac{20\times19}{2}d$，解得$d=-2$，

所以$a_n=-2n+31$.

设这个数列的前$n$项和最大.

则当且仅当$\begin{cases}a_n\geqslant0,\\a_{n+1}<0,\end{cases}$即$\begin{cases}-2n+31\geqslant0,\\-2(n+1)+31<0,\end{cases}$所以$14.5<n\leqslant15.5$，

因为$n\in\mathbf{N}^*$，所以$n=15$.

所以当$n=15$时，$S_n$最大，最大值为$S_{15}=15\times29+\frac{15\times14}{2}\times(-2)=225$.

**解法二** 同解法一求得$d=-2$.

所以$S_n=29n+\frac{1}{2}n(n-1)\cdot(-2)=-n^2+30n=-(n-15)^2+225$，

所以当 $n=15$ 时，$S_n$ 最大，最大值为 $S_{15}=225$.

**评析**　常数列除外，等差数列的通项公式实际上是关于 $n$ 的一次式，前 $n$ 项和是关于 $n$ 的二次式(且常数项为 0)，而且首项和公差决定了等差数列的项和性质，求解前 $n$ 项和的最大(小)值时，往往借助项的特征或用二次式的性质求解.

**变式**　设等差数列 $\{a_n\}$ 的前 $n$ 项和为 $S_n$，已知 $a_3=12$，$S_{12}>0$，$S_{13}<0$. 求公差 $d$ 的取值范围.

**解析**　因为 $a_3=12$，所以 $a_1=12-2d$.

由 $S_{12}>0$ 及 $S_{13}<0$ 可得 $\begin{cases}12a_1+\dfrac{12\times 11}{2}d>0,\\ 13a_1+\dfrac{13\times 12}{2}d<0,\end{cases}$ 即 $\begin{cases}2a_1+11d>0,\\ a_1+6d<0,\end{cases}$

所以 $\begin{cases}7d+24>0,\\ d+3<0,\end{cases}$ 解得 $-\dfrac{24}{7}<d<-3$.

2. 典型解题方法及其应用范围

1)定义法判定等差数列

已知函数 $f(x)=\dfrac{x}{x+1}$，数列 $\{a_n\}$ 满足 $a_1=1$，且 $a_{n+1}=f(a_n)$.

(Ⅰ)令 $b_n=\dfrac{1}{a_n}$，证明数列 $\{b_n\}$ 是等差数列；

(Ⅱ)求数列 $\{a_n\}$ 的通项公式.

**解析**　因为 $a_{n+1}=f(a_n)=\dfrac{a_n}{a_n+1}$，$b_n=\dfrac{1}{a_n}$，所以

$$b_{n+1}-b_n=\frac{1}{a_{n+1}}-\frac{1}{a_n}=\frac{a_n+1}{a_n}-\frac{1}{a_n}=\frac{a_n}{a_n}=1,$$

又 $b_1=\dfrac{1}{a_1}=1$，所以数列 $\{b_n\}$ 是首项 $b_1=1$，公差 $d=1$ 的等差数列.

(Ⅱ)由(Ⅰ)可得 $\dfrac{1}{a_n}=b_n=n$，所以 $a_n=\dfrac{1}{n}$.

**评析**　判定或证明等差数列 $\{a_n\}$，常用定义法，即证明 $a_{n+1}-a_n=d$ (常数). 本例要求数列 $\{a_n\}$ 的通项公式，由已知条件得到递推关系 $a_{n+1}=f(a_n)=\dfrac{a_n}{a_n+1}$，然后

根据概念证明$\{b_n\}$是等差数列，这里证明$\{b_n\}$是等差数列是为求解数列$\{a_n\}$的通项公式铺设道路.

**变式** 已知数列$\{a_n\}$的通项公式为$a_n=8n-6$．若$b_n$满足$a_n=2\log_2 b_n$，求数列$\{b_n\}$的前$n$项和$T_n$．

**解析** 因为$a_n=8n-6$，所以$2\log_2 b_n=8n-6$，

解得$\log_2 b_n=4n-3$，即$b_n=2^{4n-3}$，所以$b_1=2, \dfrac{b_{n+1}}{b_n}=2^4=16$，

即$\{b_n\}$是以2为首项，16为公比的等比数列，

所以$\{b_n\}$的前$n$项和$T_n=\dfrac{2(1-16^n)}{1-16}=\dfrac{2}{15}(16^n-1)$．

2)错位相减法

已知数列$\{a_n\}$是等差数列，且$a_1=2,\ a_1+a_2+a_3=12$.

(Ⅰ)求数列$\{a_n\}$的通项公式；

(Ⅱ)令$b_n=a_nx^n(x\in\mathbf{R})$，求数列$\{b_n\}$的前$n$项和.

**解析** (Ⅰ)设数列$\{a_n\}$公差为$d$，则$a_1+a_2+a_3=3a_1+3d=12$．

又$a_1=2$，所以$d=2$，所以$a_n=2n$．

(Ⅱ)令$S_n=b_1+b_2+\cdots+b_n$，则由$b_n=a_nx^n=2nx^n$，得

$$S_n=2x+4x^2+\cdots+(2n-2)x^{n-1}+2nx^n，①$$

当$x=1$时，$S_n=2+4+\cdots+2n=n(n+1)$．

当$x\neq1$时，由①得

$$xS_n=2x^2+4x^3+\cdots+(2n-2)x^n+2nx^{n+1}，②$$

由①式减去②式，得

$$(1-x)S_n=2(x+x^2+\cdots+x^n)-2nx^{n+1}=\frac{2x(1-x^n)}{1-x}-2nx^{n+1}，$$

所以$S_n=\dfrac{2x(1-x^n)}{(1-x)^2}-\dfrac{2nx^{n+1}}{1-x}$．

综上可得当$x=1$时，$S_n=n(n+1)$；当$x\neq1$时，$S_n=\dfrac{2x(1-x^n)}{(1-x)^2}-\dfrac{2nx^{n+1}}{1-x}$．

**评析** 注意到$\{b_n\}$的项是由等差数列与等比数列对应的项的乘积构成，所以用错位相减法. 错位相减法是推导等比数列的前$n$项和公式所用的方法，解题时需

要注意分 $x=1$ 与 $x\neq1$ 两种情况讨论.

**变式** 数列$\{a_n\}$中，$a_1=3$，已知点$(a_n,a_{n+1})$在直线$y=x+2$上.

（Ⅰ）求数列$\{a_n\}$的通项公式；

（Ⅱ）若$b_n=a_n\cdot3^n$，求数列$\{b_n\}$的前$n$项和$T_n$.

**解析** （Ⅰ）因为点$(a_n,a_{n+1})$在直线$y=x+2$上，

所以$a_{n+1}=a_n+2$，即$a_{n+1}-a_n=2$.

所以数列$\{a_n\}$是以 3 为首项，以 2 为公差的等差数列，

所以$a_n=3+2(n-1)=2n+1$.

（Ⅱ）因为$b_n=a_n\cdot3^n$，所以$b_n=(2n+1)\cdot3^n$，所以

$$T_n=3\times3+5\times3^2+7\times3^3+\cdots+(2n-1)\cdot3^{n-1}+(2n+1)\cdot3^n\text{，①}$$

可得

$$3T_n=3\times3^2+5\times3^3+\cdots+(2n-1)\cdot3^n+(2n+1)\cdot3^{n+1}\text{，②}$$

由①－②得

$$\begin{aligned}-2T_n&=3\times3+2(3^2+3^3+\cdots+3^n)-(2n+1)\cdot3^{n+1}\\&=9+2\times\frac{9(1-3^{n-1})}{1-3}-(2n+1)\cdot3^{n+1}\\&=-2n\cdot3^{n+1},\end{aligned}$$

所以$T_n=n\cdot3^{n+1}$.

3. 针对学生的误解与难点的有效评价题目

1）通项公式要分段

已知数列$\{a_n\}$的前$n$项和为$S_n$，且$S_n=3^n+1$，求通项公式.

**解析** 当$n=1$时，$a_n=S_1=4$；

当$n\geqslant2$时，$a_n=S_n-S_{n-1}=(3^n+1)-(3^{n-1}+1)=2\times3^{n-1}$.

所以$a_n=\begin{cases}4, & n=1,\\ 2\times3^{n-1}, & n\geqslant2.\end{cases}$

**评析** 由数列$\{a_n\}$的前$n$项和$S_n$求通项公式，有如下关系：

$$a_n=\begin{cases}S_1, & n=1,\\ S_n-S_{n-1}, & n\geqslant2.\end{cases}$$

解题时必须分 $n=1$ 与 $n\geqslant 2$ 两种情况进行运算，然后验证两种情形是否可以用统一的式子表示，若不能，就采用类似分段函数形式表示.

**变式** 若数列 $\{a_n\}$ 满足 $a_{n+1}=\begin{cases}2a_n, & 0\leqslant a_n<\dfrac{1}{2},\\ 2a_n-1, & \dfrac{1}{2}\leqslant a_n<1,\end{cases}$ 且 $a_1=\dfrac{6}{7}$，则 $a_{20}$ 的值为（ ）.

A. $\dfrac{6}{7}$ B. $\dfrac{5}{7}$ C. $\dfrac{3}{7}$ D. $\dfrac{1}{7}$

**解析** 逐项计算，可得

$$a_1=\frac{6}{7},\ a_2=\frac{12}{7}-1=\frac{5}{7},\ a_3=\frac{10}{7}-1=\frac{3}{7},\ a_4=\frac{6}{7},\ a_5=\frac{12}{7}-1=\frac{5}{7},\ \cdots$$

这说明数列 $\{a_n\}$ 是周期数列，$T=3$. 所以 $a_{20}=a_{3\times 6+2}=a_2=\dfrac{5}{7}$. 应选 B.

2)项的合理表示

已知5个数成等差数列，它们的和为5，平方和为 $\dfrac{85}{9}$，求这5个数.

**解析** 设第三个数为 $a$，公差为 $d$，则这5个数依次为 $a-2d$，$a-d$，$a$，$a+d$，$a+2d$，依题意

$$(a-2d)^2+(a-d)^2+a^2+(a+d)^2+(a+2d)^2=\frac{85}{9},$$

$$(a-2d)+(a-d)+a+(a+d)+(a+2d)=5,$$

所以 $a^2+2d^2=\dfrac{17}{9}$，且 $a=1$，且 $d=\pm\dfrac{2}{3}$.

当 $d=\dfrac{2}{3}$ 时，这5个数分别是 $-\dfrac{1}{3}$，$\dfrac{1}{3}$，1，$\dfrac{5}{3}$，$\dfrac{7}{3}$；

当 $d=-\dfrac{2}{3}$ 时，这5个数分别是 $\dfrac{7}{3}$，$\dfrac{5}{3}$，1，$\dfrac{1}{3}$，$-\dfrac{1}{3}$.

**评析** 合理利用等差数列的性质. 假设5个数，用方程组思想解题是关键. 本题采用对称的方式假设等差数列中的项，可以简化运算过程. 一般情况下，成等差数列的三个数假设为 $a-d,a,a+d$，此时公差为 $d$；四个数假设为 $a-3d,a-d,a+d,a+3d$，此时公差为 $2d$. 成等比数列的三个数假设为 $\dfrac{a}{q},a,aq$，此时公比为 $q$；四个数假设为 $\dfrac{a}{q^3},\dfrac{a}{q},aq,aq^3$，此时公比为 $q^2$，注意到 $q^2>0$，但公比可能为

负，所以这种假设仅适合公比为正的情形.

**变式**　设 $a+b+c$, $b+c-a$, $c+a-b$, $a+b-c$ 成等比数列，且公比为 $q$.

求证：$q^3+q^2+q=1$.

**证明**　因为

$$b+c-a=(a+b+c)q,\quad c+a-b=(a+b+c)q^2,\quad a+b-c=(a+b+c)q^3,$$

所以

$$\begin{aligned}q^3+q^2+q&=\frac{a+b-c}{a+b+c}+\frac{c+a-b}{a+b+c}+\frac{b+c-a}{a+b+c}\\&=\frac{(a+b-c)+(c+a-b)+(b+c-a)}{a+b+c}\\&=\frac{a+b+c}{a+b+c}=1.\end{aligned}$$

即 $q^3+q^2+q=1$.

### 4.5.5　教学设计举例

“数列的性质探究”教学设计.

1. 创设情境，引入课题

**问题 1**　自然界中，生存的空间和资源的局限，使得生物种群的规模在发展过程中存在着某种规律，这种规律被称为生物种群规模的“Logistic 模型”.

Logistic 模型：$u_n=a\cdot u_{n-1}\cdot(1-u_{n-1})$，其中，$a\in(0,4]$ 是环境系数，$u_n$ 表示第 $n$ 代生物的规模，该模型反映了下一代对上一代既依赖又竞争的关系.

现在，取 $a=1.5$，$u_1=0.1$ 进行研究，在 TI 图形计算器中(图 4.26)，观察生成的数列，发现若干代之后，生物的规模趋于稳定.

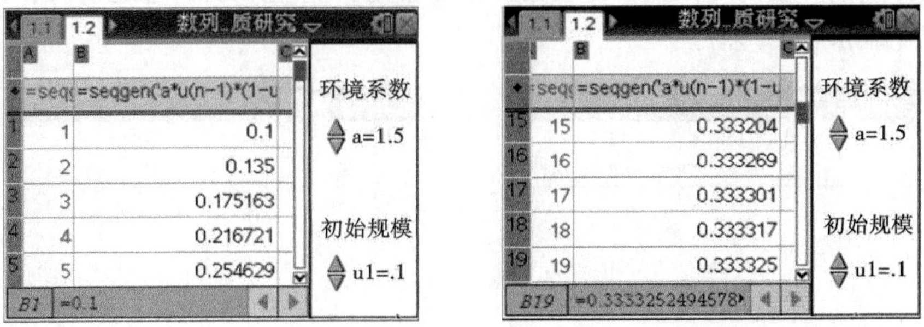


图 4.26

再用图像法表示这个递推数列(图 4.27)，观察离散点的分布情况，也可以看

出 $u_n$ 的值很快趋于定值 $\frac{1}{3}$.

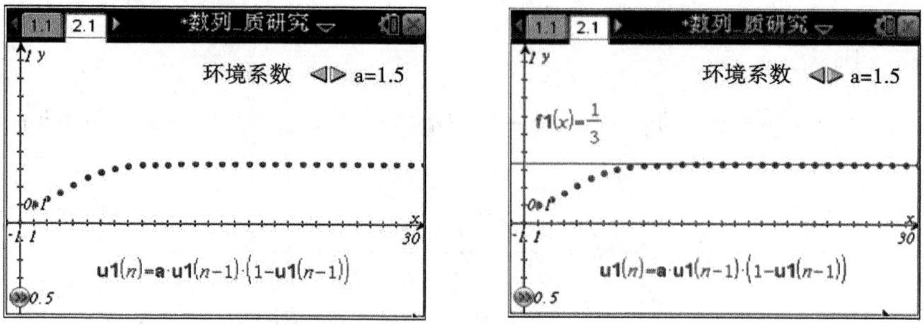


图 4.27

Logistic 模型的研究，给了我们什么启示呢?

**设计意图** 从自然界中的 Logistic 模型的研究，引出数列的表示法，然后引导学生关注数列的四种基本表示方法. 这样引入课题，形象地说明了数列的表示法就是研究方法，指明了工具使用在本节课中的重要作用，同时，也为用技术研究数列问题的方法起了示范作用.

2. 新课教学，自主探究

**问题 2** 已知数列 $\{a_n\}$ 的通项公式 $a_n=(n-5)(n-7)$，在这个数列的前 10 项中，哪一项最大?

**解析** 写出数列的前 10 项，发现第 1 项最大，对有限项的数列的研究，可以用列表法. 事实上，从函数角度观察数列，发现 $a_n=n^2-12n+35=(n-6)^2-1$，其对称轴 $n=6$，从单调性上看，数列先单减，再单增，又因为 $a_1=24,\ a_{10}=15$，所以 $a_1$ 最大.

**设计意图** 数列的单调性是数列的重要性质，TI 图形计算器的引入，将这一性质直观显示(图 4.28).

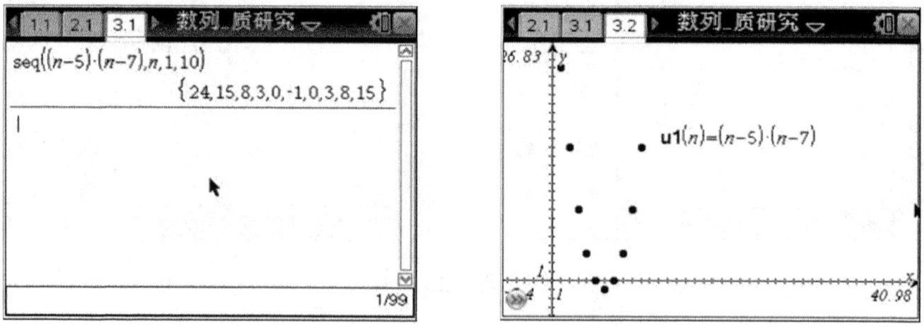


图 4.28

**问题 3**　已知数列$\{a_n\}$的通项公式$a_n=28-2n$，将这个数列的所有偶数项删除，余下的数按顺序构成一个新数列$\{b_n\}$. 记$\{b_n\}$的前 $n$ 项和为$S_n$，求$S_n$的最大值.

**解析**　先思考将数列$\{a_n\}$的所有偶数项删除，余下的数按顺序构成的新数列$\{b_n\}$是什么数列？再思考如何求$S_n$的最大值.

$$b_n=a_{2n-1}=28-2(2n-1)=30-4n.$$

**解法一**　令$b_n>0$，得$n<\dfrac{15}{2}$，所以当$n=7$时，$S_n$取得最大值$S_7=98$.

**解法二**　$S_n=-2n^2+28n=-2(n-7)^2+98$，所以当$n=7$时，$S_n$取得最大值 98.

**设计意图**　$S_n$之所以存在最大值，是因为数列$\{b_n\}$的单调性及项的正负，所有的正项之和显然最大，但$\{b_n\}$的项是怎样的构成呢？将数列$\{a_n\}$的所有偶数项删除，余下的项构成的数列称为$\{a_n\}$的子列，用 TI 图形计算器观察，可以将步长设置为 2，在计算器页面中输入 seq(28 − 2n,n,1,100,2)（图 4.29）请同学们自行观察，并思考工具的使用，给了你什么帮助？

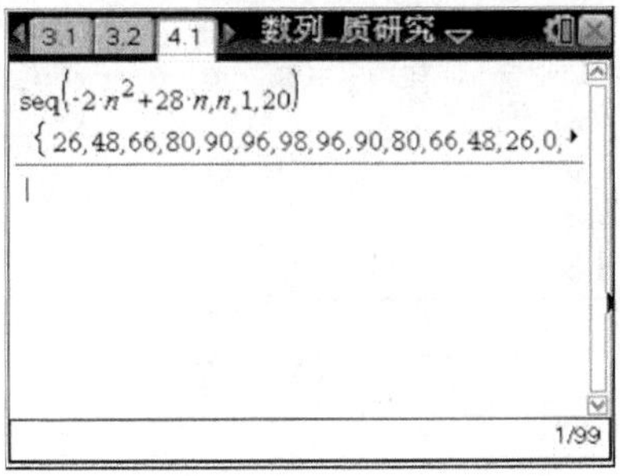


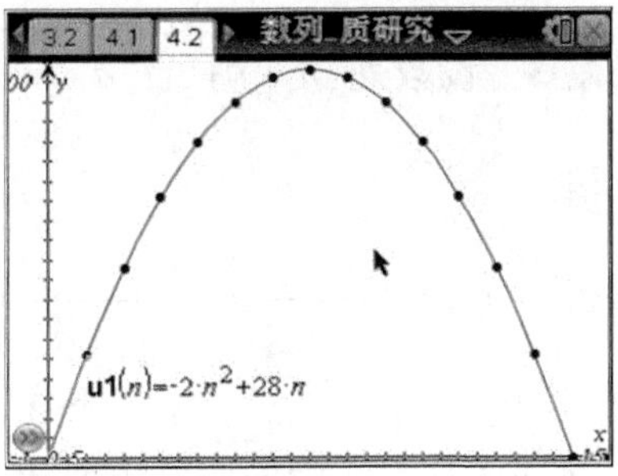


图 4.29

**问题 4**　已知$a_n=n+2,b_n=\left(\dfrac{8}{9}\right)^{n+1}$，试问数列$\{a_nb_n\}$有没有最大项？若有，求出最大项；若没有，请说明理由.

**解析**　设$c_n=a_nb_n=(n+2)\left(\dfrac{8}{9}\right)^{n+1}$，令$\dfrac{c_n}{c_{n-1}}=\dfrac{(n+2)\left(\dfrac{8}{9}\right)^{n+1}}{(n+1)\left(\dfrac{8}{9}\right)^{n}}=\dfrac{\dfrac{8}{9}(n+2)}{n+1}>1$，

解得 $n<7$，这说明当$n\leqslant 6$时，$c_n>c_{n-1}$；

同样当 $n=7$ 时，$c_n=c_{n-1}$；当 $n\geqslant 8$ 时，$c_n<c_{n-1}$.

所以 $c_1<c_2<\cdots<c_6$，$c_6=c_7$，$c_7>c_8>\cdots$，

所以数列 $\{a_nb_n\}$，即 $\{c_n\}$ 有最大项 $c_6=c_7=8\times\left(\frac{8}{9}\right)^7$.

**设计意图** 数列的散点图给了直观形象，但严谨的推导才是正确的理由说明(图 4.30).

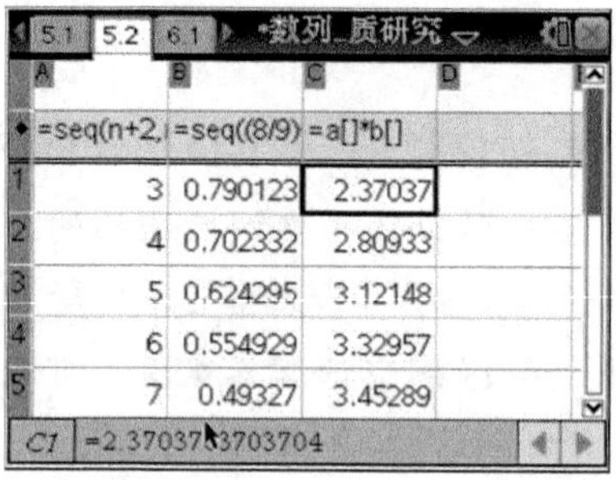


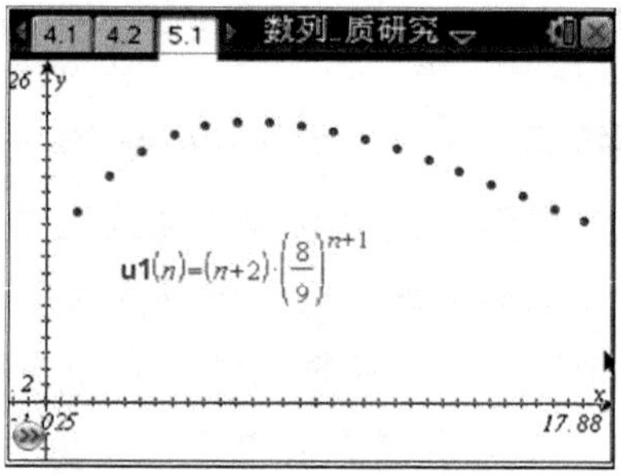


图 4.30

**问题 5** 设数列 $\{a_n\}$ 满足：$a_1=2$，$a_{n+1}=1-\frac{1}{a_n}$，记 $T_n=a_1\cdot a_2\cdot\cdots\cdot a_n$，求 $T_n$ 的最小值.

**解析** $a_{n+3}=1-\frac{1}{a_{n+2}}=1-\frac{1}{1-\frac{1}{a_{n+1}}}=-\frac{1}{a_{n+1}-1}=-\frac{1}{1-\frac{1}{a_n}-1}=a_n$，

所以 $\{a_n\}$ 是以 3 为周期的周期数列.

又因为 $a_1=2$，$a_2=\frac{1}{2}$，$a_3=-1$，$a_4=2$，$a_5=\frac{1}{2}$，$a_6=-1$，$\cdots$，

所以 $T_1=2$，$T_2=1$，$T_3=-1$，$T_4=-2$，$T_5=-1$，$T_6=1$，$\cdots$，$\{T_n\}$ 是以 6 为周期的周期数列，所以 $T_n$ 的最小值为−2，且取得最小值的 $n$ 的值为 4，10，16，….

**设计意图** 用 TI 图形计算器求解，作出散点图，发现数列的周期性，将抽象的问题转化为直观的数表和图像，数列的周期性一目了然，构造新数列 $\{T_n\}$，或结合数据可以迅速得到问题的解(图 4.31). 这是对传统内容的一次深化，展现了数学丰富多彩、内涵深刻的景象.

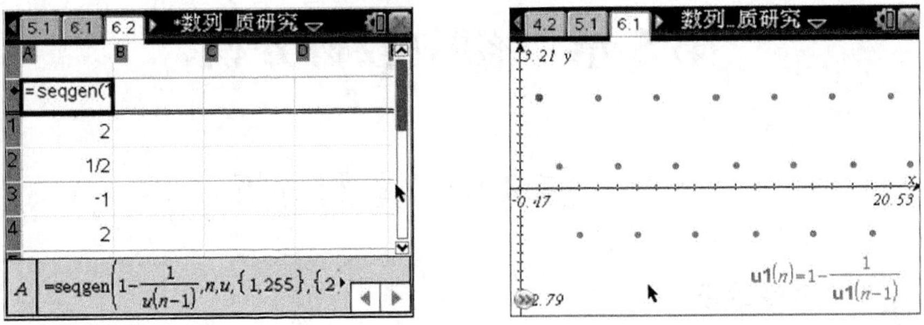


图 4.31

3. 归纳小结，提升思想

**问题 6** 请你谈谈本课学习的启发.

**解析** 数列的性质丰富多彩，形式各异，数列通项、单调性、最值、周期性、图像是数列的重点，利用 TI 图形计算器进行研究，给我们呈现了多样化、形象化的特点.

**设计意图** 回顾总结，提升认识. 指出在本课学习中，通过工具研究数列的性质，开阔了视野，解题方法更加多样；同时认识到，数列的性质研究，直观是起点，本质是函数，其周期性、单调性与最值问题，都可以加深对函数的认识与理解.

### 4.5.6 实践与思考

(1) 你是如何理解数列是特殊的函数？新课程标准下，数列教学应有怎样的定位？

(2) 设计一个教学片断，推导求等比数列前 $n$ 项和的公式.

(3) 尝试对“等差数列”进行教材分析，并与你的同学进行交流讨论.

# 第5章　初中教材分析

## 5.1　“有理数”教材分析

### 5.1.1　内容组织

1. 内容简介

本章的主要内容是负数的意义、表示、大小，有理数的加减、乘除及乘方运算，有理数的运算律，以及隐含的运算法则的逻辑相容性. 本章内容的主要作用是为代数的主体——方程和函数做铺垫.

2. 来龙去脉

本章内容是在小学学习了自然数、正分数、正小数及其运算与运算律、负数的意义与表示等内容的基础上，使数的范围扩大到有理数，再利用学生的日常生活经验、数轴的几何直观等，通过具体实例的归纳，将正数和负数之间的运算归结到正数之间的运算，进而定义有理数的运算，得出运算法则，并运用有理数的运算解决简单的问题. 就数系扩充来说，今后学生将继续学习无理数与复数，体会数系扩充的“类包含”原则. 就运算来说，今后学生还会类比有理数的运算学习无理数、复数、式、函数、行列式、矩阵、线段、角、向量、坐标等量的运算. 就运算的种类来说，今后也不仅仅局限在加、减、乘、除四则运算，还会扩充到函数的微分、积分运算、算子等.

3. 核心内容

运算是代数的灵魂. 引进一种新的数，就要研究相应的运算及运算律. 本章的核心是有理数的运算和运算律.

4. 有理数的内容序列

本章的主要内容是有理数. 有理数的内容序列有有理数的意义、数轴表示与运算. 有理数的数轴表示，是理解相反数和绝对值的意义，掌握有理数的加、减、乘、除、乘方及简单混合运算的主要工具.

5. 教授有理数的关键环节

本章的关键环节是有理数的运算及运算律. 加法与乘法都是在介绍运算法则——着重是符号法则的基础上，进行基本运算，然后结合具体例子引入运算律，并运用运算律简化运算. 减法与除法，则是着重介绍如何向加法与乘法转化，从而利用加法与乘法的运算法则、运算律进行运算. 乘方是几个相同因数的乘积，因此可以利用乘法运算.

### 5.1.2　学生理解

1. 学生理解有理数的基础

自然数、正分数、小数及其运算的知识、负数的意义是学生理解有理数及其运算的基础.

2. 学生自发的方法

学生会自发借助日常生活中积累的刻画“事物的相反意义”的经验理解负数概念及有理数加减运算法则.

3. 学生的学习能力限度

学生已习惯用计算器进行计算，大数字、复杂数字的运算学生很难掌握；多步骤的混合运算学生也很难掌握；“负负得正”的运算法则学生很难理解.

4. 难点

绝对值的意义、减法转化为加法、乘除运算中确定结果的符号及用运算律简化运算、负负得正运算法则的解释、乘方中近似数的表示是难点. 其他如正数、负数、有理数、相反数的意义学生较易掌握，数轴也比较容易.

5. 学生的典型误解与认知重组

(1) 0 的意义. 在学习本章之前，学生对 0 的认识停留在“0 表示没有”. 引入负数及有理数的大小后，“0 表示没有”将会引起负数比没有还少的疑惑. 引入负数后，要引导学生认知，0 是正数与负数的分界.

(2) 负数大小与比例的相容性. $(-1):1=1:(-1)$，较小的数比较大的数等于较大的数比较小的数？需要引导学生把比看作一个整体——商.

(3) $-a$ 一定是负数. 在学习相反数时，学生知道 $a$ 的相反数是 $-a$，进而认为 $-a$ 一定是负数. 在教学中应让学生通过对 $a$ 赋值，熟悉正数的相反数是负数，负数的相反数是正数，0 的相反数是 0. 由于 $a$ 既可以是正数，也可以是负数或 0，因此 $-a$ 不一定是负数.

(4) $-a^n=(-a)^n$. 在学习有理数乘方时，底数 $a$ 可以是正数、负数或 0，当底数是负数或分数时，底数要用括号，以免造成误解. 在教学中，应引导学生观察、比较 $-a^n$ ,$(-a)^n$ 二者底数的不同.

### 5.1.3 教学目标

1. 课程标准中的教学要求

(1) 理解有理数的意义，能用数轴上的点表示有理数，能比较有理数的大小.

(2) 能借助数轴理解相反数和绝对值的意义，掌握求有理数的相反数与绝对值的方法，知道 $|a|$ 的含义($a$ 表示有理数) .

(3) 理解乘方的意义，掌握有理数的加、减、乘、除、乘方及简单的混合运算(以三步以内为主).

(4) 理解有理数的运算律，能运用运算律简化运算.

(5) 能运用有理数的运算解决简单的问题.

2. 把握课程标准教学要求的几个注意要点

(1) 了解负数是怎样产生的，重组 0 表示的量的意义，了解 0 在有理数分类中的作用；重组有理数的大小与比例的关系.

(2) 不要求理解“负负得正”的运算法则，仅举例说明算法的合理性即可.

(3) 运算教学中要培养自觉应用运算律简化运算的意识和能力.

(4) 在科学记数法中，能理解精确度的意义.

### 5.1.4 典型题目

(1) 若 $|a-4|=4-a$ , 求 $a$ 的取值范围.

**解析** 由题意可得 $4-a\geqslant 0$, 则 $a\leqslant 4$.

**变式 1** 当 $a$ 为何值时, $|a-4|$ 有最小值？最小值是多少？

**变式 2** 当 $a$ 为何值时, $2-|a-4|$ 有最大值？最大值是多少？

**变式 3** 若 $|a-4|+|b+2|=0$ , 求 $a$, $b$ 的值.

**设计意图**　绝对值的非负性是本章的重点也是难点，通过这一系列问题的解决，能够帮助学生更好地掌握绝对值的意义.

(2) 在数轴上, 与原点距离为 2 的数是__________.

**分析**　在数轴上, 与原点距离 2 个单位长度的点可能位于原点的左边也可能位于其右边，因此这两点表示的数是 −2 或 2.

**变式 1**　在数轴上, 与表示 −1 的点距离为 2 的数是__________.

**变式 2**　在数轴上, 与表示 −1 的点距离为 $a$ 的数是__________.

**变式 3**　在数轴上, 与表示 $x$ 的点距离为 $a$ 的数是__________.

**设计意图**　通过充分发挥数轴的直观作用，渗透数形结合、相互转化的数学思想.

(3) 有理数 $a$, $b$ 在数轴上的对应点如图 5.1 所示，化简 $|a-b|$.

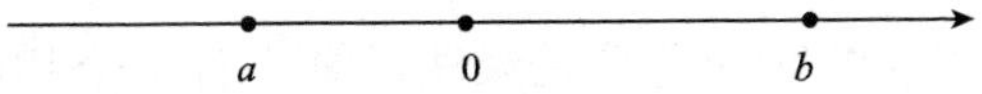


图 5.1

**解析**　由数轴可知，$a<b$，即 $a-b<0$，所以 $|a-b|=b-a$.

**变式**　有理数 $a$, $b$ 在数轴上的对应点如图 5.2 所示，化简 $|a+2|+|b-2|$.

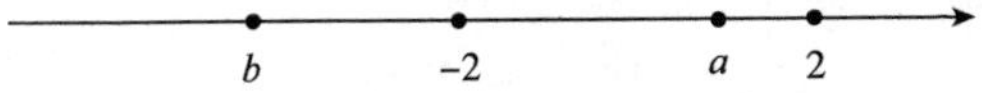


图 5.2

**设计意图**　通过数轴，数形转化，帮助学生掌握比较有理数大小的方法，进一步理解绝对值的概念.

(4) 计算：$\left(-\frac{1}{5}-\frac{1}{3}+\frac{1}{7}\right)\times(-105)$.

**解析**　$$\begin{aligned}原式&=\left(-\frac{1}{5}\right)\times(-105)-\frac{1}{3}\times(-105)+\frac{1}{7}\times(-105)\\&=-21+35-15\\&=-1.\end{aligned}$$

**变式 1**　计算：$-7\times\left(-\frac{22}{7}\right)+19\times\left(-\frac{22}{7}\right)-5\times\left(-\frac{22}{7}\right)$.

**变式 2**　计算：$99\frac{18}{19}\times(-12)$.

**设计意图** 在有理数计算中，若能适时地使用运算律，既可启迪思维，又能提高运算速度和计算的准确性.

### 5.1.5 教学设计举例

“有理数的乘方(第一课时)”教学设计.

1. 创设情境，引入新课

**问题 1** 某种细胞，每过 30 分钟便由 1 个分裂成 2 个，经过 5 小时，这种细胞由 1 个分裂成多少个?

**师生活动** 为了便于学生更好地理解问题 1 的情境，教师利用多媒体演示细胞分裂过程，引导学生分析某种细胞的分裂过程，学生则回答教师提出来的问题，并说明如何得出结果.

若干个相同的数相加的简便运算是乘法运算，若干个相同的因数相乘是一种新的运算，几个相同因数相乘的运算就是这节课要学习的内容.

**设计意图** 通过创设细胞分裂这一实际背景，说明实际问题中要用到有理数的乘方，它是一种特殊的乘法，从而提出问题，让学生思考，激发学生的学习兴趣.

2. 观察感知，理解概念

**问题 2** 求边长为 $a$ 的正方形的面积，棱长为 $a$ 的正方体的体积.

**师生活动** 教师讲解，学生理解.

边长为 $a$ 的正方形的面积是 $a\cdot a$，记作 $a^2$，读作 $a$ 的平方(或二次方)；棱长为 $a$ 的正方体的体积是 $a\cdot a\cdot a$，记作 $a^3$，读作 $a$ 的立方(或三次方).

一般地，$n$ 个相同的因数相乘，即 $\underbrace{a\cdot a\cdot\cdots\cdot a}_{n个}$，记作 $a^n$，读作“$a$ 的 $n$ 次方”. 求 $n$ 个相同因数的积的运算，叫做**乘方**，乘方的结果叫做**幂**，

在 $a^n$ 中，$a$ 叫做底数，$n$ 叫做指数. 当 $a^n$ 看作 $a$ 的 $n$ 次方的结果时，也可读作 $a$ 的 $n$ 次方幂. 例如，在 $8^5$ 中，底数是 8，指数是 5，读作 8 的 5 次方，或者 8 的 5 次幂，表示 5 个 8 相乘.

说明:

(1)一个数可以看作自身的一次方. 例如，3 就是 $3^1$，$p$ 就是 $p^1$，通常指数 1 省略不写.

(2)底数 $a$ 可以是正数、负数或 0. 当底数是负数或分数时，底数要用括号，以免造成误解. 例如，底数是 −12，指数是 4 时，写作 $(-12)^4$，不能写成 $-12^4$，$-12^4$

表示 $12^4$ 的相反数；又如，底数是 $\frac{4}{5}$，指数是 2 时，写作 $\left(\frac{4}{5}\right)^2$，不能写成 $\frac{4^2}{5}$，$\frac{4^2}{5}$ 表示 $4^2$ 比 5.

(3) 指数 $n$ 是正整数.

(4) $a^n$ 就是 $n$ 个 $a$ 相乘，所以可以利用有理数的乘法运算来进行有理数的乘方运算.

**设计意图**　乘方实际上是一种特殊的乘法，概括出乘方的意义，使学生准确地理解乘方的概念.

3. 典例示范，学会应用

(1) 计算：

（Ⅰ）$(-4)^3$；　（Ⅱ）$(-2)^4$；　（Ⅲ）$\left(-\frac{2}{3}\right)^3$.

(2) 计算：

（Ⅰ）$(-5)^2$；（Ⅱ）$-5^2$；（Ⅲ）$\left(\frac{2}{3}\right)^2$；（Ⅳ）$\frac{2^2}{3}$；（Ⅴ）$(-1)^{2013}$；（Ⅵ）$\left(2\frac{1}{3}\right)^2$.

**师生活动**　引导学生观察、比较，发现底数、幂、指数的关系.

根据有理数乘法的法则，得到有理数乘方的法则：当指数是奇数时，负数的幂是负数；当指数是偶数时，负数的幂是正数，即负数的奇次幂是负数，负数的偶次幂是正数；正数的任何次幂都是正数，0 的任何次幂都为 0.

**设计意图**　熟练掌握有理数乘方的意义，并通过观察，归纳出有理数乘方的法则.

4. 随堂练习，学以致用

(1) 计算：

（Ⅰ）$(-1)^{10}$；　（Ⅱ）$(-1)^7$；　（Ⅲ）$8^3$；　（Ⅳ）$(-5)^3$；

（Ⅴ）$0.1^3$；　（Ⅵ）$\left(-\frac{1}{2}\right)^4$；　（Ⅶ）$(-10)^4$；　（Ⅷ）$(-10)^5$.

(2) 用计算器计算：

（Ⅰ）$(-11)^6$；（Ⅱ）$16^7$；（Ⅲ）$8.4^3$；（Ⅳ）$(-5.6)^3$.

(3)计算：

(Ⅰ) $(-6)^2$；(Ⅱ) $6^2$；(Ⅲ) $\left(-\frac{1}{2}\right)^3$；(Ⅳ) $\left(\frac{1}{2}\right)^3$.

**师生活动** 教师巡视，学生自主练习，师生共评.

**设计意图** 进一步掌握有理数的乘方法则，并通过观察，归纳出互为相反数的偶次幂、奇次幂的关系.

5. 知识小结，反思提高

**问题** 师生共同回顾本节课所学内容，并请学生回答以下问题：

(1)乘方的意义及幂的表示；

(2)乘方的法则是什么？你是怎么理解这一法则的？

(3)互为相反数的偶次幂、奇次幂有什么关系，请举例说明.

**师生活动** 引导学生从知识内容和学习过程两个方面进行小结，必要时给予适当的补充，帮助学生充分理解有理数乘方的意义及法则.

**设计意图** 通过小结，让学生自己梳理本节课的知识内容，提高总结归纳能力，促进知识的优化提升.

6. 布置作业，巩固知识

**作业** 人教版教科书第 47～48 页习题 1.5 第 1，7，11，12 题.

7. 目标检测设计

(1) $10^8$ 表示(　　).

A. 10 个 8 相乘　　B. 10 乘以 8　　C. 8 个 10 相乘　　D. 9 个 10 相加

(2)乘方的结果是负数的是(　　).

A. 正数的偶次幂　　B. 负数的偶次幂

C. 正数的奇次幂　　D. 负数的奇次幂

(3)下面的说法正确的是(　　).

A. 一个数的平方不能为负数

B. 一个数的平方只能为正数

C. 一个数的平方一定大于这个数

D. 一个数的平方一定大于这个数的相反数

(4) 下列各组数中：① $-5^2$ 和 $-(5)^2$；② $\left(-\frac{1}{3}\right)^3$ 和 $-\left(\frac{1}{3}\right)^3$；③ $-(-0.3)^5$ 和 $0.3^5$；④ $0^{100}$ 和 $0^{200}$；⑤ $(-1)^3$ 和 $-(-1)^2$ 相等的共有(　　).

A. 2 组　　B. 3 组　　C. 4 组　　D. 5 组

(5) 把 $-\frac{1}{3}\times\frac{1}{3}\times\frac{1}{3}$ 写成乘方的形式是_______.

(6) (Ⅰ) $(-3)^2$ 的底数是_____，指数是_____，结果是_____；

(Ⅱ) $-3^2$ 的底数是_____，指数是_____，结果是_____.

(7) 计算：

(Ⅰ) $(-2)^3$；$\left(-\frac{1}{2}\right)^3$；$\left(-2\frac{1}{3}\right)^3$；$0^3$.

(Ⅱ) $(-1)^{2n}$；$(-1)^{2n+1}$；$(-10)^{2n}$；$(-10)^{2n+1}$.

(Ⅲ) $-1^2$；$-\frac{1}{4^3}$；$-\frac{3^2}{4}$；$-\left(-\frac{2}{3}\right)^3$.

### 5.1.6　实践与思考

(1) 你如何理解负数的意义？小学已学过负数的意义，初中“负数的意义”教学应有怎样的定位？

(2) 设计“负负得正”运算法则的教学片断.

(3) 尝试对“实数”进行教材分析，并与你的同学进行交流讨论.

## 5.2　“轴对称”教材分析

### 5.2.1　内容组织

1. 内容简介

本章的主要内容是从生活中的图形入手，学习轴对称及其基本性质(成轴对称的两个图形中，对应点的连线被对称轴垂直平分)和表示，了解轴对称及轴对称图形在现实生活中的广泛应用，学习线段、等腰三角形、等边三角形三种轴对称图形及其性质与判定.

2. 来龙去脉

本章的内容是在小学学过的轴对称及初中学习的三角形的有关概念、全等三角形的判定及性质的基础上接着学习的. 本章的内容是对小学内容的进一步抽象、初中前面所学知识的运用，是今后学习矩形、菱形、正多边形、圆等轴对称图形性质、判定的方法理论基础，也是今后进一步学习解析几何、对称群等课程的基础，还是证明线段相等、角相等以及直线垂直等的重要工具，在教材中处于非常重要的地位. 人教社的教材是基于平移—全等的途径组织几何的演绎体系，其实对称也是一种组织几何内容的重要方法.

3. 核心内容

轴对称及其基本性质、轴对称图形(如等腰三角形)的性质和判定的研究实际上是轴对称及其基本性质的应用.

4. “轴对称”的内容序列与层级

“轴对称”的内容序列有轴对称、线段垂直平分线、等腰三角形与等边三角形. 轴对称的层级有表示与性质. 表示有两种水平：宏观的图形整体性表示，微观的坐标表示. 等腰三角形的层级有概念、性质与判定. 等边三角形的层级有概念、性质、判定.

5. 教授轴对称的关键环节

本章的关键环节是轴对称性质在等腰三角形这个轴对称图形性质推导中的应用，即利用轴对称性质推导等腰三角形性质 1、性质 2. 该方法是本章最重要的方法，在最短路径的分析与证明、等周问题(如周长一定的平面图形中圆面积最大)中都有重要应用.

### 5.2.2 学生理解

1. 学生理解轴对称的基础

小学时，学生能在方格纸上画出轴对称图形的对称轴，能在方格纸上补全一个简单的轴对称图形，认识等腰三角形、等边三角形等.

2. 学生自发的方法

能从观察现实生活中的对称现象开始，引出轴对称图形和图形的轴对称概念.

能用平行线的性质和判定、全等三角形的性质和判定等有关知识证明角、线段的数量关系.

3. 学生的学习能力限度

在应用轴对称性质解决问题方面，如证明大边对大角，周长一定的三角形中等边三角形面积最大，两次以上轴对称的最短路径问题等，大部分学生不能自发找到思路. 即使教师讲解后，大部分学生还是不能掌握. 建议教师不要对全体学生讲授这些内容.

4. 难点

(1)“轴对称”中轴对称图形与轴对称关系的理解；

(2)“等腰三角形”中文字语言、符号语言和图形语言的转化；

(3)利用轴对称直观观察到的等边对等角如何转化为全等体系的逻辑链条；

(4)“最短路径问题”中极值方案的寻找和证明.

5. 学生的典型误解与认知重组

(1)轴对称图形与轴对称的关系.

(2)线段垂直平分线判定定理的应用. 例如，学生在解题过程中，当看到“已知 $P$ 是直线 $l$ 上的一点，且 $PA=PB$”这一条件时，就会判断“$l$ 是 $AB$ 的垂直平分线”这一错误结论，这是对线段垂直平分线判定定理的误解；教师在教学时应强调“已知 $P$，$Q$ 是直线 $l$ 上的两点，$PA=PB$，$QA=QB$，则 $l$ 是 $AB$ 的垂直平分线”.

(3)学习本章知识之前，学生证明角和线段相等，都会情不自禁地通过三角形全等来证明，自从学了角平分线的性质和判定、线段垂直平分线的性质和判定、等腰(等边)三角形的性质和判定之后，可引导学生根据以上定理证明.

### 5.2.3　教学目标

1. 课程标准中的教学要求

(1)通过具体实例了解轴对称的概念，探索它的基本性质：成轴对称的两个图形中，对应点的连线被对称轴垂直平分.

(2)能画出简单平面图形(点、线段、直线、三角形等)关于给定对称轴的对称图形.

(3)了解轴对称图形的概念；探索等腰三角形的轴对称性质.

(4)认识并欣赏自然界和现实生活中的轴对称图形.

(5)理解线段垂直平分线的概念，探索并证明线段垂直平分线的性质定理：线段垂直平分线上的点到线段两端的距离相等；反之，到线段两端距离相等的点在线段的垂直平分线上.

(6)了解等腰三角形的概念，探索并证明等腰三角形的性质定理：等腰三角形的两底角相等；底边上的高线、中线及顶角平分线重合. 探索并掌握等腰三角形的判定定理：有两个角相等的三角形是等腰三角形. 探索等边三角形的性质定理：等边三角形的各角都等于60°. 探索等边三角形的判定定理：三个角都相等的三角形(或有一个角是60°的等腰三角形)是等边三角形.

2. 把握课程标准教学要求的几个注意要点

(1)要通过具体实例认识轴对称、轴对称图形.

(2)对于线段垂直平分线的性质定理、等腰三角形的性质定理与判定定理，要先引导学生探索发现这些命题，在探索中形成证明的思路.

(3)对于线段垂直平分线的画法，要引导学生利用线段垂直平分线的性质定理构造设计出来.

(4)注意通过直观感知、操作确认、猜想论证、合作交流等学习方式引导学生学习本章内容. 在等边三角形的学习时，注意引导学生类比等腰三角形提出研究问题与研究方法.

(5)要充分发挥信息技术在学习轴对称与轴对称图形中的作用，激发学习兴趣，发展空间观念.

### 5.2.4 典型例题

(1)如图 5.3，在$\triangle ABC$中，$AC=7\text{cm}$，$AB$的垂直平分线交$AC$于点$D$，垂足为点$E$，$\triangle BCD$的周长为11cm，求$BC$的长.

**解析** 因为$DE$垂直平分$AB$，

所以$AD=BD$.

所以$BD+DC=AD+DC=AC$，

所以$BC=11-(BD+DC)=11-7=4(\text{cm})$.

**变式1** 如图 5.3，在$\triangle ABC$中，$AC=7\text{cm}$，$BC=4\text{cm}$，$AB$的垂直平分线$AC$于点$D$，垂足为点$E$，求$\triangle BCD$的周长.

**变式 2**　如图 5.4，在$\triangle ABC$中，$\angle A$为钝角，$BC = 7\text{cm}$，$AB$，$AC$的垂直平分线分别交$BC$于点$D$，$E$，垂足分别为点$F$，$G$，求$\triangle ADE$的周长.

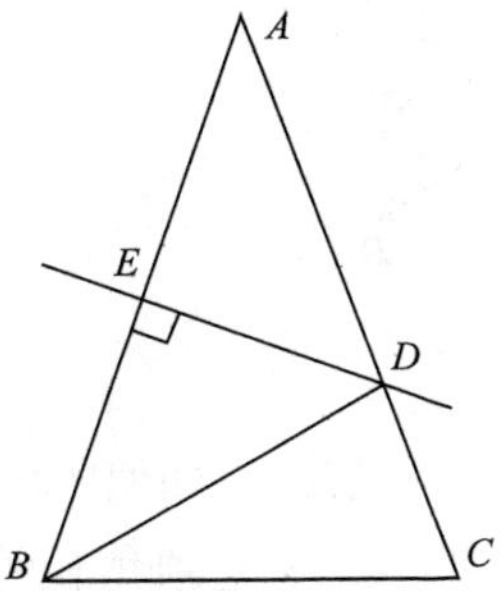

图 5.3

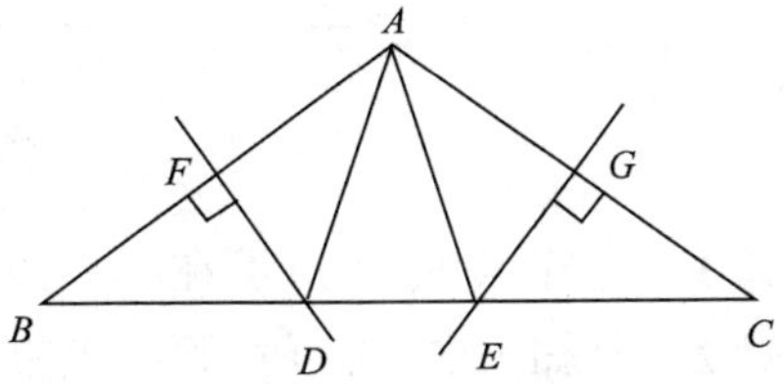

图 5.4

**设计意图**　利用线段垂直平分线的性质可得线段相等，进行线段之间的转化，将未知线段转化为已知线段.

(2) ①如果等腰三角形的底角等于 50°，那么它的顶角的度数是多少？

②如果等腰三角形的顶角等于 50°，那么它的底角的度数是多少？

③如果等腰三角形的一个角等于 50°，那么其他两个角分别是多少度？

④如果等腰三角形的一个角等于 120°，那么其他两个角分别是多少度？

(3) ①如果等腰三角形的底边长等于 3，腰长等于 4，那么它的周长为多少？

②如果等腰三角形的一边长等于 3，另一边长等于 4，那么它的周长为多少？

③如果等腰三角形的一边长等于 2，另一边长等于 4，那么它的周长为多少？

**设计意图**　归纳出等腰三角形中顶角与底角的关系、腰与底边的关系，其中第(2)题③④两小题、第(3)题②③两小题看似简单，但学生易错. 平常老师在教学中对典型的问题进行多层次、多角度、有目的的演变，迫使学生注意多种可能情况，学生通过训练后会逐步理解和掌握这一类数学问题的本质属性和一般规律，由此培养学生思维的广阔性和灵活性.

(4) 如图 5.5，已知点$B, C, D$在同一条直线上，$\triangle ABC$和$\triangle CDE$都是等边三角形. $BE$交$AC$于$F$，$AD$交$CE$于$H$，

(Ⅰ)求证：$\triangle BCE \cong \triangle ACD$；

(Ⅱ)求证：$CF = CH$；

(Ⅲ)判断$\triangle CFH$的形状并说明理由.

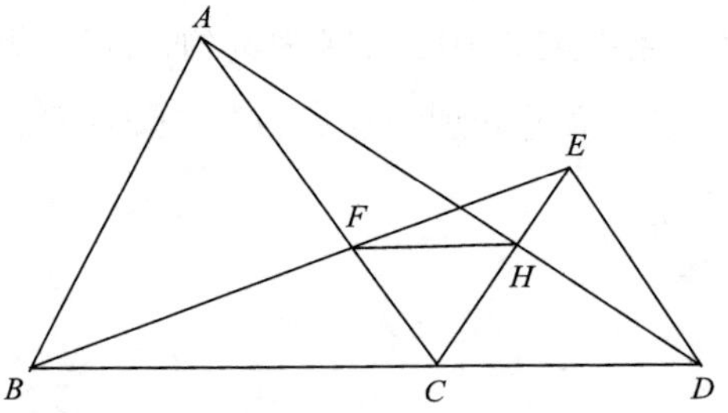

图 5.5

**变式 1** 已知点 $B, C, D$ 不在同一条直线上，以上三个结论会如何呢?

**变式 2** 已知点 $B, C, D$ 在同一条直线上，$\triangle ABC$ 和 $\triangle CDE$ 是顶角相等的等腰三角形. 以上三个结论会如何呢?

**变式 3** 已知点 $B, C, D$ 不在同一条直线上，$\triangle ABC$ 和 $\triangle CDE$ 是顶角相等的等腰三角形. 以上三个结论会如何呢?

**设计意图** 这是本章一道典型的例题和变式题，涉及三角形全等、等腰三角形性质和判定、等边三角形的性质和判定的应用.

### 5.2.5 教学设计举例

“等腰三角形性质(第一课时)”教学设计.

1. 通过“问题情景”作为教学的出发点

**问题 1** 木匠师傅为了检验房子横梁是否保持水平状态，常在等腰直角三角尺的斜边中点挂一根线绳，线绳的另一端装一个铅锤(图 5.6)，再把这块三角尺的斜边贴在横梁上，通过线绳是否经过三角尺的直角顶点，来判断房梁是否水平的. 你知道为什么?

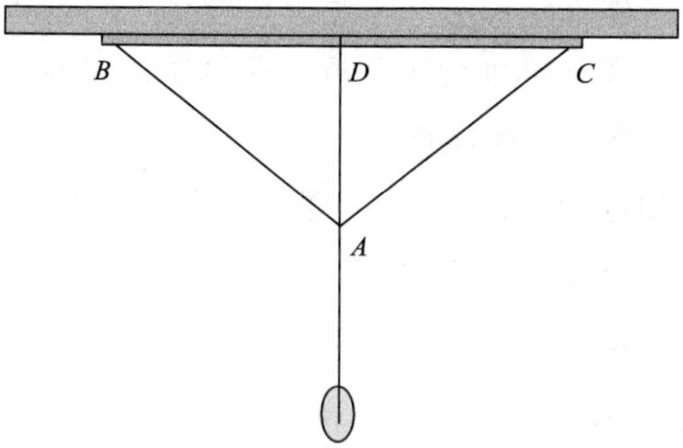

图 5.6

**师生活动**　为了便于学生更好地理解上述问题 1 的情景，老师用多媒体展示画面，同时介绍木匠师傅的方法，设下悬念，引出课题，学生带着问题进入课堂学习.

**设计意图**　这是属于“情景性”问题，它是为了本节课教学内容而预设的悬念，使学生对未能解决的问题产生不满足感，使教学过程成为学生一种渴望不断探索知识的心理需求.

2. 通过“实践操作”建立等腰三角形概念

**问题 2**　如图 5.7 所示，请同学们把一张长方形的纸片按图中虚线对折，剪去阴影部分，再把它展开，得到的△*ABC* 是什么样的三角形?

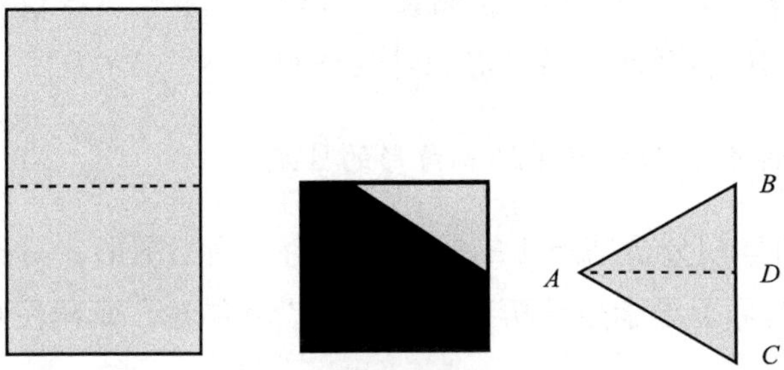


图 5.7

**师生活动**　让学生动手操作，观察得出结论：“剪刀剪过的两条边是相等的；剪出的图形△*ABC* 中 $AB = AC$，即△*ABC* 是等腰三角形”，于是得出等腰三角形的概念及其相关概念.

**设计意图**　这是属于“概念性”问题，对于建立概念的问题，我们必须抓住事物的实质特征，展示概念的形成过程，突出概念的本质属性，抽象出数学概念.

3. 通过“合情推理”猜想等腰三角形的性质

**问题 3**　活动中剪出的等腰三角形是轴对称图形吗？对称轴在哪里？

**追问 1**　沿着对称轴对折有哪些重合的角和线段填入表 5.1 中.

**表 5.1**

| 重合的角 | 重合的线段 |
|---|---|
| | |

**追问 2** 从表 1 中你能猜想等腰三角形具有什么性质吗?

**师生活动** 让学生动手操作，再结合媒体演示重新体验重合的角和线段，教师在学生猜想的基础上，引导学生观察、完善，并用文字语言归纳出猜想 1 和猜想 2.

**猜想 1** 等腰三角形的两个底角相等;

**猜想 2** 等腰三角形顶角平分线、底边上的中线、底边上的高互相重合.

**设计意图** 这是属于“探索性”问题，学生可以根据已有的知识经验动手操作，观察思考，大胆猜想，合情推理. 正如义务教育数学课程标准所提出“教师在教学过程中，应该设计适当的学习活动，引导学生通过观察、尝试、估计、归纳、类比、画图等活动发现一些规律，猜测某种结论，发展合情推理能力”，同时对培养学生思维的敏锐性和创新精神具有独特的作用.

4. 通过“逻辑推理”验证等腰三角形的性质

**问题 4** 请同学们分析猜想 1 的题设和结论，画出图形，写出已知和求证?

**师生活动** 老师引导学生分析猜想 1 的题设和结论，画出图形(图 5.8)，写出已知和求证.

已知$\triangle ABC$ 中，$AB = AC$.

求证: $\angle B = \angle C$ .

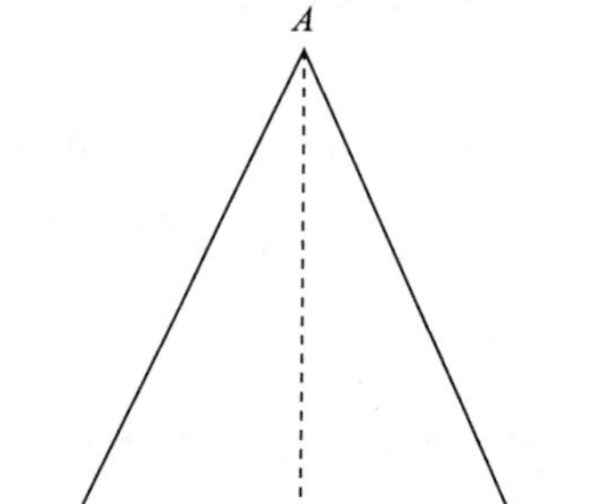


图 5.8

**设计意图** 培养学生文字语言、符号语言和图形语言的转化能力，同时让学生逐步实现由实验几何到论证几何的过渡.

**追问 1** 如何证明两个角相等?

**师生活动**　启发引导学生观察折纸中的折痕或利用等腰三角形的对称性寻找如何添加辅助线的方法，构造两个三角形全等，并且鼓励学生使用不同的辅助线完成证明，并请三位学生上黑板完成证明过程.

方法①，作 $\angle BAC$ 的平分线 $AD$，交 $BC$ 于 $D$；

方法②，作 $AD \perp BC$ 于 $D$；

方法③，作 $BC$ 边的中线 $AD$.

**设计意图**　采用一题多解来培养学生从多个方面、多个角度去思考问题，寻找解题的不同思路和方法，发展思维的广阔性和灵活性.

**追问 2**　由以上 $\triangle ABD \cong \triangle ACD$，还可得出哪些相等的角和边？

**师生活动**　由证明①还可推出 $\angle ADB = \angle ADC = 90°$，$BD = CD$，即等腰三角形的角平分线同时平分底边和垂直底边.

由证明②还可推出 $\angle BAD = \angle CAD$，$BD = CD$，即等腰三角形的高同时平分顶角和平分底边.

由证明③还可推出 $\angle BAD = \angle CAD$，$\angle ADB = \angle ADC = 90°$，即等腰三角形的中线同时平分顶角和垂直底边.

由以上三个结论论证了猜想 2.

**设计意图**　追问 1、追问 2 属于“验证性”问题，是对所得猜想的论证，在第三学段(初中)数学教学中，正如义务教育数学课程标准所提出“体会通过合情推理探索数学结论，运用演绎推理加以证明的过程，在多种形式的数学活动中，发展合情推理与演绎推理的能力”. 既要强调思维的直觉探索猜想，也要重视思维的严密推理论证，即重视数学合情推理能力和逻辑推理能力的培养.

5.　利用等腰三角形的性质解决问题

**问题 5**　你现在可以解决问题 1 吗？

**师生活动**　学生思考并回答，老师要关注学生能否正确应用等腰三角形的性质回答问题.

**设计意图**　学以致用，用以促学.

**例 1**　如图 5.9，在 $\triangle ABC$ 中，$AB = AC$，点 $D$ 在 $AC$ 上，且 $BD = BC = AD$. 求 $\triangle ABC$ 各角的度数.

**师生活动**　学生自主探究、合作交流，老师倾听，并启发引导学生分析图形中边的相等关系、角的相等关系和其他数量关系，引导学生设未知数，用方程来解决求角问题，关注学生语言的规范性；注重推理过程的规范书写.

**设计意图**　这是属于“巩固性”例题，主要对本节课所学的核心知识进行巩固；通常学生对刚学的基础知识印象不深，理解不透，运用不灵，因此老师设计这种例题必须要紧扣本节课所学的定理、法则，通过一些基本例题的教学，切实加强基础知识的理解和巩固，用方程来解决求角问题，也体现数形结合思想.

**例 2** 如图 5.10，在△*ABC* 中，*AB* = *AC*，点 *D* 在 *BC* 上，且 *AB* = *BD*，*AD* = *CD*. 求△*ABC* 各角的度数.

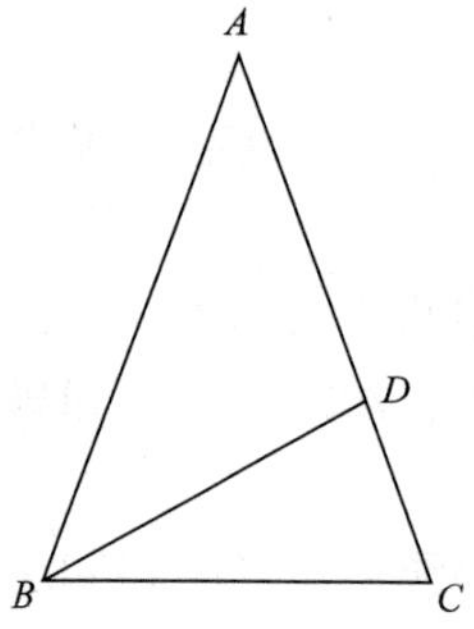

图 5.9

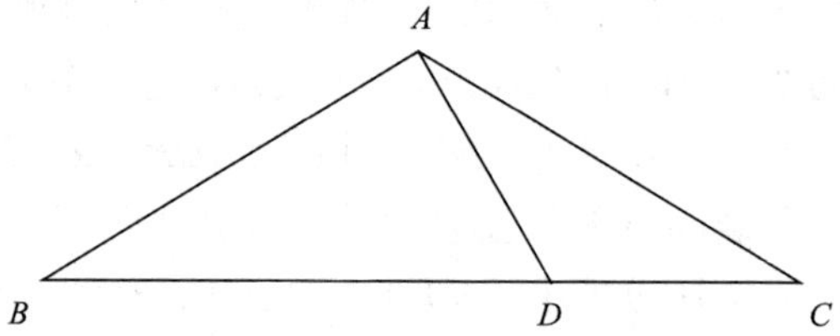

图 5.10

**师生活动** 老师放手让学生完成，并请两位同学上黑板各自完成，然后请其他学生审核两位同学的完成情况.

**设计意图** 例 2 是对例 1 的变式，属于变化条件的“变式性”例题，为了促使学生的思维向多层次、多角度发散，帮助学生在问题的解答过程中去寻找解类似问题的思路、方法. 在设计时，教师应尽量设置出一题多变、一题多用和一题多解的例题，让学生在解答、类比和归纳中，深化对等腰三角形性质的理解，促进认知结构的内化过程.

**追问** 你听说过黄金三角形吗？

**师生活动** 可由老师或学生介绍黄金三角形的有关知识，再要求学生课后查阅相关资料，寻找黄金三角形与其他图形的关系.

**设计意图** 拓展学生的知识面，感受数学的美和现实的关系.

6. 回顾与小结

**问题 6** (1)通过本节课的学习，你知道了等腰三角形有哪些性质？

(2)已学过哪些方法可以证明两个角相等？在解决等腰三角形的相关问题中，我们一般添加什么样的辅助线？

(3)本节课渗透了哪些思想方法？

**师生活动** 引导学生从知识、方法、数学思想等方面小结本节课所学内容，必要时给予适当的补充.

**设计意图**　培养学生总结归纳的习惯，提高学生自主建构知识网络，分析、解决问题的能力，达到触类旁通和优化提升的目标.

7. 目标检测设计

(1)若等腰三角形中有一个角等于 110°，则另外两个角的度数是(　　).

A. 35°，35°　　B. 110°，20°

C. 35°，35°或 110°，20°　　D. 45°，45°

(2)若等腰三角形一腰为 3cm，底为 4cm，则它的周长为________；若等腰三角形两边分别为 3cm 和 8cm，则它的周长为________.

(3)如图 5.11，在$\triangle ABC$中，$AB = AC$，$\angle BAC = 120°$，点 $D$，$E$ 在 $BC$ 上，且 $AD = BD$，$AE = CE$，求$\angle DAE$的度数.

(4)如图 5.12，在等腰$\triangle ABC$中，$AB = AC$，点 $D$ 在 $BC$ 的中点.

①猜想：点 $D$ 到两腰的距离 $DE$ 与 $DF$ 相等吗？

②如果 $DE$，$DF$ 分别是 $AB$，$AC$ 边上的中线，$DE$ 与 $DF$ 相等吗？若它们是$\angle ADB$，$\angle ADC$ 的平分线呢？

③如果将点 $D$ 沿 $AD$ 由 $D$ 向 $A$ 运动到 $D'$，那么点 $D'$ 到两腰的距离还相等吗？试说明理由.

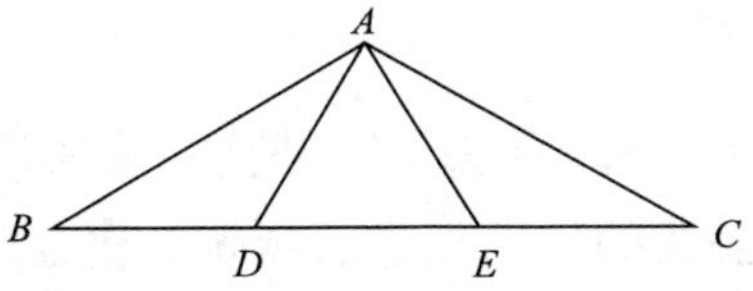

图 5.11

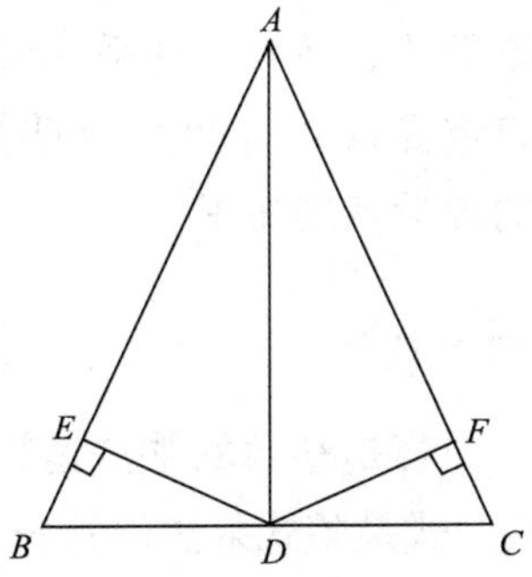

图 5.12

**设计意图**　巩固本节课所学内容.

### 5.2.6　实践与思考

(1)你如何理解线段的垂直平分线性质定理？垂直平分线性质定理教学应有怎样的定位？

(2)设计“等边三角形性质”的教学片断.

(3)尝试对“圆”进行教材分析，并与你的同学进行交流讨论.

# 5.3 “整式的乘法与因式分解”教材分析

## 5.3.1 内容组织

### 1. 内容简介

整式的乘法与因式分解包括三大块内容：一是整式的乘法；二是乘法公式；三是因式分解. 其中幂的运算是整式乘法的基础. 乘法公式是整式乘法的特殊情形，运用乘法公式能简化一些特定类型的整式相乘的运算问题；因式分解是解析式的一种恒等变形，是重要的数学基础知识，也是整式乘法的逆运算.

### 2. 来龙去脉

整式乘法是数的乘法的推广，因式分解是分解因数的推广，也是整式乘法的逆问题. 它是在学生已经掌握了用字母表示数、列简单的代数式、会把一些简单的实际问题中的数量关系用代数式表示出来，并会进行整式加减的基础上接着学习的，是基本而重要的代数初步知识，这些知识是以后进一步学习分式和根式运算、方程与不等式、数列、函数、多项式、线性代数等知识的基础，在后续的数学学习中具有重要意义. 同时，这些知识也是学习物理、化学等学科及其他科学技术不可缺少的数学基础知识.

### 3. 核心内容

核心内容是整式的乘法运算和因式分解. 幂的乘法运算是整式乘法运算的铺垫，乘法公式是整式乘法的特殊情形. 乘法公式的作用仅是后续解二次方程、分式方程、函数问题的铺垫. 整式乘法逆运算就是因式分解.

### 4. 内容序列与层级

内容序列有幂的运算、整式的乘法运算法则、乘法公式、因式分解. 幂的运算层级有同底数幂的乘法、积的乘方、同底数幂的除法. 整式乘法的层级有单项式乘以单项式、单项式乘以多项式、多项式乘以单项式、单项式除以单项式、多项式除以单项式、整式的混合运算. 乘法公式的层级有平方差公式、完全平方公式. 因式分解的层级有提公因式法、公式法.

5. 关键环节

在整式的乘法中，单项式的乘法是关键，因为其他乘法都要转化为单项式的乘法. 幂的运算是单项式乘法的基石.

### 5.3.2　学生理解

1. 学生理解整式乘法的基础

一是数的乘法运算. 从学生接触数学起，就不断地接触各种数的运算，理解数的加、减、乘、除、乘方运算法则，并会运用这些法则进行数的运算. 二是用字母表示数. 七年级学习了用字母表示数，会列代数式，理解字母与数的关系. 三是合并同类项. 四是分配律.

2. 学生自发的方法

学生能通过类比的思想方法，自发地从数的运算引出式的运算规律. 自发研究某些特殊形式的多项式相乘问题，引出乘法公式.

3. 学生的能力限度

分解因式的方法很多，变化技巧较高. 对于有些可以先分组再分解的题目，学生难以观察出来，在教学中要注意把握，不可随意拓宽内容和加深题目的难度. 对于因式分解这部分内容的要求仅限于提公因式法和公式法.

4. 难点

乘法公式的结构特征以及公式中字母的广泛含义学生不易掌握，运用时容易混淆，公式的变式形式把握不准. 因式分解也一直是初中教学的一个难点.

5. 学生的典型误解与认知重组

(1) 符号问题是在本章计算中极易出错的地方.

例如，计算 $-3xy(3x^2y-xy^2+xy)$.

**错解**　原式 $=-3xy\cdot3x^2y+3xy\cdot(-xy^2)+3xy\cdot xy=9x^3y^2-3x^2y^3+3x^2y^2$.

**分析**　单项式乘以多项式，容易出现符号错误. 解答有两处把符号弄错了，单项式 $-3xy$ 与多项式 $3x^2y-xy^2+xy$ 相乘，就是要用 $-3xy$ 去乘 $3x^2y-xy^2+xy$ 的每一项，而在乘后两项时漏掉了“$-$”号.

**正确解法** 原式 $=-3xy\cdot 3x^2y+(-3xy)\cdot(-xy^2)+(-3xy)\cdot xy$

$$=-9x^3y^2+3x^2y^3-3x^2y^2.$$

(2) 对乘法公式的错误理解.

例如，计算 $(a+b)^2$.

**错解** $(a+b)^2=a^2+b^2$.

**分析** 错解的原因是将两数和的平方与两数积的乘方相混淆. 这道题实际上是两个相等的多项式相乘，应该按照多项式的法则计算.

**正确解法** $(a+b)^2=(a+b)(a+b)=a^2+2ab+b^2$.

(3) 最后的结果能合并同类项的都要合并.

例如，计算 $a^2(a+3)+a^2(a-3)-3a(a^2-a-1)$.

**错解** $a^2(a+3)+a^2(a-3)-3a(a^2-a-1)=a^3+3a^2+a^3-3a^2-3a^3+3a^2+3a$.

**分析** 本题运用单项式乘以多项式法则进行去括号运算很正确，只是去括号后没有合并同类项而造成错误.

**正确解法** 原式 $=a^3+3a^2+a^3-3a^2-3a^3+3a^2+3a=-a^3+3a^2+3a$.

### 5.3.3 教学目标

1. 课程标准中的教学要求

(1) 了解整数指数幂的意义和基本性质.

(2) 能进行简单的整式乘法运算(其中多项式相乘仅指一次式以及一次式与二次式相乘).

(3) 能推导乘法公式(平方差公式和完全平方公式). 了解公式的几何背景，并能利用公式进行简单计算.

(4) 能用提公因式法、公式法进行因式分解(指数是正整数).

2. 把握课程标准教学要求的几个注意要点

(1) 掌握正整数幂的乘除运算性质，能用文字和符号语言正确地表述这些性质，并能运用它们熟练地进行运算. 掌握单项式乘(或除以)单项式、多项式乘(或除以)单项式以及多项式乘多项式的法则，并运用它们进行运算.

(2) 会推导乘法公式(平方差公式和完全平方公式)，了解公式的几何意义，能利用公式进行乘法运算.

(3) 掌握整式的加、减、乘、除、乘方的较简单的混合运算，并能灵活地运用公式进行乘法运算.

(4) 理解因式分解的意义，并感受因式分解与整式乘法是相反方向的运算. 掌握提公因式法和公式法(直接运用公式不超过两次)这两种分解因式的基本方法. 能够熟练地运用这些方法进行多项式的因式分解.

### 5.3.4　典型例题

(1) 如图 5.13 所示，边长为 $a$ 的大正方形中有一个边长为 $b$ 的小正方形.

(Ⅰ) 请用字母 $a$ 和 $b$ 表示出图中阴影部分的面积；

(Ⅱ) 如图 5.14 所示，若阴影部分还能拼成一个长方形，这个长方形的长和宽分别是多少？表示出阴影部分的面积；

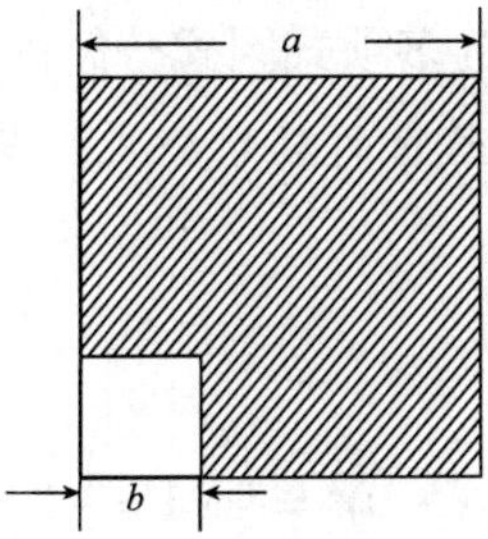


图 5.13

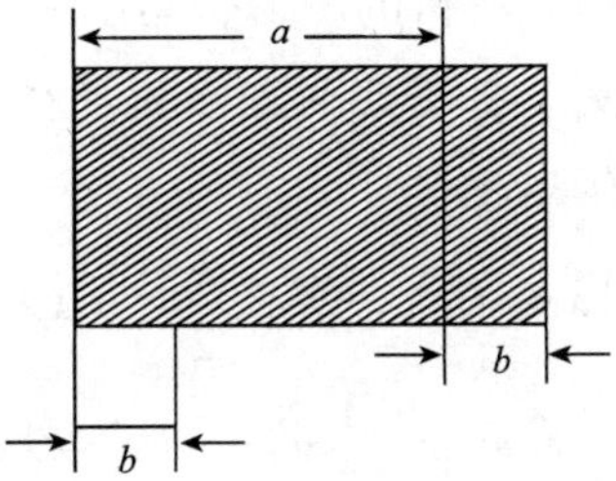


图 5.14

(Ⅲ) 比较(Ⅰ)和(Ⅱ)的结果，可以验证平方差公式吗？请给予解答.

**解析**　(Ⅰ) 图 5.13：面积 $S = a^2 - b^2$.

(Ⅱ) 图 5.14：长为 $a+b$，宽为 $a-b$，面积 $S=(a+b)(a-b)$.

(Ⅲ) $a^2 - b^2 = (a+b)(a-b)$.

**变式 1**　(Ⅰ) 如图 5.15，是用四张相同的长方形纸片拼成的图形，请利用图中空白部分的面积的不同表示方法写出一个关于 $a$, $b$ 的恒等式.

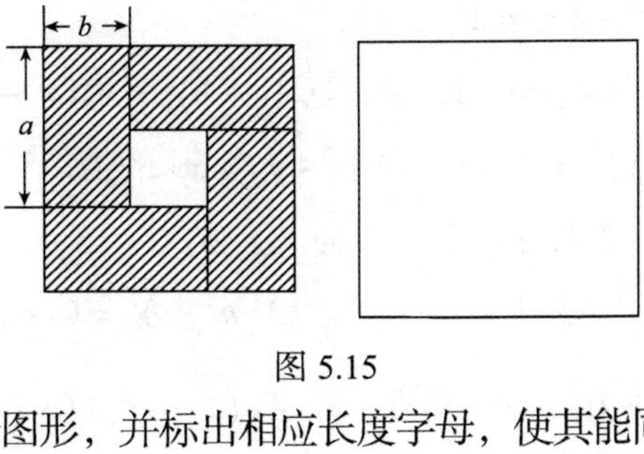


图 5.15

(Ⅱ) 请你设计一个图形，并标出相应长度字母，使其能同样证明这个等式成立.

**变式 2** 如图 5.16，已知边长分别为 $a$，$b$ 正方形纸片和边长为 $a$，$b$ 的长方形纸片若干块.

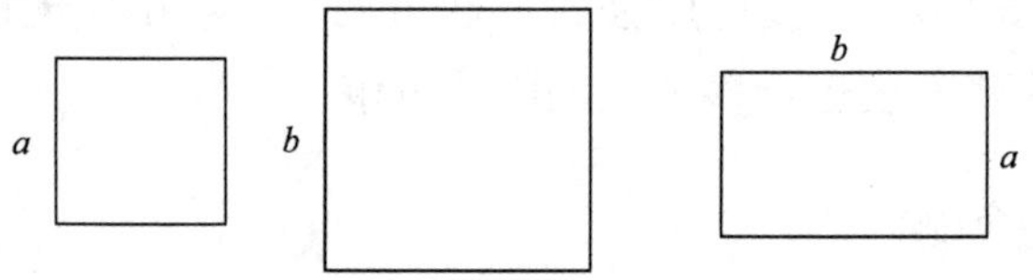

图 5.16

(Ⅰ)利用这些纸片(必须每种纸片都要用到)拼成一个长方形(要求：用有刻度的三角板画图，所用的图片与题目中提供的相应图片全等，拼得的长方形的长和宽不相等)；

(Ⅱ)根据你所拼的图形，写出一个与之对应的多项式因式分解的式子.

**设计意图** 根据几何图形的特征，研究其中蕴含的数学公式，是“数形结合思想”的具体体现.

(2)已知 $x+y=1$，那么 $\frac{1}{2}x^2+xy+\frac{1}{2}y^2$ 的值为________.

**解析** $\frac{1}{2}x^2+xy+\frac{1}{2}y^2=\frac{1}{2}(x^2+2xy+y^2)=\frac{1}{2}(x+y)^2=\frac{1}{2}\times 1=\frac{1}{2}$.

**变式 1** 设 $m^2+m-1=0$，求 $m^3+2m^2+2000$ 的值.

**变式 2** 若 $x+y=5$，$xy=3$，求 $x^2y+xy^2$ 的值.

**设计意图** 通过已知条件不能分别求出的值，要考虑把所求式进行变形，构造出 $x+y$ 的整体形式. 在此过程中我们要用完全平方公式对所求整式进行因式分解.

(3)已知 $a^2+b^2=3$，$ab=1$，求：①$(a+b)^2$；②$(a-b)^2$.

**解析** ①$(a+b)^2=a^2+b^2+2ab=3+2=5$；

②$(a-b)^2=a^2+b^2-2ab=3-2=1$.

**变式 1** 已知 $a-b=4$，$ab=1$，求：①$(a-b)^2$；②$a^2+b^2$；③$(a+b)^2$.

**变式 2** 已知 $(x+y)^2=16$，$(x-y)^2=4$，求 $xy$ 的值.

**设计意图** 熟练运用完全平方公式的几种变形：

(1) $a^2+b^2=(a+b)^2-2ab$；　　(2) $a^2+b^2=(a-b)^2+2ab$；

(3) $a^2+b^2=\frac{1}{2}[(a+b)^2-(a-b)^2]$；　　(4) $(a+b)^2-(a-b)^2=4ab$.

### 5.3.5　教学设计举例

“完全平方公式(第一课时)”教学设计.

1. 通过“复习平方差公式的运用”作为教学的出发点

**问题 1**　请说出平方差公式，说说它的结构特点.

**追问 1**　平方差公式是如何推导出来的?

**追问 2**　平方差公式可用来解决什么问题，举例说明.

**追问 3**　想一想，做一做，说出下列各式的结果.

①$(a+b)^2$；　②$(a-b)^2$.

**师生活动**　教师可让学生分别说说理由，并且不直接给出正确评价.

**设计意图**　使学生回顾旧知识的同时引导学生回顾平方差公式的学习过程，为本节课的类比学习奠定基础. 追问 3 可预设会得到错误的结果：$(a+b)^2=a^2+b^2$，$(a-b)^2=a^2-b^2$. 不同的结果，可引发学生的争议和思考，可激发学生强烈求知欲望，也为正确认识公式奠定了基础.

2. 创设实际问题情境

**问题 2**　如图 5.17 所示，一块边长为 $a$ 米的正方形实验田，因需要将其边长增加 $b$ 米，形成四块实验田，以种植不同的新品种.

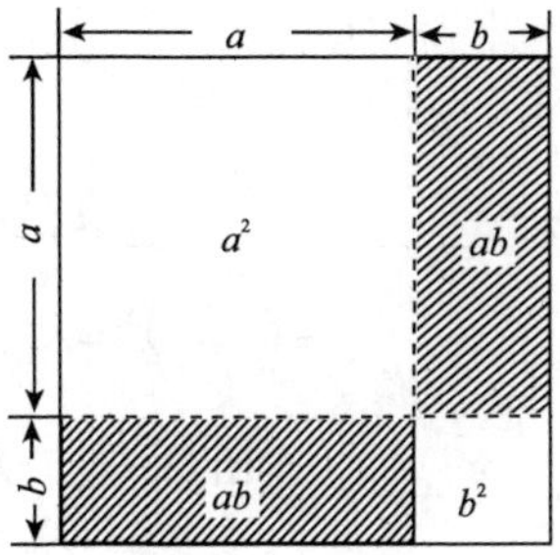


图 5.17

(1) 四块面积分别为：_______、_______、_______、_______；

(2) 两种形式表示实验田的总面积：

①整体看：边长为_______的大正方形，$S=$__________；

②部分看：四块面积的和，$S=$____________________.

(3) 通过以上探索你发现了什么? 能否用其他方法证明?

(4) 如何看待图 5.18 呢?

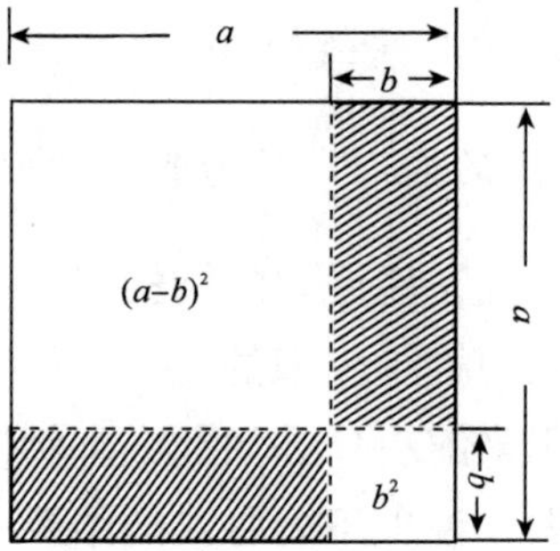


图 5.18

**师生活动** 教师要鼓励学生大胆猜想：$(a\pm b)^2=a^2\pm 2ab+b^2$，并用乘法运算对猜想得到的结论进行验证.

**设计意图** 通过让学生经历探索完全平方公式的过程，培养学生观察、猜想、发现、归纳、概括等探究创新能力，发展推理能力和有条理的表达能力，同时突出直观几何图形在解释乘法公式中的作用，也使学生对公式有更直观的认识，再次避免 $(a+b)^2=a^2+b^2$，$(a-b)^2=a^2-b^2$ 的错误认识.

3. 公式运用

**例 1** 运用完全平方公式计算：

(1) $(4m+n)^2$；  (2) $\left(y-\dfrac{1}{2}\right)^2$.

**解析** (1) 因为 $(4m+n)^2$ 是______与______和的平方，所以

$(4m+n)^2=(\quad)^2+2(\quad)\cdot(\quad)+(\quad)^2=$______________.

(2) 因为 $\left(y-\dfrac{1}{2}\right)^2$ 是______与______和的平方，所以

$\left(y-\dfrac{1}{2}\right)^2=(\quad)^2+2(\quad)\cdot(\quad)+(\quad)^2=$______________.

**师生活动** 引导学生用以上的填空形式完成，可由学生口答完成，教师多媒体展示结果，提高课堂效率. 教学过程中要注意引导学生正确理解公式中字母的广泛含义，在具体计算时，当二项式的项不再是单独的数或字母时，或者项是小数时，往往容易出现运算错误，如第(1)小题，易错解得 $(4m)^2=4m^2$，通过这样的填空，可引起学生的思考、讨论，有助于学生辨析公式，熟悉公式的结构特征，继

而正确进行运用.

**设计意图**　利用例题讲解，帮助学生正确应用公式，使学生对公式的本质有清晰的认识，并获得解题技巧.

**例 2**　利用完全平方公式计算：

(1) $102^2$；　(2) $99^2$.

**解析**　(1) 原式 $=(100+2)^2=100^2+2\times100\times2+2^2$

$=10000+400+4$

$=10404$；

(2) 原式 $=(100-1)^2=100^2-2\times100\times1+1^2$

$=10000-200+1$

$=9801$.

**师生活动**　教师引导学生观察数字特征，体会不同的算法，比一比哪种算法更简便.

**设计意图**　让学生经历了从特殊到一般后，再体会从一般运用到特殊，也就是当公式中的项换成具体数字时仍适用.

4. 巩固训练

运用完全平方公式计算：

(1) $(2x+3)^2$；(2) $(2x-3)^2$；(3) $(-2x-3)^2$；(4) $(3-2x)^2$.

**师生活动**　学生板演计算，计算后引导学生观察 $(2x+3)^2$ 与 $(-2x-3)^2$ 相等吗？$(2x-3)^2$ 与 $(3-2x)^2$ 相等吗？

**设计意图**　通过分析发现：$(-a-b)^2$ 与 $(a-b)^2$ 有相似之处，它的 $-a$ 可以看成是公式中的 $a$，只要将其代入 $(a-b)^2=a^2-2ab+b^2$，即

$$(-a-b)^2=(-a)^2-2(-a)b+b^2(a+b)^2=a^2+2ab+b^2,$$

就可以发现它与 $(a+b)^2$ 的结果是一样的，再次引导学生正确理解公式中字母的广泛含义. 而 $(a-b)^2$ 与 $(b-a)^2$ 只是被减数和减数的位置交换了，与它们的平方没有关系，通过计算可以发现结果是一样的. 最后可发现规律，若两项同号则用“加的”完全平方式，若两项异号则用“减的”完全平方式.

5. 回顾与小结

**问题 3**　(1) 叙述完全平方公式，说出它的结构特征；

(2) 如何将变式转化成标准形式的完全平方；

(3)通过本节课的学习，你有什么收获和感悟？

**师生活动** 引导学生从知识、方法、数学思想等方面进行小结，教师在必要时给予适当的补充. 做到：

(1)要了解公式的结构和特征. 记住每一个公式左右两边的形式特征，记准指数和系数的符号；

(2)掌握公式的几何意义；

(3)弄清公式的变化形式；

(4)注意公式在应用中的条件；

(5)应灵活地应用公式来解题.

**设计意图** 培养学生归纳的习惯，能自主建构知识网络.

6. 目标检测设计

(1)判断正误：

①$(b-4a)^2=b^2-16a^2$；（　　）　②$\left(\frac{1}{2}a+b\right)^2=\frac{1}{4}a^2+ab+b^2$；（　　）

③$(4m-n)^2=16m^2-4mn+n^2$；（　　）④$(-a-b)^2=a^2-2ab+b^2$.（　　）

(2)下列各式中，计算正确的是（　　）.

A. $(2mn-n)^2=4m^2-n^2$　　B. $(5x-2y)^2=25x^2-10xy+4y^2$

C. $(-a-1)^2=-a^2-2a-1$　　D. $(-a^2-0.3ab)^2=a^4+0.6a^3b+0.09a^2b^2$

(3)利用完全平方公式进行简便计算：

①$102^2$；　②$199^2$；　③$(x+2)^2-(x-2)^2$.

(4)计算：$(x-y)(x+y)(x^2-y^2)$.

**设计意图** 巩固本节课所学内容，并灵活运用.

## 5.3.6 实践与思考

(1)你如何理解因式分解的概念？“因式分解”概念教学应有怎样的定位？

(2)设计“平方差”乘法公式的教学片断，归纳公式教学的一般步骤.

(3)尝试对“二次根式”进行教材分析，并与你的同学进行交流讨论.

# 5.4　“勾股定理”教材分析

## 5.4.1　内容组织

1. 内容简介

本章主要研究勾股定理与其逆定理，包括它们的发现、证明和应用. 首先让学生通过观察、猜想得出直角三角形两条直角边的平方和等于斜边的平方的结论并加以证明，从而得到勾股定理，然后运用勾股定理解决问题. 在此基础上，引入勾股定理的逆定理，并结合此项内容介绍逆命题、逆定理的概念. 知识结构如图 5.19 所示.

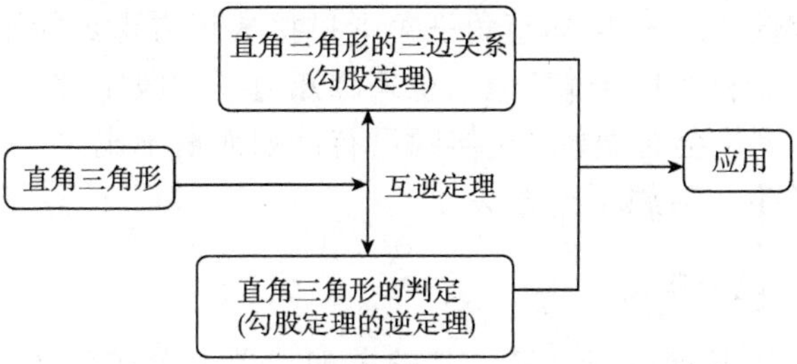


图 5.19

2. 来龙去脉及定位

本章的内容是在学生已经学习了三角形三边之间的数量关系(两边之和大于第三边)、直角三角形的“两个锐角互余”“30° 的角所对的直角边等于斜边的一半”和无理数基础上接着学习的. 勾股定理是欧氏平面几何的一个核心命题，是欧氏平面几何度量计算的基础定理，指出了直角三角形三边之间的数量关系，搭建起几何图形和数量关系之间的一座桥梁. 勾股定理是直角三角形的性质定理，我们在解决非直角三角形、四边形及相关图形的折叠问题时，通过作辅助线，转化为在直角三角形环境中，利用勾股定理列方程解决；勾股定理逆定理是直角三角形的判定定理，是判断一个三角形是直角三角形的重要依据. 今后，勾股定理会被进一步推广成余弦定理，还可以用勾股定理来定义向量的数量积(内积).

3. 核心内容

勾股定理的探索、证明和应用. 勾股定理逆定理的证明方法也为今后解决问题提供一种思路.

4. 关键环节

在对勾股定理的观察、猜想及证明的过程中体会证明的必要性.

## 5.4.2 学生理解

1. 学生理解的基础

对于勾股定理，在本节课以前，学生已了解三角形三边之间的数量关系(两边之和大于第三边)、直角三角形的概念，经历过用“面积法”证明有关平方问题(平方差公式和完全平方公式)和无理数的运算. 对于勾股定理的逆定理，学生已经掌握全等三角形的证明方法.

2. 学生自发的方法

对于勾股定理的探索，学生会自发地想到测量三边的长度来探求三边之间的数量关系，或者是把几个一样的直角三角形拼接成正方形或矩形来探求三边之间的数量关系，还有部分学生通过其他信息来源知道了勾股定理的结论. 学生自发的方法都会有问题：测量会有误差、拼接因没有计划而拼不出来. 对于勾股定理及其逆定理的证明，学生一般想不出方法.

3. 学生的学习能力限度

勾股定理是欧氏几何度量计算的基础定理，学生无相关知识经验，不能自己探索得出勾股定理及其逆定理.

4. 难点

本章的难点是通过构造图形，利用面积相等来证明勾股定理；通过构造三角形，利用三角形全等来证明勾股定理的逆定理. 勾股定理的简单应用，对学生来说，相对容易. 构造直角三角形来灵活应用勾股定理，对部分学生是难点. 例如，如图 5.20 所示，在四边形 $ABCD$ 中，$AB:BC:CD:AD=2:2:3:1$，且 $\angle ABC=90°$，求 $\angle DAB$ 的度数.

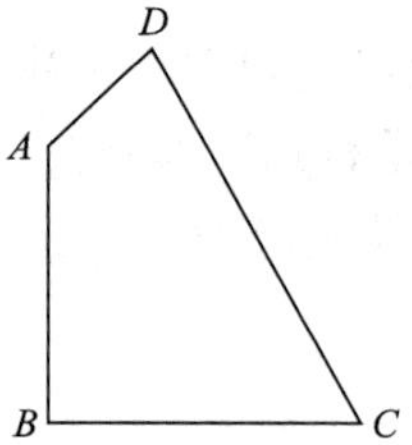

图 5.20

5. 学生的典型误解与认知重组

(1)忽视题目中的隐含条件.

例如：在 Rt$\triangle ABC$ 中，$\angle B=90°$，$a$，$b$，$c$ 分别为三条边，$a=3$，$b=4$，求边 $c$

的长. 不少学生会认为 $c=5$ , 忽视了 $b$ 是斜边这一隐含条件.

(2) 忽视定理成立的条件.

例如, 在直角三角形中, 有的同学一看到三角形的两边是 3 和 4, 就会认为第三边是 5.

考虑问题不全面造成漏解.

如已知直角三角形的两边长分别为 5 和 12, 求第三边, 有的同学可能只考虑 13.

### 5.4.3　教学目标

1. 课程标准中的教学要求

探索勾股定理及其逆定理, 并能运用它们解决一些简单的问题.

2. 把握课程标准教学要求的几个注意要点

(1) 指导学生经历勾股定理及其逆定理的探索过程, 学生初步认识勾股定理及其逆定理的重要意义, 体会证明的必要性, 知道这两个定理的联系与区别, 能用这两个定理解决一些实际问题和几何问题.

(2) 通过具体的例子, 了解逆命题、逆定理的概念, 会识别两个互逆的命题, 知道原命题成立时其逆命题不一定成立.

(3) 通过对我国古代研究勾股定理成就的介绍, 培养学习数学的兴趣与民族自豪感.

### 5.4.4　典型例题

1. 利用勾股定理的简单计算题

如图 5.21, 等腰三角形 $ABC$ 中, $AB=AC=13$, $BC=10$, 求等腰三角形 $ABC$ 的面积.

**变式 1**　如图 5.22, 已知 $AB\perp BC$, $CD\perp BC$, 且 $AB=8$, $BC=8$, $CD=2$, 求 $AD$ 的长.

**变式 2**　如图 5.23, $\triangle ABC$ 中, $\angle B=30°$, $\angle C=45°$, $AC=2\sqrt{2}$.

(1) 求 $AB$ 的长; (2) 求 $\triangle ABC$ 的面积.

**设计意图**　解决非直角三角形、四边形及其他图形的计算问题, 可以通过作垂线，转化为直角三角形，使用勾股定理或方程求解.

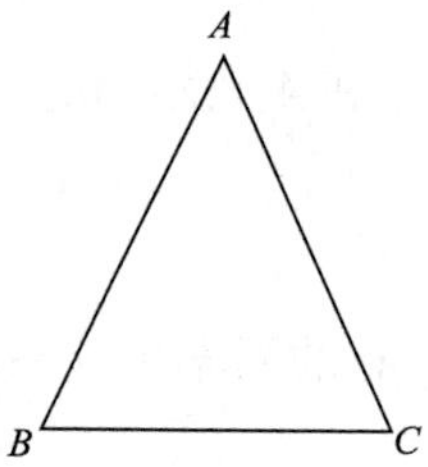


图 5.21

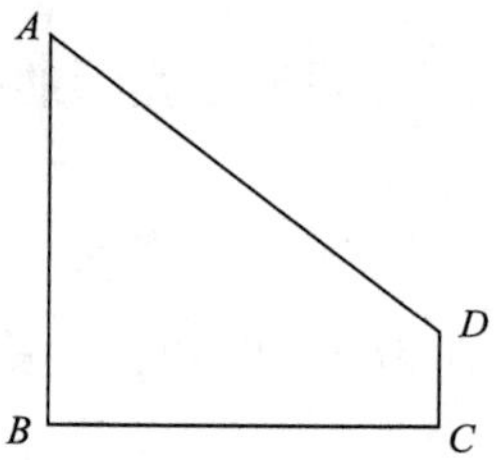


图 5.22

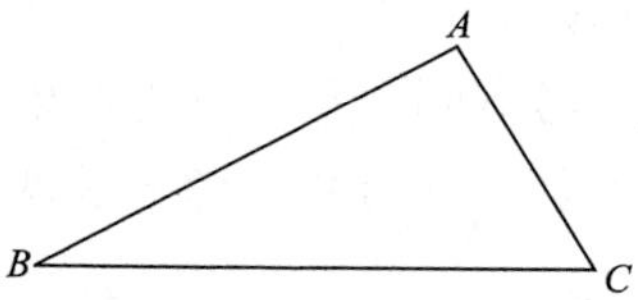


图 5.23

2. 利用勾股定理列方程求解的相对复杂计算题

如图 5.24，有一张直角三角形纸片，两直角边 $AC = 6\text{cm}$，$BC = 8\text{cm}$，现将直角边 $AC$ 沿直线 $AD$ 折叠，使它落在斜边 $AB$ 上，且与 $AE$ 重合，求出 $CD$ 的长.

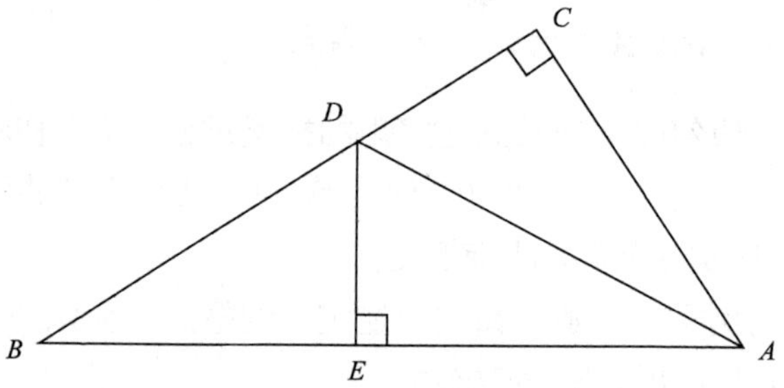


图 5.24

**变式 1** 如图 5.25，折叠矩形的一边 $AD$，使点 $D$ 落在 $BC$ 边的点 $F$ 处，已知 $AB = 8\text{cm}$，$BC = 10\text{cm}$，求 $EC$ 的长.

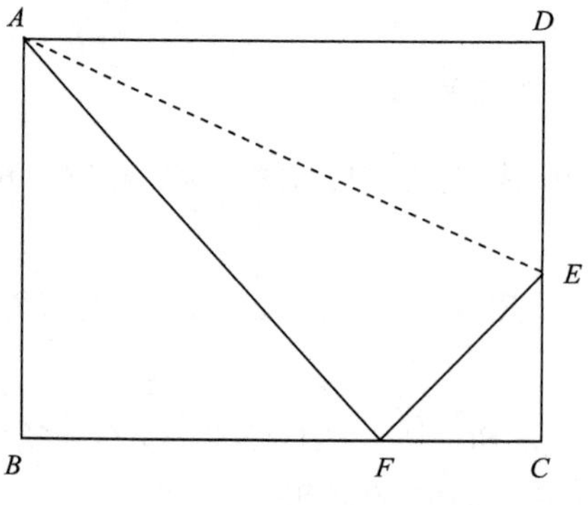


图 5.25

**变式 2** 如图 5.26，在长方形 $ABCD$ 中，$AB = 2$，$AD = 4$，对角线 $AC$ 的垂直

平分线分别交 $AD$，$AC$ 于点 $E$，$O$，连接 $CE$，求 $CE$ 的长.

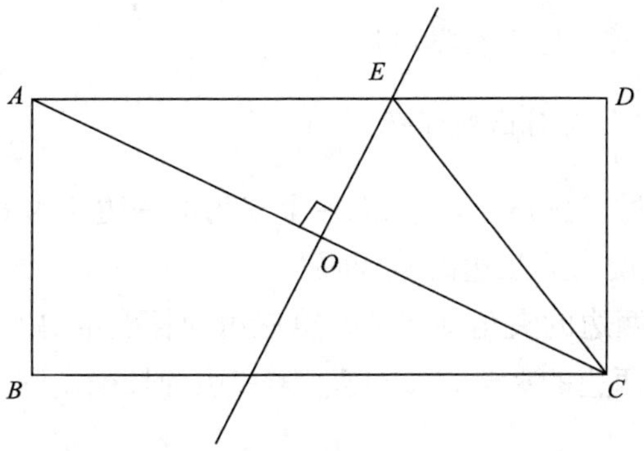


图 5.26

**设计意图**　解决折叠问题时，要抓住折叠前后的图形之间的对应相等关系，常设所求线段为 $x$，然后把其他线段用含 $x$ 的代数式表示出来，再选择相关的直角三角形，运用勾股定理列方程求解.

3. 利用勾股定理解决的实际问题

如图 5.27，要借助一架云梯登上 24m 高的建筑物顶部，为了安全需要，需使梯子底端离墙 7m. 这个梯子至少有多长？如果梯子的顶端下滑了 4m，那么梯子的底端在水平方向上也滑动了 4m 吗？为什么？

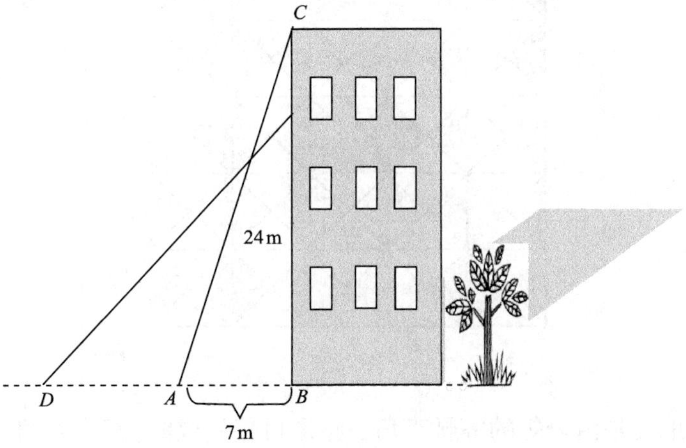


图 5.27

**设计意图**　勾股定理在实际生活中的应用.

## 5.4.5 教学设计举例

“勾股定理(第一课时)”教学设计.

1. 以“旧知新问”式引出新课题

**问题 1** 我们学过了三角形，如果一个三角形一边长为 6，一边长为 8，第三边的长确定吗？你能说出第三边的范围吗？

**追问 1** 如果这两边的夹角确定了，第三边的长确定吗？

**追问 2** 如果这两边的夹角是 90 度，第三边的长确定吗？你能求出第三边的长吗？

**师生活动** 让学生自行探索，提问回答，并发表自己的意见.

**设计意图** 明确提出本节课的学习内容，激发学生探索勾股定理的兴趣.

2. 以“实验活动”猜想直角三角形三边关系

**问题 2** (地砖里的秘密)2500 多年前，古希腊著名的哲学家、数学家、天文学家毕达哥拉斯有一次在朋友家做客时，发现朋友家用地砖铺成的地面图案反映了直角三角形三边的某种数量关系(图 5.28). 现在就让我们一同回到 2500 年前，体验一下毕达哥拉斯的经历，地砖中隐含着直角三角形三边关系的什么“秘密”呢？

图 5.28

**追问 1** 地砖是由全等的等腰直角三角形拼接而成的，每个直角三角形都相邻三个正方形，这三个正方形面积间有怎样的关系？你是怎样看出来的？

**追问 2** 如果用等腰直角三角形三边长来分别表示这三个正方形的面积，又将反映三边怎样的数量关系？

**追问 3**　等腰直角三角形满足上述关系，是不是所有的直角三角形都有这个性质呢？

**师生活动**　学生听老师的讲述，从图 10 中发现许多大大小小的等腰直角三角形，在三个问题的引领下，学生逐渐发现三个正方形面积间的关系，转化为等腰直角三角形的三边关系，即等腰直角三角形两直角边长的平方和等于斜边的平方，进而提出一般直角三角形三边关系的猜想.

**设计意图**　通过历史情境引入，用对地砖中图形的探索来培养学生用数学的眼光认识生活中现象的能力；将面积关系转化为等腰直角三角形三边长之间的数量关系，让学生体验“面积法”在几何证明中的作用，为探索一般直角三角形三边关系提供了方法线索.

**问题 3**　上海世博会有一展品是一个由直角三角形和已知三边分别向外形成的三个正方形所组成的平面模型(图 5.29). 转动时充盈在两个小正方形内的液体缓缓注入底下大正方形内，如此不断地循环反复，这个模型它究竟要告诉我们什么呢？不知道同学们有什么想法？

**追问 1**　如果老师将中间这个三角形标记为$\triangle ABC$和三边 $a, b, c$，那么你又能得到什么结论呢？

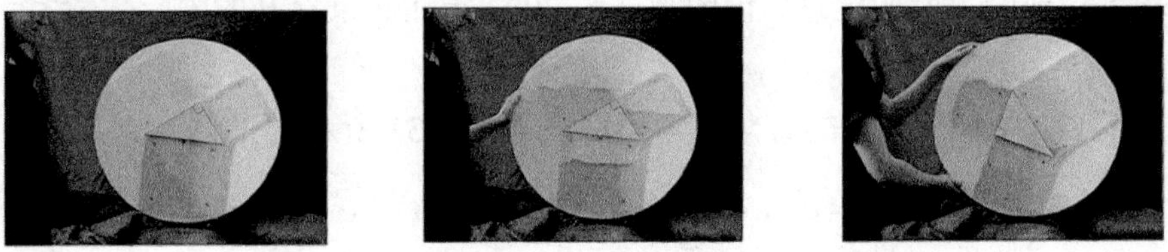

图 5.29

**师生活动**　老师引导学生猜想：直角三角形两直角边的平方和等于斜边的平方，即$a^2+b^2=c^2$.

**设计意图**　采用动态虚拟模型，使学生对直角三角形三边特殊关系直观感性认识，从观察中得出猜想，同时渗透以形示数的数学思想，为后续的证明做了预设.

3. 通过运算推演，证实猜想的成立

**问题 4**　已知：Rt$\triangle ABC$, $\angle C=90°$, $BC=a$, $AC=b$, $AB=c$. 求证：$a^2+b^2=c^2$.

**追问 1**　我们进行这样的思考，对于我们所要证明的结论，同学们观察下，我们会从什么样的角度去证明呢？

**追问 2**　请用 4 个全等的直角三角形，拼出一个不重叠可以有缺口的正方形.

**追问 3** 利用面积之间的关系动手证一证命题的猜想?

**师生活动** 请两位同学上黑板用模具展示拼图结果.

**预案 1** 将四个全等的直角三角形围成如图 5.30 所示的正方形.

**证明** 因为 $c^2=(a-b)^2+4\times\frac{1}{2}ab$，所以 $a^2+b^2=c^2$.

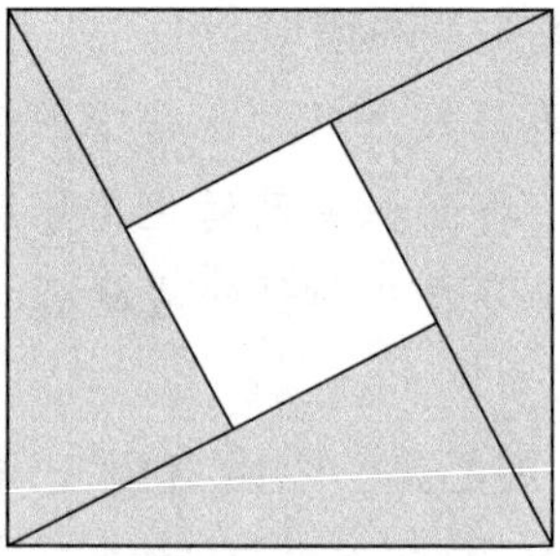

图 5.30

**师生活动** 这种证明也是我国历史上的数学家赵爽的证法，老师介绍赵爽和“赵爽弦图”. 赵爽是我国三国时期杰出的数学家，对《周髀算经》做了深入研究后，作注写《勾股圆方图注》，其中的弦图通过对图形的切割、拼接，巧妙地利用面积关系证明了勾股定理，该图被选为 2002 年在北京召开的国际数学家大会的会徽.

**预案 2** 将四个全等的直角三角形围成如图 5.31 所示的正方形.

**证明** 因为 $(a+b)^2=c^2+4\times\frac{1}{2}ab$，所以 $a^2+b^2=c^2$.

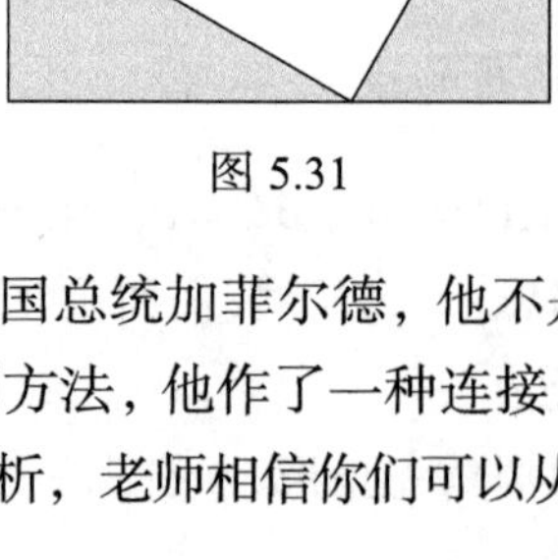

图 5.31

**预案 3** 由老师介绍：美国总统加菲尔德，他不是数学家，却给出了一种非常经典的证法. 利用第二种拼图方法，他作了一种连接，把图形分割成两个全等的直角梯形. 根据图 5.32 的构成分析，老师相信你们可以从面积的角度来完成它的论证.

**证明** 因为$\frac{1}{2}(a+b)(b+a)=\frac{1}{2}c^2+2\left(\frac{1}{2}ab\right)$，所以$a^2+b^2=c^2$.

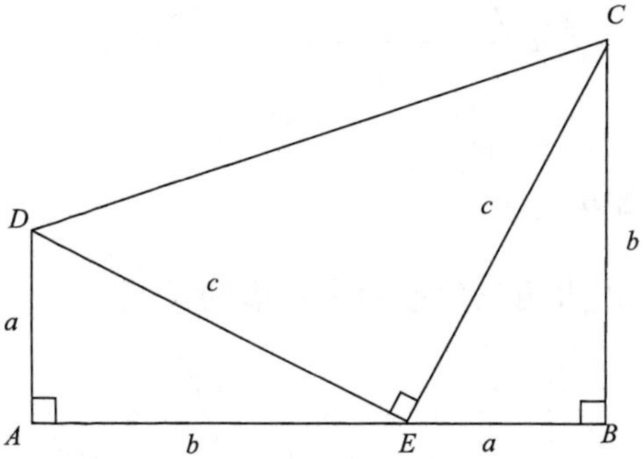


图 5.32

**师生活动** 由学生自行动手完成论证. 再由老师归纳这三种方法.

**设计意图** 通过使用直角三角形模具完成拼图过程，让学生体会应用图形“割补拼接”面积不变的特点来验证直角三角形三边数量关系的猜想，培养学生由数到形再由形到数的数学思想以及转化的能力. 在实验拼图探究的过程中发展学生的空间想象力和合情推理能力，定理的探索按照由“特殊”到“一般”的思想方法进行，在思想认识上循序渐进，学生容易接受. 学生在走完一步时，自然想到下一步是否可行，即在得到猜想后自然会设法验证自己的猜想的正确性. 同时介绍勾股定理的形成和我国古代数学成就，培养学生爱国热情和民族自豪感，渗透了现代数学思想方法和勾股定理的历史价值、文化价值和应用价值.

4. 归纳总结，完成探究

**问题 5** 请用文字语言回答以上的结论？

**追问** 请借助图形，如何用数学语言表达？

**师生活动** 学生问答“直角三角形两条直角边的平方和等于斜边的平方”. 同时老师解说：对于这个定理的发现，我国古代要比西方早五百多年，所以我们把这个定理命名为勾股定理. 这是我们数学界十分重要的定理. 下面请一位同学借助于图形，使用数学语言表述：

如图 5.33 所示，在 Rt$\triangle ABC$ 中，

因为$\angle C=90^\circ$，

所以$a^2+b^2=c^2$.

**设计意图** 强化本节重点知识的三种语言表达方式，加深对勾股定理的理解.

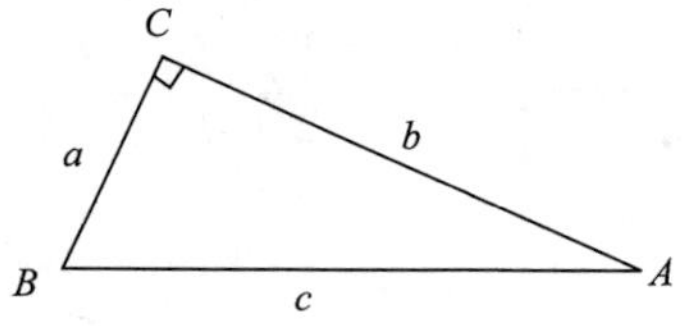


图 5.33

5. 巩固练习，适当拓展

(1)在图 5.34 中标出直角三角形中未知边的长度：

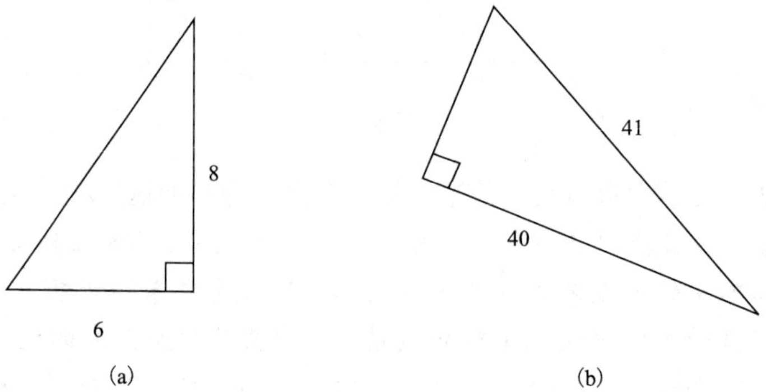


图 5.34

(2)在直角三角形 $ABC$ 中，斜边 $AB=2$，则 $AB^2+AC^2+BC^2=$______.

**设计意图** 对勾股定理的简单应用，帮助学生巩固基础.

(3)在 Rt△$ABC$ 中，$\angle B=90°$，$a, b, c$ 分别为三条边，$a=3$，$b=4$，求边 $c$ 的长.

**设计意图** 辨别勾股定理的应用条件.

(4)“赵爽弦图”是由四个全等的直角三角形与中间的一个小正方形拼成的一个大正方形(图 5.35)，若直角三角形的两条直角边的长分别是 2 和 1，则小正方形(阴影区域)的面积与大正方形的面积比为(  ).

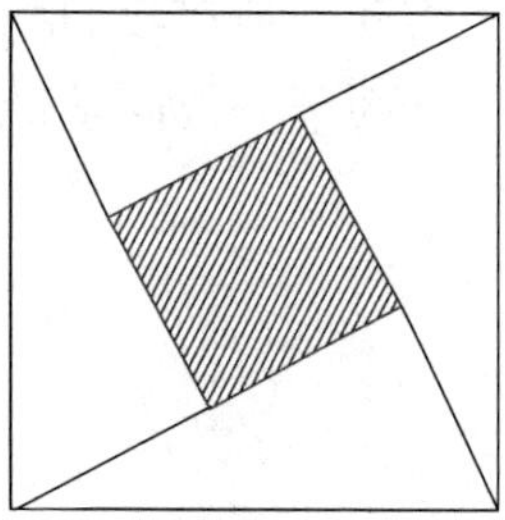

图 5.35

A. $\frac{1}{3}$　　B. $\frac{1}{4}$

C. $\frac{1}{5}$　　D. $\frac{\sqrt{5}}{5}$

**设计意图** 对“赵爽弦图”以及毕达哥拉斯面积方法的应用.

(5)已知:如图 5.36,等腰三角形 $ABC$ 中，$AB=AC=13$，$BC=10$，求等腰三角形 $ABC$ 的底边和腰上的高.

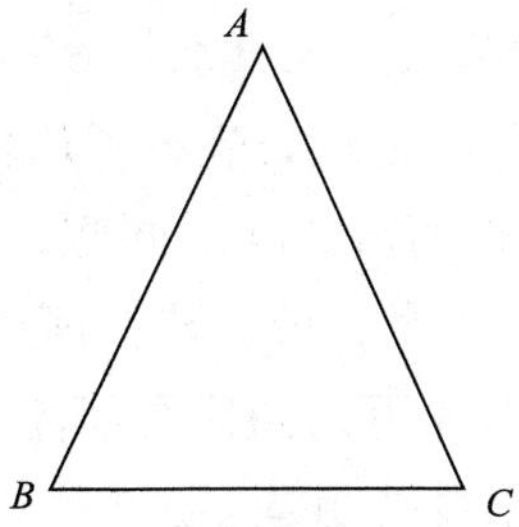


图 5.36

**设计意图**　通过作辅助线构造直角三角形，这是勾股定理运用的常规思路，本题还涉及等腰三角形的性质和“等积法”的应用.

6. 课堂小结和作业

教师和学生一起回顾本节课所学的主要内容.

**问题 6**　勾股定理的内容是什么？它在什么情况下成立？

**追问**　本节课在探索勾股定理的过程中，你用到了哪些数学方法？领悟到了什么样的数学思想？

**师生活动**　学生小结，教师总结点评.

**设计意图**　引导学生从知识、方法、数学思想等方面小结本节课所学内容.

**作业**　收集勾股定理证明方法的资料，以小报或 PPT 的形式与同学们交流.

7. 目标检测设计

(1) 如图 5.37，所有的四边形都是正方形，所有的三角形都是直角三角形，其中最大的正方形的边长为 7cm，则正方形 $A,B,C,D$ 的面积之和为__________$\text{cm}^2$.

(2) 如图 5.38，直线 $l$ 上有三个正方形 $a, b, c$，若 $a, c$ 的面积分别为 5 和 11，则 $b$ 的面积为(　　).

A. 4　　B. 6　　C. 16　　D. 55

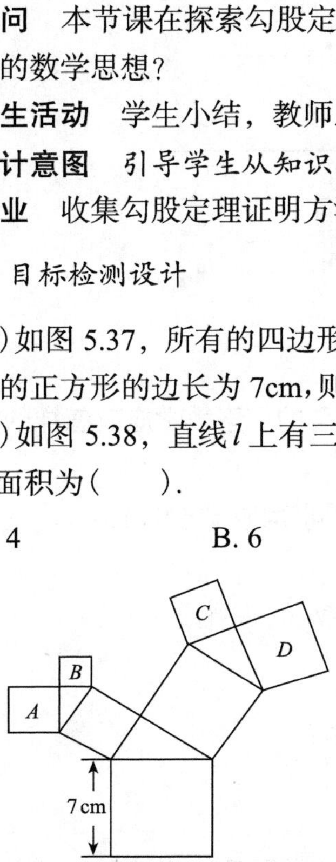


图 5.37

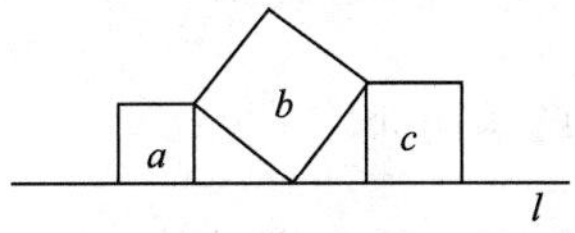


图 5.38

(3)如果一个直角三角形的两条边长分别是 6 和 8，那么第三边的长是多少？

**设计意图** 考查学生运用勾股定理的能力，以及分类讨论的数学思想.

如图 5.39，$A$，$B$ 两个小镇在河流 $CD$ 的同侧，分别到河的距离为 $AC=10$ 千米，$BD=30$ 千米，且 $CD=30$ 千米，现在要在河边建一自来水厂，向 $A$，$B$ 两镇供水，铺设水管的费用为每千米 3 万，请你在河流 $CD$ 上选择水厂的位置 $M$，使铺设水管的费用最节省，并求出总费用是多少？

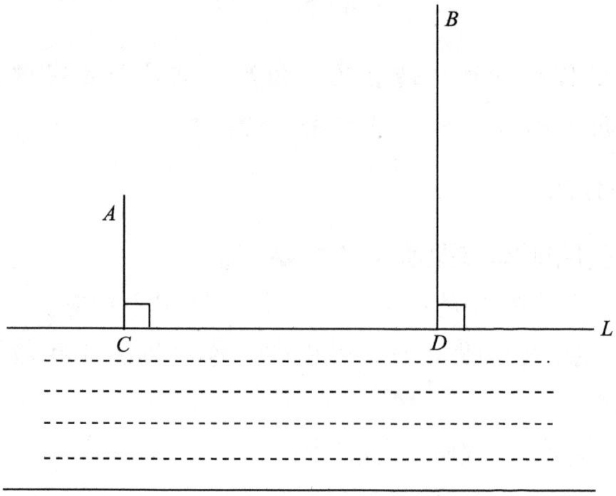


图 5.39

**设计意图** 考查勾股定理在实际生活中的应用.

### 5.4.6 实践与思考

(1)你如何理解勾股定理的探索？“勾股定理”的探索教学应有怎样的定位？

(2)设计“勾股定理逆定理”的教学片断.

(3)尝试对“相似”进行教材分析，并与你的同学进行交流讨论.

## 5.5 “反比例函数”教材分析

### 5.5.1 内容组织

1. 内容简介

本章的主要内容是从生活中的实际问题入手，学习反比例函数的概念、图像及其性质，学会应用反比例函数的知识解决现实世界中的实际问题.

2. 来龙去脉

本章的内容是继一次函数学习之后，对函数学习的一般规律和方法的再次强化，是学习后续各类函数的基础，也为函数、方程、不等式间关系的处理奠定了基础.

3. 核心内容

反比例函数的概念、图像、性质及应用.

4. 关键环节

本章的关键环节是反比例函数的图像和性质，图像是函数的直观描述与对象性表示，也是研究函数性质的重要工具. 反比例函数的性质是反比例函数应用的基础. 教学时以“函数图像”为载体，以“数形结合思想”为主线，促使学生在学习过程中进一步领悟反比例函数的概念，积累研究函数性质的方法及用函数观点解决问题的经验.

### 5.5.2　学生理解

1. 学生理解反比例函数的基础

小学时，学生已经学习过反比例关系，初二时学生对函数概念已经有了一定程度的理解，已经对函数图像、性质和特征具有了一定的认识能力，又有分式的知识作为铺垫，这些都为本章的学习提供了知识基础.

2. 学生自发的方法

能从生活中的物理问题“在路程一定的情况下，列车运行的平均速度和运行时间的关系”出发，引出反比例函数的概念. 能类比画正比例函数图像的方法，画出反比例函数的图像，并利用图像研究反比例函数的性质.

3. 难点

反比例函数图像性质的理解和掌握，特别是反比例函数图像的渐进性和增减性，是本章的难点. 在应用反比例函数的解析式解决反比例函数图像上的点和 $x$ 轴(或 $y$ 轴)围成的三角形面积的问题时，学生不能自发找到思路，教师应引导学生观察解析式的特征，理解 $y=\frac{k}{x}$ 中 $k$ 的几何意义.

4. 学生的典型误解与认知重组

(1)解决实际问题时易忽视自变量的取值范围.

例如：甲、乙两地相距 100 千米，一辆汽车从甲地开往乙地，请将汽车到达乙地所用时间 $t$(小时)表示为汽车速度 $v$(千米 / 小时)的函数,并画出函数图像. 学生在解决问题时，若没有考虑到实际背景，忽视自变量的取值范围，就会画出反比例函数图像两支，而产生错误.

(2)忽视图像信息，利用反比例函数的性质时不分象限.

例如：如图 5.40，$P$ 是反比例函数 $y=\frac{k}{x}$ 图像上一点，过 $P$ 分别向 $x$ 轴，$y$ 轴引垂线，若 $S_{阴}=3$，求函数的解析式. 学生在解题过程中没有考虑到由图像给出的信息条件而导致错误，由图像可知双曲线在第二、四象限，所以 $k<0$，所以解析式为 $y=-\frac{3}{x}$.

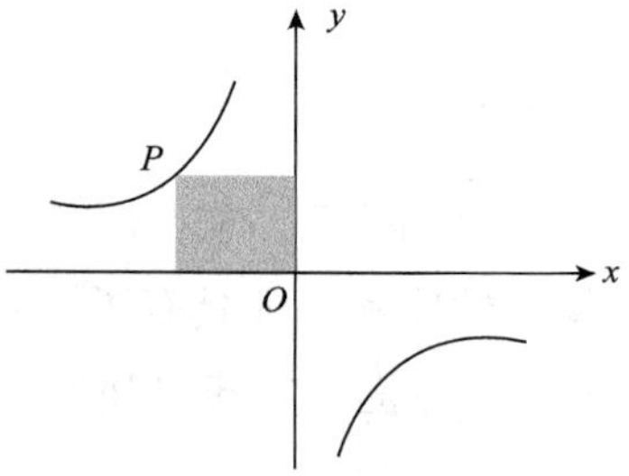


图 5.40

(3)忽视反比例函数中增减性的限制条件——“在每一象限中”.

例如：已知 $(-3,y_1)$, $(-2,y_2)$, $(1,y_3)$ 是反比例函数图像 $y=-\frac{3}{x}$ 上的点，比较 $y_1$, $y_2$, $y_3$ 的大小关系. 要指导学生运用反比例函数的增减性的前提是“在每一个象限内”，即只有在同一象限内的点才有此性质. 由于本题中的三个点不在同一象限内，故应将两个象限内的点分类讨论.

## 5.5.3　教学目标

1. 课程标准的教学要求

(1) 结合具体情境体会反比例函数的意义，能根据已知条件确定反比例函数的表达式.

(2) 能画出反比例函数的图像，根据图像和表达式 $y=\dfrac{k}{x}\,(k\neq 0)$ 探索并理解 $k>0$ 和 $k<0$ 时图像的变化情况.

(3) 能用反比例函数解决简单实际问题.

2. 把握课程标准教学要求的几个注意要点

(1) 反比例函数概念的教学，不仅要掌握反比例函数的表达式、自变量和函数值的取值范围，还应了解概念的实际背景与形成过程.

(2) 学生能按照"列表 → 描点 → 用平滑的曲线连接"的规范步骤画反比例函数图像，体验图形的形成过程，探索 $k>0$ 和 $k<0$ 时，图像的分布及变化情况，进而研究函数的性质，领会数形结合的思想方法.

(3) 研究反比例函数的图像与性质后，要关注反比例函数与一次函数的区别与联系，最好以表格的形式呈现出来.

(4) 寻找和创设现实生活中的反比例函数原型，其本质是两个实际变量的积为定值，这个定值就是 $k$ 的实际意义，能利用反比例函数的知识去解决实际生活中的问题.

## 5.5.4　典型例题

(1) 反比例函数 $y=\dfrac{k}{x}$ 的图像如图 5.41 所示，点 $M$ 是该函数图像上一点，$MN$ 垂直于 $x$ 轴，垂足是点 $N$，如果 $S_{\triangle MON}=2$，求 $k$ 的值.

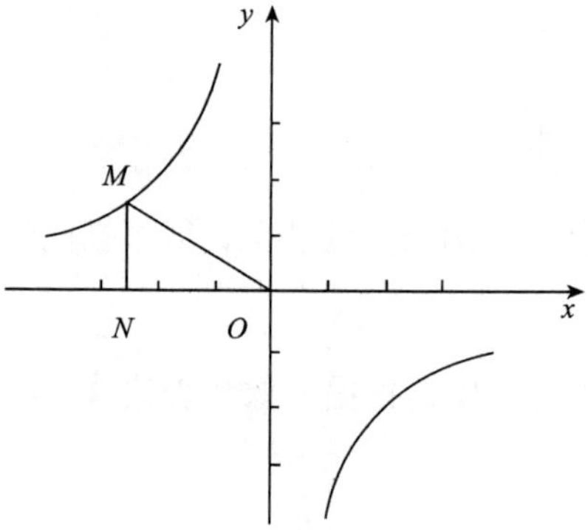


图 5.41

**解** 设$M(x,y)$，由于$M$在第二象限，则$MN=y$，$ON=-x$.

所以$S_{\triangle MON}=\frac{1}{2}(-x)y=-\frac{1}{2}xy=-\frac{1}{2}k=2$，

所以$k=-4$.

**变式 1** 如图 5.42，$A,B$是函数$y=\frac{2}{x}$的图像上关于原点对称的任意两点，$BC /\!/ x$轴，$AC /\!/ y$轴，$\triangle ABC$的面积记为$S$，则（　　）.

A. $S=2$　　B. $S=4$　　C. $2<S<4$　　D. $S>4$

**变式 2** 如图 5.43，已知点$A,B$在双曲线$y=\frac{k}{x}\ (x>0)$上，$AC\perp x$轴于点$C$，$BD\perp y$轴于点$D$，$AC$与$BD$交于点$P$，$P$是$AC$的中点，若$\triangle ABP$的面积为 3，求$k$的值.

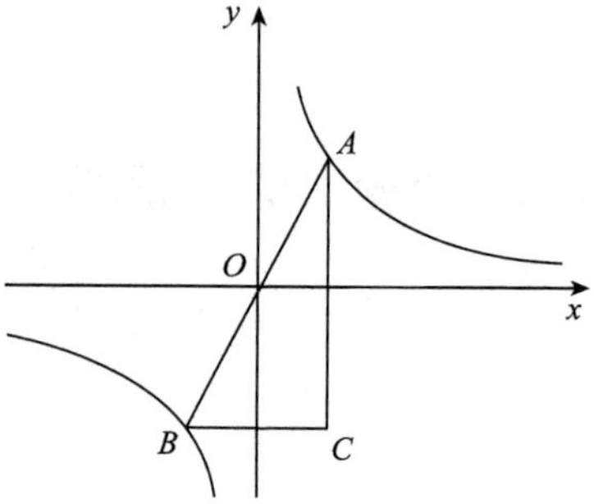


图 5.42

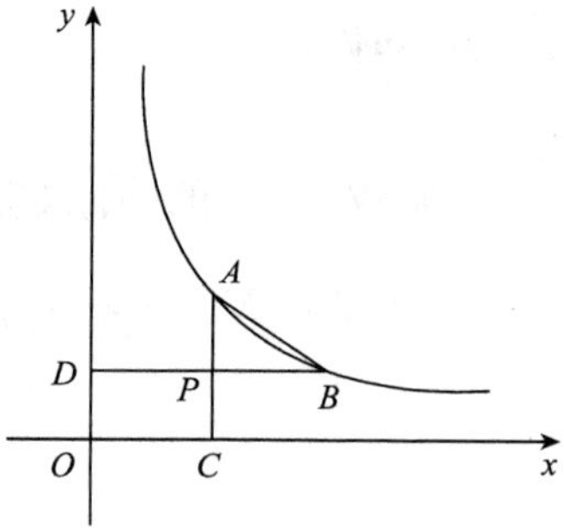


图 5.43

**设计意图** 理解$k$的几何意义，利用$k$的几何意义解决问题.

(2) 在反比例函数$y=-\frac{1}{x}$的图像上有三点$(x_1, y_1)$，$(x_2, y_2)$，$(x_3, y_3)$. 若

$x_1 > x_2 > 0 > x_3$，则下列各式正确的是（　　）.

A. $y_3 > y_1 > y_2$　　B. $y_3 > y_2 > y_1$　　C. $y_1 > y_2 > y_3$　　D. $y_1 > y_3 > y_2$

**解**　可直接以数的角度比较大小，也可用图像法，还可取特殊值法.

**解法一**　由题意得 $y_1 = -\frac{1}{x_1}$，$y_2 = -\frac{1}{x_2}$，$y_3 = -\frac{1}{x_3}$.

因为 $x_1 > x_2 > 0 > x_3$，所以 $y_3 > 0 > y_1 > y_2$，所以选 A.

**解法二**　用图像法. 在直角坐标系中作出 $y = -\frac{1}{x}$ 的图像. 描出三个点，满足 $x_1 > x_2 > 0 > x_3$，观察图像直接得到 $y_3 > y_1 > y_2$.

**解法三**　用特殊值法.

因为 $x_1 > x_2 > 0 > x_3$，

所以令 $x_1 = 2, x_2 = 1, x_3 = -1$，

所以 $y_1 = -\frac{1}{2}, y_2 = -1, y_3 = 1$，

所以 $y_3 > y_1 > y_2$.

### 5.5.5　教学设计举例

“反比例函数的性质”教学设计.

1. 通过“复习正比例函数”创设情境，作为教学的出发点

**问题 1**　我们已经学习了正比例函数的哪些内容？是如何研究的？

以正比例函数 $y = 6x$ 为例.

**师生活动**　教师提问，学生思考、回答，教师根据学生回答的情况加以补充，并将答案填写在黑板的表格中，强调是从形状、位置、变化趋势三个方面去研究.

**设计意图**　通过复习正比例函数的图像和性质，以及研究函数的一般方法，为学习反比例函数的图像和性质做好铺垫.

2. 通过“实践操作”，得到反比例函数图像

**问题 2**　反比例函数的图像是什么样的？

以画出反比例函数 $y = \frac{6}{x}$ 的图像为例，教师引导学生经历列表、描点、连线的过程.

(1)列表(表 5.2)：

表 5.2

| $x$ | … | 6 | 5 | 4 | 3 | 2 | 1 |
|---|---|---|---|---|---|---|---|
| $y=\frac{6}{x}$ | … | | | | | | |

列表时，关注学生是否注意到自变量的取值应使函数有意义（即 $x\neq 0$），同时，所取的点既要使自变量的取值有一定的代表性，又不至于使自变量或对应的函数值太大或是太小，以便于描点和全面反映图像的特征；

(2)描点：一般情况下，所选的点越多图像越精确；

(3)连线：引导学生用平滑的曲线，按照自变量从小到大的顺序连接各点，注意图像末端的延伸和延伸的趋势，得到反比例函数的图像.

**师生活动** 教师引导学生列表、描点、作图；展示学生作品；教师板书示范，并通过课件演示反比例函数图像的生成过程，给出双曲线的名称，并渗透它的形态特征.

**设计意图** 图像是直观地描述和研究函数的重要工具，通过经历用描点法画出反比例函数图像的基本步骤，可以使学生对反比例函数先有一个初步的感性认识.

3. 通过“观察探究图像”，得到反比例函数的性质

**问题 3** 请观察反比例函数 $y=\frac{6}{x}$ 的图像，有哪些特征？

**师生活动** 教师引导学生观察，类比正比例函数，归纳说出反比例函数 $y=\frac{6}{x}$ 图像的形状、位置、变化趋势及其函数的增减性.

**设计意图** 通过类比正比例函数，引导学生观察图像的形状、位置、变化趋势，感受“形”的特征，感受自变量与函数值之间变化与对应的关系，使学生对反比例函数的图像和性质形成初步的印象.

**追问 1** 是不是所有的反比例函数的图像都具有这样的特征呢？

以讨论反比例函数 $y=-\frac{6}{x}$ 为例.

**师生活动** 在教师引导下，学生借鉴画反比例函数 $y=\frac{6}{x}$ 的图像的经验，自主画出反比例函数 $y=-\frac{6}{x}$ 的图像，教师巡视指导. 作图完成后，学生展示作品，并

说出该函数图像的特征，教师适时点评.

**设计意图**　通过再次画出反比例函数的图像，使学生巩固前面已获得的作图经验，提高学生利用描点法画出函数图像的能力. 同时，在总结说出反比例函数 $y=-\frac{6}{x}$ 的图像特征的过程中，使学生增强对图像的观察、感知、分析、概括的能力，以及经历画出函数图像，并利用图形研究函数性质的过程.

**追问 2**　反比例函数 $y=-\frac{6}{x}$ 与 $y=\frac{6}{x}$ 的图像有什么共同特征？有什么不同点？是由什么决定的？

**师生活动**　教师启发学生对比、思考，组织学生讨论，引导学生关注反比例系数“$k$”的作用.

**设计意图**　学生通过观察比较，总结这两个反比例函数图像的特征，在活动中，让学生自己去观察、发现、总结，实现学生主动参与，探究新知的目的.

**追问 3**　当 $k$ 取不同的值时，上述结论是否适用于所有的反比例函数？

**师生活动**　教师演示课件，赋予不同的 $k$ 值，观察所得到的不同的反比例函数图像的特征，引导学生归纳“变化中的规律性”. 然后，从解析式的角度，引导学生分析上述结论的合理性.

**设计意图**　通过计算机动态演示，验证猜想，使学生经历从特殊到一般的过程，加强对反比例函数图像“特征”和函数“特性”以及它们之间的相互转化关系的认识.

**追问 4**　总结反比例函数 $y=\frac{k}{x}$ $(k\neq 0)$ 图像的特征和性质.

**师生活动**　以学生填写为主，教师帮助学生梳理、归纳，填写表 5.3.

**表 5.3**

| 函数 | 图像形状 | 图像位置 | 图像变化趋势 | 函数增减性 |
|---|---|---|---|---|
| $y=\frac{k}{x}$ | | | | |

**设计意图**　通过归纳，培养学生抽象概括能力.

4. 应用“反比例函数图像性质”，知识迁移，巩固提高

**练习 1**　在同一直角坐标系中，函数 $y=2x$ 与 $y=-\dfrac{1}{x}$ 的图像大致是（　　）.

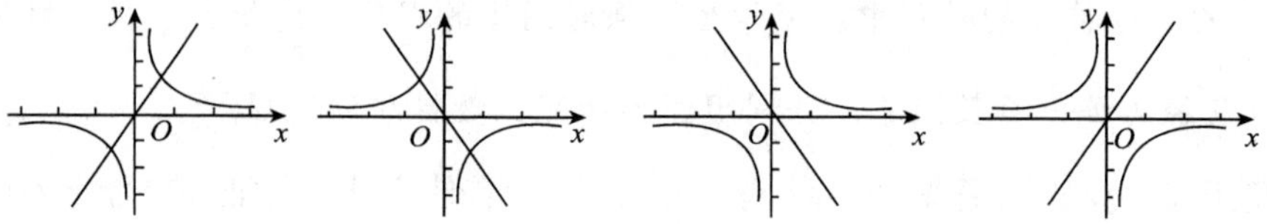

A　　B　　C　　D

**变式**　指出当 $k>0$ 时，下列图像中哪些可能是 $y=kx$ 与 $y=\dfrac{k}{x}$ $(k\neq 0)$ 在同一坐标系中的图像（　　）.

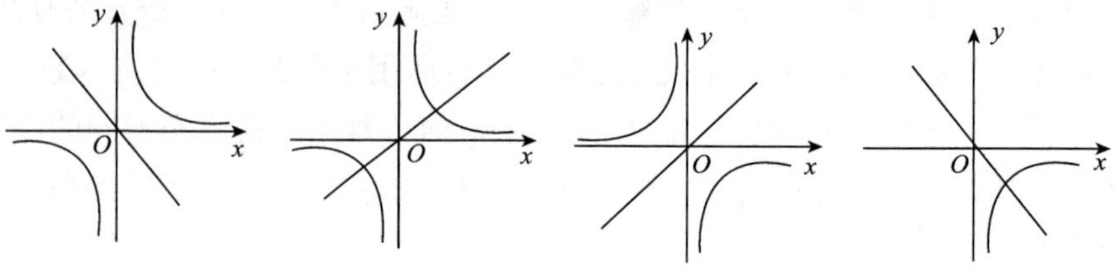

A　　B　　C　　D

**练习 2**　已知反比例函数 $y=\dfrac{k}{x}$ 的图像如图 5.44 所示，则 $k$______0，且在图像的每一支上，$y$ 随 $x$ 的增大而______.

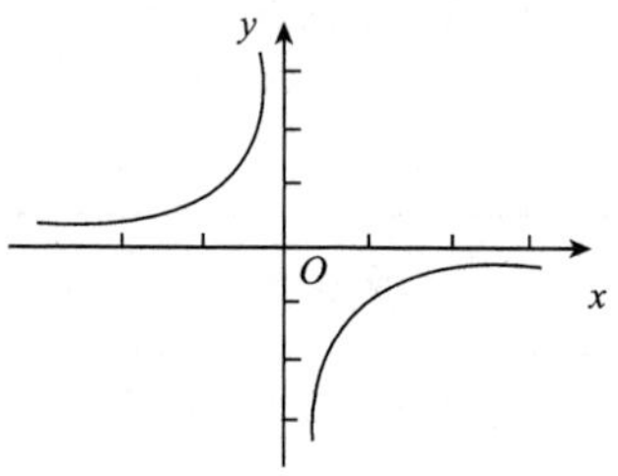

图 5.44

**练习 3**　已知反比例函数 $y=\dfrac{k}{x}$ 的图像过点 $(2,1)$，则它的图像在______象限，且 $k$______0.

**练习 4**　若反比例函数 $y=\dfrac{k}{x}$ $(k<0)$ 的图像上有两点 $A(x_1,y_1),B(x_2,y_2)$，且 $x_1<x_2<0$，则 $y_1-y_2$ 的值是（　　）.

A．正数　　B．负数

C．非正数　　D．非负数

**师生活动**　请学生回答的时候要让学生阐述判断的依据，若遇到回答错误可以全班一起共同帮助订正.

**设计意图**　通过一系列的练习，可以实现知识向能力的转化.

5. 回顾与小结

**问题 4**　(1)通过本节课的学习，你了解了反比例函数有哪些性质？

(2)本节课渗透了什么思想方法？

**师生活动**　学生谈本节课的学习感受，教师梳理、概括本节课主要的学习内容，并揭示蕴涵的数学思想方法.

**设计意图**　教师引导学生归纳本节课的知识要点和思想方法，使学生对反比例函数的图像和性质有一个较为整体、全面的认识，同时，使学生养成良好的学习习惯.

6. 目标检测设计

基础题：

(1)下列图像中，是反比例函数的图像的是(　　).

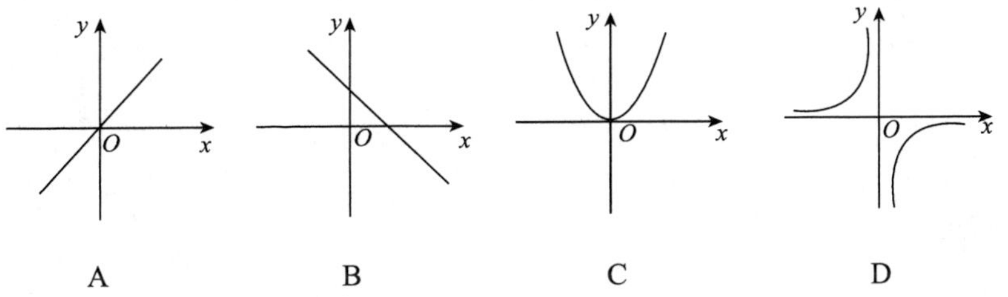


(2)在反比例函数 $y=\frac{k}{x}$（$k<0$）的图像上有两点 $A(x_1,y_1),B(x_2,y_2)$，且 $x_1>x_2>0$，则 $y_1-y_2$ 的值为(　　).

A. 正数　　B. 负数　　C. 非正数　　D. 非负数

提升题：

(3)已知反比例函数 $y=\frac{k-2}{x}$ 的图像在第一、三象限内，则 $k$ 的值可是________(写出满足条件的一个 $k$ 值即可).

(4)在直角坐标系中，若函数图像上的每一点的横坐标与纵坐标互为倒数，则该函数解析式为______________.

(5)若一次函数 $y=kx+b$ 的图像经过第一、二、四象限，则反比例函数 $y=\frac{kb}{x}$ 的图像一定在___________象限.

(6)如果一次函数 $y=mx+n(m\neq 0)$ 与反比例函数 $y=\frac{3n-m}{x}$ 的图像相交于点

$\left(\frac{1}{2},2\right)$，求该直线与双曲线的另一个交点.

探究题：

(7) 两个不同的反比例函数的图像是否会相交？为什么？

(8) 点 $A(a,b),B(a-1,c)$ 均在反比例函数 $y=\frac{1}{x}$ 的图像上，若 $a<0$，则 $b$____$c$.

### 5.5.6 实践与思考

(1) 你如何理解反比例函数性质的探索？“反比例函数性质”的探索教学应有怎样的定位？

(2) 设计一个“用反比例函数解决实际问题”的教学片断.

(3) 尝试对“二次函数”进行教材分析，并与你的同学进行交流讨论.

# 参 考 文 献


曹才翰，章建跃. 2006. 数学教育心理学[M]. 北京：北京师范大学出版社.

曹才翰，章建跃. 2008. 中学数学教学概论[M]. 北京：北京师范大学出版社.

董涛. 2010，数学课堂中 PCK 的结构[J]. 内蒙古师范大学学报(教育科学版)，(8)：122-124.

董涛. 2015. 基于 PCK 结构框架的数学课例分析程序与特征[J]. 课程・教材・教法，(11)：75-79.

黄炳锋. 2016. 指尖数学——融合手持技术的教学创新[M]. 福建：福建教育出版社.

人民教育出版社，课程教材研究所，中学数学课程教材研究开发中心. 2007. 普通高中课程标准实验教科书・数学[M]. 北京：人民教育出版社.

人民教育出版社，课程教材研究所，中学数学课程教材研究开发中心. 2007. 普通高中课程标准实验教科书教师教学用书・数学[M]. 北京：人民教育出版社.

人民教育出版社，课程教材研究所，中学数学课程教材研究开发中心. 2012. 义务教育教科书・数学八年级上册[M]. 北京：人民教育出版社.

人民教育出版社，课程教材研究所，中学数学课程教材研究开发中心. 2012. 义务教育教科书・数学八年级下册[M]. 北京：人民教育出版社.

人民教育出版社，课程教材研究所，中学数学课程教材研究开发中心. 2012. 义务教育教科书・数学九年级下册[M]. 北京：人民教育出版社.

中华人民共和国教育部. 2003. 普通高中数学课程标准(实验)[S]. 北京：人民教育出版社.

中华人民共和国教育部. 2012. 义务教育数学课程标准[S]. 北京：北京师范大学出版社.

Shulman L S. 1986. Those who understand knowledge growth in teaching[J]. Educational Researcher，(2)：4-14.